KB096818

100문 100답으로 쉽게 이해하는
대한민국 금리와 환율의 미래

100문 100답으로

쉽게 이해하는 ——

대한민국 ——

김효신 지음

금리와 ——

환율의 ——

미래 ——

트러스트북스

모르고 당하면 위기지만,
알고 대처하면 일생일대의 기회입니다

2020년 코로나19 팬데믹으로 인해 전 세계적으로 역대급 유동성이 풀린 상황입니다. 2022년 러시아-우크라이나 전쟁으로 인한 유가 및 원자재 가격 급등, 중국의 제로코로나 정책으로 인한 공급망 마비로 인플레이션 상승세가 매우 높습니다. 미 연준(Fed)은 인플레이션을 잡기 위해 기준금리를 큰 폭으로 올렸습니다. 2022년은 경기를 안정적으로 유지하면서 인플레이션을 잡는 것이 각국 중앙은행의 첫 번째 과제입니다.

자칫 기준금리 인상 폭이나 시기가 잘못되면 경제에 주는 충격으로 인해 경기침체로 이어질 수 있는 상황입니다. 미국은 지난 2008년 불과 25개월 만에 기준금리를 4.25%까지 올렸고, 그 결과 글로벌 금융위기를 맞았습니다.

따라서 경제위기로 전이되지 않기 위해서 각국 중앙은행은 긴축과 금리 인상을 매우 조심스럽게 진행하고 있습니다. 2022년 우리나라도 세계 1위 규모인 가계부채 때문에 금리 인상을 조심스럽게 진행하고 있습니다. 기축통화국인 미국처럼 인플레이션을 잡기 위해 과감하게 금리를 큰 폭으로 올리지 못하는 이유입니다.

우리나라의 경제 펀더멘털은 과거에 비해 매우 견고한 상황입니다. 외환보유고도 IMF 시절보다 넉넉하고 다른 국가와의 통화스와프, 미 연준과의 레포창구 개설 등으로 추가로 사용할 외환도 보유하고 있습니다. 하지만 주변국의 경제가 모두 녹록지 않습니다. 2022년 유로존은 러시아-우크라이나 전쟁과 천연가스 가격 상승으로 경기침체를 우려, 쉽게 긴축에 나서지 못하고 있습니다. 일본도 세계 1위 규모의 국가부채로 인해 세계적인 금리 인상 추세에 합류하지 못했습니다. 기준금리를 2%만 올려도 한 해 국방비 수준의 채권이자를 추가로 부담해야 하니까요. 중국도 제로코로나 정책으로 인한 공급망 마비와 기업들의 실적 악화, 지방정부 부채 문제로 위안화 가치가 많이 떨어지고 있습니다. 유일하게 달러화만 강세인 상황에서 환율은 급격히 상승하고 있습니다. 2022년 하반기 환율 상승은 우리 경제의 문제라기보다는 달러 강세가 주요 원인입니다.

높은 인플레이션과 경기침체가 우려되는 경제상황에서 환율과 금리는 무엇보다 중요합니다. 한국은행이 기준금리를 조정하면 시중금리, 자산가격, 신용, 기대인플레이션, 환율을 움직여서 총수요를 자극하고 이를 통해 생산, 투자, 소비, 수출입, 인플레이션에 다시 영향을 미칩니다.

기준금리와 환율은 밀접하게 연관되어 있습니다. 예를 들어 미국 연준(Fed)이 금리를 인상하면 달러 가치가 원화보다 높아지고, 우리나라에 투자된 외국인 투자자금이 빠져나가면서 우리나라 단기 외환시장의 환율이 상승하게 됩니다. 환율은 한 나라의 경제체질을 반영합니다. 환율은 단기적으로 외환시장의 수요와 공급에 따라 움직입니다. 환율은 그 나라의 인플레이션, 경제성장률, 생산, 투자 등도 반영해서 결정되기에, 한 나라의 종합적인 경제 성적표를 나타낸다고 볼 수 있습니다.

금리는 생산, 소비, 투자, 고용, 인플레이션, 환율, 신용, 국가 간 자본이동 등 경제에 큰 영향을 미칩니다. 사람들의 소비는 소득과 금리에 영향을 받습니다. 금리가 상승하면 소비보다 저축을 늘리고, 반대로 금리가 하락하면 소비를 더 많이 늘리고 저축은 줄입니다. 주택이나 자동차 등을 구매할 때는 큰 자금이 필요하므로 금융회사로부터 돈을 빌려 대금을 지불하는 경우가 많습니다. 이 경우 금리가 오르면 주택이나 자동차 구매를 미루게 됩니다. 들어가는 자금이 큰만큼 이자 부담도 커지기 때문입니다.

금리가 오르면 투자에 필요한 차입비용이 증가하기 때문에 기업은 투자를 줄이고, 반대로 금리가 하락하면 차입비용이 감소하여 투자가 증가합니다. 금리 변동은 생산과 소비에도 많은 영향을 미칩니다. 금리가 하락하면 차입비용 감소로 자동차 등 제품의 소비도 늘어나고 생산도 증가합니다.

금리 변동은 국가 간 자본이동에도 영향을 줍니다. 자본이동이 자유롭게 허용되는 경우, 투자자들은 더 높은 수익이 발생하는 국가에 투자합니다. 현재와 같이 국제 자본시장이 통합된 상황이라면 투자자들은 높은 수익을 얻기 위해 더 빠르게 자본을 이동시킵니다. 미국 증시 호황 시기에 우리나라 서학개미들이 미국주식에 투자한 것도 미국의 높은 주가 수익률을 기대했기 때문입니다. 이 또한 자본이동의 한 사례입니다.

상대적으로 외국의 금리가 높다면 돈은 높은 금리를 좇아 해외로 이동하고 반대로 우리나라의 금리가 높다면 국내로 들어올 겁니다. 미국이 금리를 올리면 우리나라에 투자된 자금이 미국으로 이동하면서 환율도 같이 상승하는 것이 그런 이유입니다.

금리를 낮추면 금융회사들의 신용여력이 많아져 대출도 증가합니다. 반면 고금리 상황에서는 금융회사들이 연체 등의 우려로 대출에 신중해질 수밖에 없습니다.

금리는 고용, 생산, 소비, 투자, 인플레이션, 신용, 환율 등 경제의 거의 모든 영역에 영향을 미치기 때문에 각국 중앙은행은 금리 변동에 매우 민감하게 대응합니다. 중앙은행은 인플레이션이 심할 경우, 금리를 올려 소비와 고용을 억제해서 물가 상승을 잡으려고 노력합니다. 2022년 전 세계적인 인플레이션 상황에서 각국의 중앙은행이 금리 인상을 같이 시작한 이유는 과열된 소비와 고용시장을 안정화시키겠다는 목적입니다.

환율 결정에 영향을 주는 요인은 다양합니다. 크게 단기요인, 중기요인, 장기요인으로 구분할 수 있습니다.

먼저 단기요인을 살펴보면, 단기 외환시장의 수급에 따라 결정됩니다. 2022년 미국이 기준금리를 인상하면 우리나라에 투자되었던 자금이 더 높은 금리를 좇아 미국으로 빠져나가면서 갑자기 국내 외환시장에 달러 수요가 몰려서 환율이 상승합니다. 미 연준의 금리가 상승하는 시기에는 주식보다는 안전자산인 미 채권 등의 투자에 대한 수요가 많아 국내에 투자됐던 주식자금이 빠져나가면서 환율이 상승하게 됩니다. 즉, 주식 및 채권 등 국내 상장시장에서의 외국인 투자 동향도 환율 결정에 영향을 미칩니다. 국제화에 따라 자본시장이 통합된 상황에서 글로벌 투자자들이 기대수익률을 좇아 자산을 분배하여 투자하기 때문에 투자금이 외환시장에 들어오고 나가면서 단기 외환시장에서 환율이 변동됩니다.

환율 변동은 중기적인 수요와 공급에 의해 결정됩니다. 수출입무역에 따른 경상수지 흑자가 환율에 영향을 미칩니다. 자본수지 및 금융계정의 흑자도 환율 변화에 영향을 미칩니다. 즉, 환율은 경상수지와 자본수지에 의해 결정됩니다.

경상수지, 자본수지가 흑자가 나면 환율은 하락합니다. 2022년

100문 100답으로 쉽게 이해하는

국제 유가 및 원자재 가격 상승으로 무역수지가 적자로 돌아서 환율이 상승했습니다.

또한 환율은 각국의 물가 수준 또는 물가변동률이 반영됩니다. 예를 들어 한국과 미국의 기준금리가 비슷한 상황에서 미국의 물가상승률이 더 높다면 한국의 원화 가치가 올라갑니다. 만약 인플레이션이 한 국가에서만 발생한다면 인플레이션이 높은 국가에서 낮은 국가로 돈이 빠져나가면서 낮은 국가의 환율은 하락하게 됩니다.

환율은 각국의 금리 차이가 반영되어 결정됩니다. 미국의 기준금리가 한국보다 높다면 한국에 투자한 돈이 높은 금리를 찾아 미국으로 빠져나가면서 환율이 상승합니다. 외환보유고가 부족하게 되면, 국제무역에서 필요한 외환이 부족해져 환율이 상승합니다. 게다가 국제 환투기 세력의 공격에도 취약점을 노출하게 됩니다.

국가부채, 정부부채도 환율 결정에 영향을 끼칩니다. 국가부채, 정부부채가 많은 국가는 투자 환경과 경제 안정성이 좋지 않다고 판단되어, 해외 투자자들이 투자에 소극적입니다. 아울러 정부부채나 국가부채가 증가할 경우에도 해당국의 경제 불안정성이 증가했다고 판단, 투자금을 회수할 가능성이 커져 환율이 상승할 수 있습니다.

기준금리도 환율을 결정하는 요인입니다. 금리 상승 시기에 기준금리를 다른 나라와 같이 공조하여 올리지 않을 경우, 기존에 투자했던 자금은 더 높은 금리를 좇아 외국으로 빠져나갈 확률이 높습니다. 2022년 각국 중앙은행은 높은 인플레이션을 잡기 위해 기준금리 인상을 진행하고 있으나 일본은 경기가 좋지 않은 상황으로 경기부양을 위해 금리 인상에 동참하지 않았고, 그 결과 엔화 가치는 급격히 하락했습니다.

통화량과 정부지출도 환율 결정에 영향을 미칩니다. 한 국가의 중앙은행이 경기를 살리기 위해 유동성을 공급해서 통화량을 늘리고 정부지출을 증가시킨다면 해당국의 돈의 가치는 떨어지고 환율이 상승합니다. 통화량 증가와 정부지출 증가는 해당국의 돈의 가치를 떨어뜨리고, 통화량을 늘리지 않는 상대국 통화의 가치는 올라갑니다. 중앙은행의 통화정책 기조 변화에 따라 국내 금리 및 상대국과의 금리 차가 벌어질 경우도 해당국의 돈의 가치에 영향을 미쳐 환율 변동 요인으로 작용합니다. 또한 다른 나라에 비해 미국 달러의 통화량을 감소시키면 달러의 상대적 공급이 줄어들어 달러를 절상시키는 요인으로 작용합니다.

환율 결정의 장기요인으로는 경제성장률, 국민소득, 산업생산성, 국가경쟁력, 국가신용등급, 투자, 연구개발 등이 있습니다. 경제성장률, 소득상승, 산업생산은 장기적인 환율 결정에 영향을 미칩니다. 경제성장률이 높다면 해외투자자에게 투자유인으로 작용해서 환율에 영향을 줍니다. 자국의 소득이 상승하면 소득이 낮은 상대국에 비해 환율이 절상하는 영향으로 작용합니다. 소득 상승은 기업의 이익이 증가했고 해당국의 경제가 더 좋아졌다는 의미이므로 해당국의 환율이 절상됩니다. 또한 한 나라의 산업생산이 증가하면 경제적으로 긍정적 신호로 판단하여 환율이 절상됩니다. 국가신용등급이 하락한다면 해당 국가의 경제여건이 하락한 것으로 판단하여 국제 투자자들의 투자가 줄어들어 환율 상승으로 이어질 수 있습니다. 투자 및 연구개발도 해당국의 장기적인 경제 상황을 평가할 수 있는 지표로써 환율을 결정하는 요인으로 작용할 수 있습니다.

환율 변동은 다양한 경제적 파급효과를 낳습니다. 환율 상승 시기에는 수출기업의 순이익이 증가하는 반면 수입업체들은 원가 부담이 증가하여 채산성이 악화됩니다. 즉, 환율의 변동에 따라 수출입도 영향을 받는 것입니다. 환율 변동은 수입물가와 인플레이션, 금리와 주가 변동에도 영향을 미칩니다.

환율 변동성이 증가할 경우, 환위험에 민감한 기업은 동일한 시장가격 하에서 생산을 줄이게 되어 수출물량이 감소하게 됩니다. 환율 변동이 심화되면 기업 이윤에 대한 불확실성이 확대되어 수입물량 감소를 초래합니다. 환율이 상승하는 시기에는 수출기업에 유리한 반면 수입비용 증가로 수입이 감소하게 됩니다. 즉, 환율 변동성이 커지면 수출뿐만 아니라 수입도 위축됩니다. 수출입 계약과 결제 시점이 다르고 수출입의 결제가 타국 통화인 달러로 이루어지기 때문입니다. 특히 환율 변동성이 지속되면 수입가격 예상이 어려워져 수입이 지연되고 원자재, 자본재 같은 투자재에 대한 수입 의존도가 높은 수출기업들은 결국 생산과 투자를 감축합니다.

환율 변동성이 커지면 기업의 설비 투자도 위축됩니다. 실질임금, 실질원자재 가격, 실질제품가격, 제품 수요의 불확실성이 높아져 투자의 현재 가치가 불확실해지기 때문입니다. 환율 변동성이 클 경우 거래비용을 상승시켜 설비투자를 감소시킵니다.

우리나라의 주식시장 또는 채권시장에 투자하려는 외국인의 경우, 현재의 환율 수준보다 앞으로의 변동에 더욱 민감합니다. 어느 정도의 투자 이익을 얻었더라도 환율 변동으로 인해 손해를 볼 수 있기 때문입니다. 환율 변동성의 증가는 수출입, 투자, 생산, 소비에도 영향을 미칩니다. 환율 변동성이 커지면 수입자본재 가격, 투자의 기대 수익, 기존 외채 상환부담 예측 등이 어려워지고 금리, 주가, 채권가격 및 물가의 불확실성도 커집니다.

지금처럼 인플레이션이 높고 경기침체 가능성도 커지는 상황에서 금리와 환율은 경제의 운전대, 방향키 역할을 수행합니다. 따라서 금리와 환율 변동의 결정 요인과 파급효과를 이해하고 적절한 대비가 필요합니다.

이 책에서는 향후 예상되는 기준금리 인상과 환율 변동 시나리오를 지난 30년간 발생한 4번의 미 연준의 금리 인상 시기와 비교하여 4가지 시나리오로 분석했습니다. 그중 1999년부터 2년간 금리를 인상했던 닷컴버블 유형과 2004년부터 2년간 금리를 인상했

　　　　　　　　　100문 100답으로 쉽게 이해하는

던 글로벌 금융위기 직전의 유형과 유사하다고 판단됩니다.

우리나라 경제가 이전보다 상당히 안정되었기에 IMF 외환위기의 원인이 됐던 1994년 금리 인상 시기처럼 금융시스템이 급격히 붕괴되고 금리와 환율이 1,995원까지 급격히 상승하지는 않을 것으로 보입니다. 하지만 2022년의 인플레이션은 코로나19 팬데믹으로 풀린 역대급 유동성이 원인이 되어 발생했기에 당분간 고물가, 저성장의 스태그플레이션 상황도 상당히 지속되리라 생각합니다.

이 책을 통해 많은 분들이 급격한 금리와 환율 변동 시기에 지혜로운 자세로 대응하여 손실을 줄이고 이익을 극대화하기를 바랍니다. 위기를 위기로만 바라보면 그야말로 힘든 상황일 뿐이지만, 시각을 바꾸면 위기는 곧 기회입니다. 너무 많이 들어서 잘 아는 말이겠지만, 실제 경제생활에서 행동을 통해 위기를 기회로 활용하는 실행력, 대응력이 중요합니다. 여러분의 실행에 이 책이 근거자료가 되길 바라는 마음입니다.

위기의 끝을 기대하며, **김효신**

대한민국 금리와 환율의 미래
차례

2부 – 금리를 알아야 경제가 보인다

3부 - 환율을 알아야 경제가 보인다

1부

금리 및 환율 예측
시나리오

1 _ 금리와 경기침체의 관계

미국의 금리인상과 우리나라 경제위기와의 관계

미국은 2차대전 이후 14번의 금리인상을 단행했고, 이중 11번은 극심한 경기침체로 이어졌습니다. 미국이 기준금리 인상을 진행하면 통계적으로 30%는 경제위기, 30% 정도는 경기침체로 이어집니다. 또한 인플레이션으로 인한 금리인상은 보통 17개월에서 3년 정도 진행됩니다. 자산의 극심한 하락과 거품 붕괴는 금리인상 1~2년 후부터 발생합니다. 금리인상 후 경기침체에 빠지는 기간은 평균 30개월 후였습니다.

미국이 1971년 금을 보유한 만큼만 달러를 발행하던 금태환 제도를 폐지한 이후 1980년대부터는 종이달러를 찍어 공급하면서 경기부양이 쉬워졌습니다. 하지만 필연적으로 인플레이션이라는 만성적인 병을 키우게 되었습니다. 인플레이션을 잡기 위해 실행되는 미 연준의 금리인상 시기에는 신흥국에 공급된 달러자금이 빠지면서 신흥국이 몸살을 앓는 긴축발작 현상이라는 중병이 생긴 것입니다. 미국이 금리를 인상하면 신흥국에서는 고물가, 고금리,

고환율, 주식시장 붕괴, 부동산시장 붕괴, 재정적자 확대, 외화 부족 등 다양한 고통이 발생합니다.

물가가 3%~4% 수준으로 오르는 데는 불과 몇 달이면 충분하지만, 한번 고삐가 풀린 인플레이션을 잡는 데는 평균 30개월 이상 많은 고통과 인내의 시간이 필요합니다. 특히 경제가 취약한 국가와 신흥국들은 더욱 큰 고통을 받습니다.

미 연준은 과거 1990년대에는 인플레이션이 높은 수준으로 진행되지 않도록 항상 모니터링하고 선제적으로 개입했습니다.

사실 2022년의 극심한 인플레이션 징후는 2021년부터 있었습니다. 2021년 5월 이미 근원물가가 3%를 넘어섰고, 7월에는 4.5% 이상 급격히 오르고 있었습니다. 그런데도 연준이 실제 금리인상에 돌입한 시기는 한참 시간이 지난 2022년 3월이었고, 겨우 0.25% 인상하는 수준이었습니다. 이렇게 초기 타이밍을 놓친 연준은 조급한 마음에 금리인상 폭을 넓히고 시기를 단축하고 있습니다. 2022년 3월부터 6개월 만에 기준금리를 3% 이상 급격히 올린 것은 30년 만에 처음입니다. 2021년 인플레이션 징후 초기에 선제적으로 대응했더라면 지금처럼 인플레이션이 진행되지 않았으리라는 지적도 많습니다.

미국의 금리인상 시기에는 달러 자금이 회수되면서 신흥국의 경제위기 발생 가능성이 커집니다. 반면 미국은 금리인상으로 경기침체가 온다 하더라도 기축통화국의 이점으로 인해 다른 나라에 비해 활용할 정책수단이 많기 때문에 고통을 덜 받을 수 있습니다.

미국의 금리인상과 맞물려 우리나라도 거의 10년마다 주기적으로 경제위기가 일어났습니다. 우리 경제가 국제 금융시스템과 연결되어 있기 때문입니다. 우리나라에서 발생한 8번의 경제위기 중 7번은 미국의 금리인상과 관련되어 있습니다. 1950년 6.25전쟁으로 인한 경제위기를 제외하고 7번의 경제위기는 모두 미국의 금리인상과 긴축이 시발점이었습니다(이와 관련된 자세한 사항은 이전 책 ≪R의 공포가 온다≫에 나와 있습니다).

미국의 금리인상 시기, 우리나라는 내부 경제 문제점, 투기세력의 공격, 지정학적 위험, 전염병 등 천재지변, 정책실기, 정치, 국제관계, 미국 월가의 전략에 대한 이해 부족 등이 결합되어 위기가 증폭되었습니다.

표를 보면, 해방 이후 발생한 경제위기는 6.25전쟁과 관련되어 있고, 이후 발생한 7번의 경제위기는 모두 미국의 금리인상과 맞물려 있습니다. 하나씩 자세히 살펴보겠습니다.

▶ 미국의 금리인상과 우리나라 경제위기와의 관계

미국의 기준금리 인상/소비자물가지수				우리나라 경제위기
주기	기준금리(고점)	CPI	실질금리	경제위기
1957-1959	2%→4%	4%		1959년-1961년 정치적 격변
1973	11%	7.40%	3.60%	1972년 닉슨쇼크 관련
1976-1980	20%	14.80%	5.20%	1980년 제2차 석유파동
1983-1984	11.75%	4.30%	7.45%	
1986-1989	9.75%	4.80%	4.95%	1989-1992년 총체적 난국
1994-1995	6%	2.90%	3.10%	1997년 IMF 외환위기
1999-2000	6.50%	3.20%	3.30%	
2004-2006	5.25%	4.30%	0.95%	2008년 글로벌금융위기
2015-2018	2.50%	1.90%	0.60%	
2022(9월)	3.25%	8.3%	-5.05%	2022년 하이퍼인플레이션

100문 100답으로 쉽게 이해하는

1959–1961년 경제위기

1959년부터 1961년 사이 발생한 4.19혁명과 5.16쿠데타 등 정치적 격변기 시기의 우리나라 경제위기는 미국의 금리인상과 연관되어 있습니다. 1957년 홍콩에서 시작한 독감 바이러스는 인도, 유럽, 미국으로 확산되어 전 세계에서 200만 명 이상이 사망했습니다. 아시아 독감으로 미국의 수출은 40억 달러 이상 감소했고 2020년과 같은 팬데믹 상황으로 미국의 GDP가 3.3% 감소하면서 실업률이 6%로 증가했습니다.

1950년대 하반기에 발생한 독감 팬데믹은 전 세계 경기침체로 이어졌으나 백신 개발로 비교적 단기간에 종식되었습니다. 1950년대 미국은 한국전쟁 종전, 전염병 등 외적 요인으로 발생한 침체를 벗어나기 위해 중앙은행의 역할을 부각시켰습니다. 미국 중앙은행은 팬데믹 기간에 주가가 하락하자 금리인하를 적극 추진하면서 주가가 다시 상승하고 산업이 활력을 찾기 시작했습니다.

펜데믹 종식과 함께 소비자물가가 4%까지 올라가자 미 중앙은행은 인플레이션을 잡기 위해 기준금리를 2%에서 4%로 올리고 긴축을 시작했습니다. 아이젠하워 대통령은 재정적자, 국제수지 감소 등 달러 위기에 대응하기 위해 긴축을 추진하면서 해외원조도 감축했습니다. 1958년부터 우리나라에 대한 원조 감축을 시작해 급기야 1959년에는 40%나 삭감했습니다.

당시 정부예산의 70%를 미국의 원조에 의지했던 한국은 직격탄을 맞았습니다. 정부는 추가 세수 확보를 통해 원조 삭감분 만회에 나섰고, 이에 대한 불만이 각처에서 터져 나왔습니다. 어려운 경제

상황과 맞물려 당시 이승만 정부의 무능과 부패를 타도하기 위해 4.19혁명, 5.15쿠데타가 발생하면서 우리나라의 경제위기가 확산되었습니다.

1971년 경제위기

1971년 미국은 닉슨쇼크로 금태환 제도가 붕괴된 상황에서 이스라엘-이집트 간 중동전쟁까지 발발하면서 유가파동으로 소비자물가지수가 7.4%까지 치솟았고, 이를 잡기 위해 기준금리를 11%까지 올렸습니다. 당시 우리나라는 고물가, 고환율, 고금리, 외화 부족, 부도기업 증가, 수출 부진, 경상수지 적자, 재정적자 등으로 경제위기가 증폭되는 상황이었습니다. 당시 우리 경제의 가장 큰 어려움은 고유가였지만 미국의 긴축으로 인한 고금리 상황과 달러 유동성 부족, 수출 부진이 주요 원인이었습니다.

1980년 경제위기

2차 석유파동과 관련된 1980년 경제위기 시에도 1979년 석유수출국기구(OPEC)가 유가를 3배 올리고, 이란에서는 팔레비왕조가 물러나고 이슬람 원리주의자인 호메이니가 집권하는 정치적 격변을 겪으면서 유가 불안은 더욱 확산되어 어려움을 겪고 있었습니다. 미국은 소비자물가가 14.7%까지 치솟자 기준금리를 무려 20%까지 올렸습니다.

　1980년 초 미국이 단행한 큰 폭의 금리인상은 신흥국의 경제위기를 불러왔습니다. 미 연준의 가파른 금리인상에 따라 1982년 멕

　　　　　　　　　　　　　100문 100답으로 쉽게 이해하는

시코에 투자된 자금이 빠지면서 경제위기가 발생했고 중남미 국가들에게까지 확산되었습니다. 당시 우리나라는 고물가, 고환율, 고금리, 외화 부족, 부도기업 증가, 수출 부진, 재정적자 확대로 인해 경제위기 상황에 직면했습니다. 수출 부진으로 적자가 누적되고 외화유동성 부족으로 외자도입이 막혀 외환위기가 고조되었습니다. 연간 외화이자만 9억 달러로 총 수출액 120억 달러 중 7.5%를 이자로 부담해야 하는 상황이었습니다. 결국 IMF 구제금융 5억 달러를 지원받아 외채문제를 해결하고 경제위기를 극복했습니다.

미국은 1980년대 들어서 일본, 독일에 비해 약화된 산업경쟁력을 만회하고 기축통화의 지위를 유지하기 위해 달러 가치를 높이는 긴축정책을 실시했습니다. 이에 미국과 세계경제는 더욱 어려움에 빠졌습니다. 더는 버티기 어려웠던 미국은 1985년 플라자호텔에서 미 달러화 가치 하락을 유도하기 위해 특단의 조치를 내립니다. 엔화와 마르크화를 65%, 57% 절상하는 것입니다. 이후 달러 가치는 다시 30% 이상 추가 급락했습니다. 플라자 합의 이후 미국이 긴축을 풀고 달러 유동성을 공급하여 전 세계 경기가 서서히 회복되었습니다.

1989년 경제위기

1989년 총체적 난국으로 알려진 경제위기도 직접적인 원인은 1989년 단행한 미국의 금리인상과 관련 있습니다. 중동정세 불안으로 국제유가가 상승했고, 1985년 플라자 합의 이후 늘어난 달러 유동성으로 소비자물가지수가 4.8%까지 올라갔습니다. 1989년 미 연준은 인플레이션을 잡기 위해 기준금리를 9.75%까지 인상했습니다.

1990년 우리나라는 미국의 금리인상과 긴축으로 다시 경상수지 적자로 전환되었습니다. 주력 수출제품의 경쟁력은 약화된 반면 내수 호조로 사치품 수입이 급격히 늘어났습니다. 6.29 민주화 선언으로 그간 억압된 욕구가 한꺼번에 분출하면서 귀족노조 등장, 3D(더럽고, 위험하고, 어려운 산업) 기피, 기업은 생산투자나 경영합리화보다 재테크에 집중했고 재벌 땅투기 확산, 수출경쟁력 부족, 수출 채산성 악화, 가격경쟁력 하락, 생산성 부족 등의 여러 문제가 한꺼번에 쏟아져 나왔는데 해결책을 찾지 못하는 상황이었습니다.

1989년 미국의 긴축과 금리인상과 맞물려 1989년부터 1992년까지 일어난 우리나라의 경제위기 상황을 이런 의미에서 '총체적 난국'이라 표현했습니다. 이 시기 발생한 다양한 문제들에 대해 특별한 대책을 내놓기 어렵다는 경제정책 운용의 어려움을 단적으로 나타낸 말입니다. 미국의 긴축으로 수출 악화, 서울올림픽 이후 급속한 경기침체, 경제성장률 둔화, 기존 성장방식의 한계에 따른 총체적 위기 상황이었습니다.

70년대, 80년대에는 중동정세 불안에 따른 유가 급등으로 인해 7%에서 14%대의 매우 높은 인플레이션이 발생했습니다. 이를 잡기 위해 미 연준은 11%에서 20%까지 매우 높게 기준금리를 올리면서 미국과 세계경제는 많은 어려움을 겪었습니다. 90년대 들어 미 연준은 이를 경험삼아 물가가 3% 수준에 근접하면 선제적으로 금리인상을 추진했습니다.

1997년 IMF 외환위기

1997년 발생한 우리나라의 IMF 외환위기도 1994년부터 실시한 미국의 기준금리 인상이 원인이었습니다.

1994년 미 연준은 소비자물가가 2.9%로 오르자 선제적 기준금리 인상을 시작했습니다. 1994년 2월부터 1995년 2월까지 1년 동안 기준금리를 3%에서 6%로 올렸습니다. 심각한 인플레이션으로 전이되기 전에 금리인상을 시작한 관계로 미국경제는 부작용 없이 물가가 내려가고 연착륙이 가능했습니다. 하지만 긴축의 여파로 신흥국에 투자된 자금이 회수되면서 1995년에 멕시코 및 중남미 외환위기, 1997년 태국, 인도네시아, 말레이시아 등 동남아시아 외환위기, 한국 외환위기, 동구권 외환위기, 러시아 모라토리엄으로 경제위기가 확산되었습니다.

미국이 1971년 닉슨쇼크로 금태환을 폐지한 이후 종이 달러 시대를 열면서 수많은 미 달러가 세계 각국에 투자되었습니다. 미 월가의 투자는 신흥국의 경제발전과 자산가격 상승에 따른 부의 효과를 일으켜 신흥국의 자산가와 증산층 등장에도 일정 부분 기여했습니다. 하지만 넘치는 달러 유동성은 주기적인 인플레이션을 일으켰습니다.

미국이 금리를 인상하는 긴축 시기에는 신흥국에 투자된 달러가 급격히 회수되면서 신흥국의 위기가 확산되는 원인으로 작용합니다. 1994년부터 시작된 미국의 금리인상으로 아시아, 동유럽 등 많은 국가들이 외환위기를 겪었지만 미국은 물가를 잡고 안전하게 연착륙을 진행했습니다.

닷컴버블 사태

1999년 들어 달러 유동성으로 인터넷기업(IT)이 폭발적인 성장세를 보이면서 주식시장이 과열되고 물가가 3.2%로 올라가자 미 연준은 선제적으로 금리인상을 시작했습니다. 연준이 1999년 6월부터 기준금리를 4.75%에서 2000년 5월 6.5%까지 1.75%를 인상하자 인터넷기업의 주가가 폭락하는 닷컴버블 사태가 발생했습니다. 닷컴버블 사태는 전 세계 인테넷기업들의 주가 폭락을 가져왔지만 글로벌 경제위기로 전이되지는 않았습니다.

1990년대 미 연준은 그간의 경험을 바탕으로 물가가 3% 수준에 근접하면 선제적으로 기준금리 인상을 추진해서 미국경제를 안정화하는 데 성공했습니다. 닷컴버블 사태 이후 2001년 9.11테러로 미국경제가 충격을 받으면서 경기침체 징후가 보이자 연준은 침체된 경기를 살리기 위해 금리를 1%대로 인하하면서 시장에 달러 유동성을 공급했습니다.

2008년 글로벌 금융위기

2008년 글로벌 금융위기와 관련된 경제위기는 미 연준이 2004년부터 2006년까지 실시한 기준금리 인상과 관련되어 있습니다. 연준은 2001년부터 공급한 달러 유동성으로 2004년 들어 소비자물가지수가 4.3%까지 급격히 올라가자 다시 금리인상을 시작했습니다.

기준금리를 2004년 1%에서 2006년 5.25%까지 올리자 부동산 거품이 붕괴되면서 2008년 글로벌 금융위기로 전이되었습니다. 당시 우리나라도 불과 3개월간 460억 달러가 빠져나가면서 환율이

2009년 3월 6일에는 1,597원까지 상승하였습니다. 2008년 들어 부동산 대출 관련 모기지 채권들이 부실로 이어지면서 연관된 금융회사들의 부도가 확산되었습니다. 금융시스템이 붕괴되는 위기 상황을 맞이하자 미 연준은 신속히 금리를 다시 인하하고 무제한의 양적완화 정책으로 전환하여 글로벌 금융위기 상황을 극복했습니다.

이후 미 연준은 달러 유동성에 대한 모니터링을 지속했습니다. 이렇게 무제한의 양적완화로 달러가 많이 풀리면 약간의 외부 충격으로도 심한 인플레이션 상황으로 반전될 수 있는 상황이었습니다.

중국 부채위기

중국의 부채위기는 2015년부터 실시한 미 연준의 기준금리 인상과 관련되어 있습니다.

미 연준은 통화정책 정상화 측면에서 그간 무제한으로 풀린 달러를 회수하기 위해 2015년부터 기준금리 인상을 시작했습니다. 2015년 미국은 소비자물가지수가 1.9%로 심각한 수준은 아니었지만 예상되는 인플레이션을 사전에 대응하고 통화정책 정상화 측면에서 2015년 기준금리를 0.5%에서 2018년 2.25%까지 서서히 올렸습니다. 3년 동안 천천히 올린 덕분에 미국경제나 세계경제에 충격을 주지는 않았으나 이것이 원인이 되어 중국 부채위기가 발생했습니다. 이 시기 중국은 위안화를 방어하기 위해 약 8,000억 달러의 외환보유고를 사용했습니다.

코로나 팬데믹 위기

미 연준은 2022년 3월부터 6개월 동안 3% 이상 기준금리를 인상하는 등 지난 30년 들어 가장 빠른 금리인상 행보를 보이고 있습니다. 2022년 6월에는 소비자물가지수가 9.1%를 넘어섰습니다. 계속 금리를 올렸으나 2022년 7월 8.5%, 8월에는 8.3%로 좀처럼 물가가 떨어질 기미를 보이지 않는 상황입니다.

이런 인플레이션은 사실상 2021년부터 예견되었습니다. 2021년 5월 근원소비자물가지수가 이미 3%를 넘어섰고, 2021년 7월부터는 4.5%를 넘었습니다. 연준이 2022년 3월부터 금리인상을 시작한 것은 거의 1년 정도 늦은 타이밍이었습니다. 1990년대 이래 연준은 소비자물가지수가 3~4% 정도만 되면 기준금리 인상을 시작했습니다. 이번에 이렇게 늦어진 이유는 코로나 팬데믹 이후 경기침체에 대한 우려, 바이든의 정책 등이 맞물리면서 기준금리 인상 시기를 놓친 것으로 보입니다.

미 연준의 3%가 넘는 금리인상이나 급속한 금리인상은 신흥국, 제3세계 국가들의 경제에 타격을 줄 수 있습니다. 1971년 닉슨쇼크 이후 금태환 제도를 없애고 종이달러 시대가 열린 1980대 이후 미국이 금리인상을 추진하는 시기에는 달러 자본이 빠지면서 신흥국 경제위기가 발생하는 현상이 상시화되었습니다.

이번에도 예외 없이 2022년 하반기 들어 미국이 금리인상을 급격히 진행하면서 신흥국에 투자된 월가 자금이 빠지면서 신흥국을 중심으로 긴축발작이라는 경제위기 징후가 나타나고 있습니다. 스리랑카, 파키스탄에서 위기상황이 먼저 발생했고 튀르키예(터키),

칠레, 아르헨티나 등에서 외환부족과 경제위기 가능성이 큰 상황입니다. 특히 중국의 일대일로 사업에 참여하면서 외채가 급격히 증가한 국가들도 경제위기 가능성이 있습니다.

과거 이런 신흥국 경제위기는 국제 자본시장 경색으로 이어져 전염효과를 통해 전 세계로 확산되었습니다. 2022년 하반기부터 미국의 기준금리 인상이 가팔라지면서 경제 펀더멘털(경제기초나 체질)이 약한 국가들 위주로 금융시장이 흔들리고 있습니다. 중국 위안화, 일본의 엔화, 영국의 파운드화 등 대부분의 경제 주도국의 환율마저 급격히 상승했습니다. 특히 2022년 9월 말 영국의 리즈 트러스 신임 총리의 감세정책 발표는 영국의 재정적자 확대를 우려해 달러 가격이 급등하면서 세계 금융시장에 단기 충격을 주었습니다.

미국의 긴축과 금리인상 시기에는 작은 충격만으로 국제 금융시스템이 요동치기도 합니다. 이런 영향으로 단기외채 위주로 해외차입이 많은 금융회사나 기업, 국가들의 외화 유동성이 악화되면서 위기에 몰릴 수 있습니다.

과거 위기상황에는 해외차입이 많은 우리 기업이나 금융회사도 영향을 받았으나 2022년의 경우 단기외채 비중이 적고 금융회사들도 무리한 외화차입이 적어 외환위기 발생 가능성은 그다지 크지 않으리라 생각됩니다.

1997년 10월 당시 우리나라 외환보유고는 305억 달러였으나 1998년 1월 40억 달러로 급격히 줄어들었습니다. 2008년 글로벌 금융위기 당시에도 외환보유고는 2,000억 달러 정도였습니다. 하지만 2022년 10월 기준 4,167억 달러 정도의 외환보유고를 가지고 있습니다. 전 분기보다 다소 줄어든 이유는 2022년 9월 환율방어를 위해 달러를 사용했기 때문입니다. 1997년 당시 단기 외채비중이 660% 정도에 달했고 2008년에도 72% 정도였지만 2022년 단기외채비중은 40% 수준으로 낮게 유지되고 있습니다.

지난 30년간 미국의 금리인상과 세계경제의 어려움

과거 30년간 인플레이션 시기 우리나라의 기준금리는 대부분 미 연준의 기준금리 인상과 같은 방향으로 움직였습니다. 물론 한미 간 금리 역전 시기도 잠시 있었지만 대부분은 미국과 같거나 조금 높게 유지되었습니다.

지난 30년간 미 연준은 총 5회 기준금리를 인상했습니다. 그중 3% 이상 인상한 시기는 3번이었습니다. 2번은 금리인상 여파로 글로벌 경제위기로 전개되었습니다.

미 연준이 2022년 3월부터 실시한 기준금리 인상은 9월에 이미 3%선을 넘어선 상황입니다. 1990년 이후 미국이 3% 이상 기준금리를 인상하는 시기에는 항상 미국의 금융시스템 붕괴나 신흥국 경제위기가 발생했습니다.

2022년 실시한 미 연준의 기준금리 인상 폭은 불과 6개월 동안 3%입니다. 2022년 9월 미 연준의 점도표상 예상 기준금리를 보면 2022년 말까지 4.4% 이상으로 인상할 가능성이 매우 큽니다. 그러면 2008년 글로벌 금융위기 당시 최대 인상 폭인 4.25%에 근접해집니다. 당시는 2년 동안 천천히 인상했지만 2022년은 불과 6개월 만입니다. 계획대로 진행한다면 불과 9개월 만에 2008년 글로벌 금융위기의 원인이었던 금리인상 수준으로 4%를 넘게 인상하겠다는 것입니다.

이는 연준이 2022년 인플레이션을 과거보다 심각하게 보고 강도를 높이겠다는 의미입니다. 아울러 미국 경제가 어느 때보다 좋아 과감한 긴축을 진행해도 경제가 버틴다는 자신감도 반영되어 있습니다. 지난 30년간 미 연준의 금리인상에 따른 세계경제의 위기상황을 보면 다음과 같습니다.

1997년 전 세계 외환위기

1995년부터 1997년까지 발생한 중남미, 아시아, 동유럽, 러시아 외환위기는 1994년부터 1995년까지 1년간 진행한 미국의 3% 금리인상과 연관되어 있습니다.

1990년대 들어 미국경제는 1985년 플라자합의 여파로 인해 120개월 동안 오랜 호황을 경험하면서 물가상승 조짐이 보이기 시작했습니다. 또한 주식시장을 중심으로 한 금융시장의 비약적인 발전으로 부의 효과를 만들어 소비가 급속히 증가했습니다.

1994년 들어 넘치는 유동성으로 미국의 소비자물가지수가 2.9%로 올라가면서 경기과열과 인플레이션 조짐이 보이자 당시 미 연준의 그린스펀 의장은 선제적으로 기준금리를 인상했습니다. 1994년 2월부터 1995년 2월까지 불과 1년간 3%에서 6%로 3% 정도 기준금리를 인상했습니다.

당시 미국 입장에서는 인플레이션을 성공적으로 잡았지만 긴축의 후유증은 전 세계로 확산됩니다. 미 연준의 물가상승에 대한 강한 대응과 금리인상은 채권시장 폭락으로 이어졌고 미국 국채 10년물 금리가 1994년 1월 말 5.7%에서 연말에는 7.8%로 1년 사이 2.1%나 급등했습니다. 이어서 국제 금융시장 자금이 미국으로 빨려 들어가면서 멕시코, 아르헨티나 등 중남미 국가의 증시는 1년 사이 50% 이상 폭락했습니다.

미 연준의 금리 인상 이전까지만 해도 저금리로 인해 각국의 주식시장은 호황이었습니다. 그러나 미국의 기준금리 인상으로 돈이 회수되면서 1995년 유동성 부족에 빠진 멕시코와 아르헨티나 등 중남미 국가들이 IMF 구제금융을 받게 됩니다. 이후 1997년 태국, 필리핀, 인도네시아 등 동남아시아 경제위기로 이어지고, 1997년에는 우리나라도 IMF 구제금융을 받았으며 뒤이어 동구권 외환위기, 러시아 모라토리움 선언으로 이어집니다.

2001년 닷컴버블 위기

2001년 닷컴버블과 관련된 위기는 1999년부터 2000년까지 1년간 진행된 1.75%의 기준금리 인상과 관련되어 있습니다. 1990년대 들어 계속된 미국경제의 호황으로 발생한 물가 불안, 주식시장 과열 등에 선제적으로 대응하기 위해서 추진한 것입니다. 당시는 주식시장에서 기업명에 '.com'만 들어가면 '묻지마 매수'하는 상황이었지만 이러한 인터넷기업들은 기대만큼의 실적을 보여주지 못했습니다. 정보통신산업의 비약적 발전으로 인한 주식시장의 과열은 인플레이션을 자극해 이를 안정화할 필요가 생겼습니다.

1999년 들어 주식시장의 활황이 이어지면서 소비자물가지수가 3.2%로 올라가자 미 연준은 기준금리 인상을 시작했습니다. 1999년 6월부터 2000년 5월까지 1년간 기준금리를 4.75%에서 6.5%까지 소폭으로 1.75% 인상했습니다. 금리를 인상하자 2000년 8월 역사적 고점을 찍었던 미국 증시는 그동안 쌓였던 버블이 서서히 붕괴되기 시작하며 2003년까지 계속 하락합니다. S&P500 기준으로 주가는 80%나 폭락했습니다.

미 연준의 1999년 금리 인상은 인터넷기업의 주식이 급격히 빠지면서 주식시장이 폭락하는 닷컴버블 사태를 일으켜 전 세계 주가가 동반 하락하는 계기가 되었습니다.

2008년 글로벌 금융위기

2008년 글로벌 금융위기는 2004년부터 2006년까지 2년간 진행한 4.25%의 기준금리 인상과 연관되어 있습니다.

2004년 5월부터 2006년 5월까지 금리를 인상한 배경은, 2001년 닷컴버블 이후 미국이 침체된 경기를 살리기 위해 기준금리를 1%대로 내리고 유동성을 공급하자 부동산 버블과 인플레이션 문제가 부각되었기 때문입니다. 당시 중국 등 신흥국의 경제성장과 세계경기 활황이 지속되고 있었습니다. 저금리 상황에서 대출여건 등도 완화되자 미국 부동산 가격이 급등했습니다.

달러 유동성으로 인해 부동산 모기지 시장이 활황에 접어들면서 2004년부터 소비자물가지수가 4.3%로 올라가자 미 연준은 기준금리를 2004년 6월 1%에서 2006년 6월 5.25%까지 2년 동안 4.25%를 인상했습니다.

기준금리가 올라가자 2008년부터 부동산 버블이 붕괴되면서 글로벌 금융위기로 전이되어 세계경제가 큰 어려움을 겪었습니다. 불과 2년이란 짧은 기간에 1990년대 이후 가장 큰 폭인 4.25%의 기준금리를 올리자 부동산 거품이 꺼지면서 2008년 들어서는 전 세계 금융위기로 전이된 것입니다.

미국의 문제로 시작된 금융위기였지만 해외에 투자된 자금이 미국으로 회수되면서 전 세계가 고금리, 고물가, 고환율, 외환 부족의 3중고, 4중고를 동시에 겪으면서 고통에 빠졌습니다. 우리나라 역시 환율이 급등했습니다. 3개월간 외화가 460억 달러나 빠져나가고 2009년 3월 6일에는 환율이 1,597원을 찍기도 했습니다.

미국은 2008년 글로벌 금융위기가 발생하자 경기를 살리기 위해 바로 금리를 인하하면서 양적완화를 시작했습니다. 이때부터 또다시 무제한으로 달러 유동성이 공급되었습니다. 미 연준은 엄청난 달러 유동성에 대한 우려와 통화정책 정상화 측면에서 2015년부터 선제적으로 기준금리 인상을 시작했습니다.

중국 부채위기

중국의 부채위기는 2015년부터 2018년까지 미국이 통화정책 정상화 측면에서 실시한 금리인상과 관련되어 있습니다.

미 연준이 금리 인상을 시작한 2015년 미국의 소비자물가지수는 1.9%로 인플레이션으로 보기에는 어려운 수치였습니다. 하지만

2008년 금융위기 이후 지속된 3차례의 양적완화와 제로금리로 인해 유동성이 확대되자 인플레이션 우려가 확산되었고 이에 연준은 통화정책을 금융위기 이전으로 정상화하려고 선제적으로 금리 인상을 추진했습니다.

연준은 그간의 경험으로 세계경제에 심각한 영향을 주지 않기 위해 매우 천천히 작은 폭으로 기준금리 인상을 시작했습니다. 2015년 0.5%에서 2018년 2.25%까지 3년간 1.75% 정도를 올렸습니다. 하지만 2015년부터 2018년까지 진행된 미국의 금리인상으로 인해 중국의 부동산과 지방정부 부채위기가 맞물려 중국에 투자된 자금이 빠지면서 위안화가 폭락하는 중국 부채위기가 발생했습니다.

이후 미중 간의 대립이 본격화되면서 서로 관세를 부과하는 미중 무역전쟁으로 옮겨가기 시작했습니다. 실제로 당시 미국은 기준금리를 3년이라는 긴 시간 동안 천천히 인상하여 중국 이외의 다른 국가 경제에는 충격을 주지 않았습니다. 다만 중국은 위안화를 방어하기 위해 거의 8,000억 달러를 사용하며 환율방어에 나섰고 겨우 부채위기를 넘길 수 있었습니다.

코로나 팬데믹 위기

2022년 3월 미 연준은 코로나19 팬데믹 이후 엄청나게 풀린 유동성으로 자산가격이 급등하고, 중국의 제로코로나 정책으로 인한 공급망 문제, 러시아-우크라이나 전쟁으로 인한 유가 상승 등으로 극심한 인플레이션이 발생하자 이를 잡기 위해 금리 인상에 돌입했습니다.

2022년 3월부터 시작된 기준금리 인상은 9월까지 불과 6개월 동안 3%를 인상했습니다. 각국의 중앙은행은 미 연준의 기준금리 인상에 보조를 맞추어 금리 인상에 돌입했으나 미국경제만 버틸 수 있었고 다른 나라들의 경제상황은 그리 좋지 않아 달러 가치만 지속적으로 상승했습니다.

2022년 9월 기준으로 중국의 위안화는 1달러당 7위안을 넘어섰고, 일본 엔화는 2022년 연초 대비 25%가 평가절하되었습니다. 원화도 2022년 연초 대비 20% 정도 하락하였습니다.

2022년 하반기 들어서도 전 세계가 인플레이션으로 몸살을 앓게 된 데에는 뒤늦은 미 연준의 대응이 원인이라는 의견이 많습니다. 2022년 3월 미국 소비자물가지수가 8.5%를 기록한 상황에서 뒤늦게 기준금리 인상을 시작했습니다. 사실상 2021년부터 미국의 물가상승률은 이미 임계치를 벗어나고 있었습니다. 2021년 5월 근원소비자물가지수가 이미 3%를 넘었고, 2021년 7월부터는 4.5%를 넘어서는 상황이었습니다.

미 연준이 소비자물가지수가 8.5%를 넘어선 2022년 3월부터 금리 인상을 시작한 것은 거의 1년이나 시기를 놓친 것입니다. 연준은 1990년대 이후에는 소비자물가지수가 3~4%에 근접하거나 넘어서면 기준금리 인상에 돌입했고, 그것도 시장에 충격을 주지 않기 위해 천천히 진행했습니다. 이번 위기상황은 대응이 늦은 데다가 인상 폭도 너무 가파릅니다. 따라서 금리인상에 따른 충격이 어떻게 진전될지 우려하지 않을 수 없습니다.

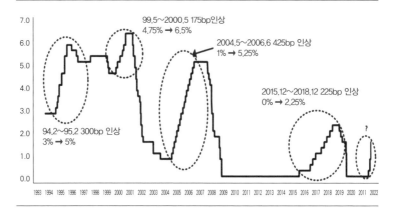

기축통화인 달러는 미국만의 통화가 아닙니다. 따라서 국제금융이나 국제경제에 미치는 파급력이 크므로 전 세계 경제를 함께 고려해서 통화정책을 추진해야 합니다. 하지만 2000년대 이후 미 연준은 오직 미국경제만을 바라보고 다른 나라의 경제충격은 전혀 생각하지 않는 이기적인 통화정책을 추진한다는 비난을 받고 있습니다.

미국이 기준금리 인상을 진행하면 각국에 투자된 달러 유동성이 빠지면서 부채가 많고 경제체질이 약한 신흥국들에 경제위기가 발생합니다. 미국의 금리 인상 시기에 항상 우리 경제도 주가 하락, 부동산 가격 하락, 소비 하락, 생산 감소, 투자 감소, 수출 위축, 환율 상승 등의 현상이 반복 발생했습니다.

2_ 금리 및 환율 예측 시나리오

2022년 들어 실시된 기준금리 인상은 코로나19 팬데믹 상황에서 디플레이션을 막고자 대량 살포된 유동성을 회수하기 위한 것입니다. 그런데 그 속도가 심상치 않고 긴축의 시계는 빨라지고 있습니다.

2022년 9월 들어 미 연준은 3차례 연속 자이언트스텝(기준금리 0.75% 포인트 인상)을 단행했고 이에 달러의 몸값은 뛰기 시작했습니다. 설상가상으로 유로화·위안화 약세는 달러 킹메이커가 되어 이른바 '킹달러'를 만드는 데 일조하고 있습니다. 이에 원화 가치도 급격히 떨어지며 13년 6개월 만에 원·달러 환율은 1400원을 돌파했고, 무역수지마저 6개월 연속 적자를 기록 중입니다. 국내뿐만 아니라 전 세계가 R(Recession, 경기침체)의 공포를 느끼고 있고 경제위기 10년 주기설이 재확산되고 있습니다.

현재의 위기는 미국의 금리인상과 긴축 때문에 발생되었습니다. 우리나라의 경우 8월 CPI(소비자물가지수)가 5.7%로 비교적 안정적인 수준이었고 미국의 경우 8.3%였습니다. 미국은 높은 CPI를 잡기 위해 급하게 긴축을 시작했고 그 부작용을 전 세계가 겪고 있어 미 연준이 비난을 받고 있습니다.

2022년 9월 시점 우리나라는 공식적인 경기침체는 아니지만 그 직전 단계라고 볼 수 있습니다. 경기침체나 경제위기로 전이되지 않으려면 금리인상 폭과 시기가 매우 중요합니다. 우리나라의 경우 가계부채가 1,800조 원이 넘는 상황으로 전 세계 1위 규모입니다. 미국처럼 금리를 큰 폭으로 올리지 못하는 이유가 여기에 있습니다.

2008년 글로벌 금융위기 당시 우리나라는 3개월 만에 460억 달러가 빠져나가고 2009년 3월 6일 환율이 1,597원까지 올라갔습니다. 또한 IMF 외환위기 당시인 1997년 12월 23일 환율이 15일 만에 1,997원까지 올라간 경험이 있습니다.

환율 상승은 미국이 얼마나 기준금리를 올리느냐에 달려 있다고 볼 수 있습니다. 2008년 당시는 2004년 4.3%였던 인플레이션을 잡기 위해 1%였던 기준금리를 2006년 5.25%까지 2년 동안 4.25% 인상했습니다. 이것이 원인이 되어 금리인상 2년 후 2008년 글로벌 금융위기로 전이됐습니다. 당시는 미국을 제외하고 중국, 유럽도 지금처럼 경제상황이 나쁘지 않았습니다. 미국의 금리 인상에 따른 강달러 전환을 경제가 좋은 국가들이 분산해 강달러 기조를 막아주는 역할도 있었습니다. 하지만 지금은 유럽, 중국, 일본을 포함해 전 세계 경제가 모두 좋지 않고, 오직 미국만 인플레이션을 잡기 위해 금리 인상을 일관되게 추진할 펀더멘털을 갖고 있는 것이 문제입니다.

연준은 2008년 글로벌 금융위기 시 가장 피크였던 기준금리 5.25%를 심리적 마지노선으로 2022년 9월 21일 발표한 점도표 중간값을 22년 4.4%, 23년 4.6%, 24년 말 3.9%, 25년 말 2.9%로 잡았습니다. 2022년 8월 실업률도 3.7%로 여전히 좋고 소매 판매도 0.3% 증가해 사실 미국은 소비와 고용도 여전히 좋은 상황입니다.

2022년 하반기 들어 미국 CPI가 6월에는 9.1%, 7월 8.5%, 8월 8.3%로 너무 서서히 내려가고 있습니다. 2022년 9월 CPI는 전월 대비 0.1% 증가하고, 근원물가는 0.6% 증가해 아직도 갈 길이 멀다는 데 문제가 있습니다.

2022년 3월부터 기준금리 인상을 돌입한 지 6개월이 지난 상황에서도 CPI 중 33%를 차지하는 주거비 상승률도 여전히 높고 서비스 부문의 고용도 좋은 상황입니다. 미국의 인플레이션이 잡혀야 하고 연준 표현대로 한다면 명백하고 설득력 있는 물가하락 조건이 나오기 전까지 미국의 금리인상 기조는 바뀌지 않을 것입니다. 2022년 8월 실업률이 3.7%인데 5% 미만까지는 과감하게 금리인상을 추진하겠다는 것입니다.

인플레이션은 수요와 공급의 문제로 일어날 수 있습니다. 2022년의 인플레이션은 수요와 공급 문제가 모두 원인이 돼 발생한 것입니다. 러시아·우크라이나 전쟁으로 인한 유가·곡물 부족, 중국 공급망 마비 문제와 코로나로 풀린 역대급 유동성이 합쳐져 발생한 인플레이션입니다.

연준의 계획대로 기준금리를 2023년까지 4.6% 수준으로 올려서 물가가 잡힐 수만 있다면 다행이지만, 실상 경제 여건은 상당히 좋지 않습니다. 연준이 인플레이션을 계획대로 잡지 못하면 5% 이상으로 기준금리를 인상할 수 있고 그럴 경우 2008년 글로벌 금융위기 당시 최고 환율인 1,597원까지 상승할 가능성도 있습니다.

다만 과거보다 경제 펀더멘털이 좋기 때문에 급속한 외환위기나 1997년처럼 1,900원대까지는 올라가지 않을 것으로 봅니다. 그럼에도 지난 30년간 미 연준이 기준금리를 6% 이상 올리면 1995년 중남미 외환위기, 1997년 아시아 외환위기, 5% 이상 올리면 2008년 미국의 글로벌 금융위기가 발생했기 때문에 향후 면밀한 대응을 해나가야 하는 상황입니다.

수출 의존도가 높은 국내 경제구조상 결국 무역수지 개선이 경제성장의 유일한 돌파구로 보입니다. 그러나 이번 원자재 가격 상승을 보면 리스크 분산이 어렵다는 게 치명적입니다. 최근 우리나라는 환율이 상승하면 오히려 수출이 둔화하거나 줄어드는 경향이 있습니다. 과거 70년대, 80년대 산업화 시대에는 수출제품 대부분이 단순 가공품이 많았습니다. 환율이 상승하면 수출가격이 인하되어 수출 증가로 이어졌습니다.

하지만 지금 우리나라 수출품은 하이테크나 고품질 제품이 대부분입니다. 즉, 긴 글로벌 밸류체인(가치창출을 위한 활동의 연결)을 통해 공급받은 원재료나 반제품에 기술을 입혀서 가공해 수출하고 있습니다.

2022년 들어 반도체를 보면 7.5% 줄어들었고 에너지, 자동차 등은 늘어났습니다. 에너지만 하더라도 원유를 공급받아 나프타 등 14개의 고품질 제품을 만들어 전 세계에 수출하고 있습니다. 따라서 환율이 상승하면 우리 기업의 이익이 떨어지고 수출에도 영향을 미치며 투자·생산·개발·자금수급에도 모두 부정적 영향을 미칩니다.

또한 우리나라는 반도체 등 IT 수출제품 비중이 높고 글로벌 중간재 기업들이 많이 포진하고 있어 중간재 수출 비중이 70%대로 월등히 높습니다. 따라서 세계경제가 긴축으로 동반침체가 일어나면 전 세계 최종재, 완성재 업체들이 상품생산을 줄이기 때문에 수요가 줄고 수출이 줄어드는 현상을 나타냅니다. 따라서 세계적인 투자은행들은 한국 수출 증감을 세계경제를 예측하는 바로미터로 활용하고 있습니다. 경기사이클 상 긴축 이후 경기확장기는 반드시 다가옵니다. 지금은 기업 입장에서 도약을 위한 준비 기간입니다. 비생산적이거나 비효율적인 부분을 개선하는 기회로 활용해야 합니다. 내부적으로 갖고 있는 문제점을 개선하는 리스크 관리에 집중해야 합니다.

아울러 미래를 위해 적극적인 연구개발 및 투자도 진행해야 합니다. 정부 입장에서도 장기적으로 환율 변동성을 줄이는 방법을 마련해야 합니다. 한미통화스와프(양 국가의 현재 환율로 필요한 만큼 돈을 교환하고 일정기한이 지나 최초 계약 때 제시한 환율로 원금을 교환하는 거래) 등은 장기적인 해결책이 될 수 없습니다. 우리나라도 경제규모에 맞게 원화 국제화와 기축통화화를 추진해서 환율 변동성을 줄여나가야 합니다.

미국도 2차대전 이후 14번의 금리 인상과 긴축을 단행했고, 그중 11번은 경제위기나 극심한 경기침체로 이어졌습니다. 특히 금태환 제도를 없애고 종이달러 시대가 열린 1980년대 이후 미국이 금리 인상을 추진하는 긴축 시기에 신흥국 및 제3세계에 투자된

　　　　　　　　100문 100답으로 쉽게 이해하는

미국 달러 자산이 빠져나가 신흥국의 긴축발작이라는 고환율·고물가·고금리를 발생시켰습니다. 또한 자산가격 폭락, 외환 부족 등으로 위기가 상시화되었습니다.

우리나라에서 발생한 8번의 경제위기 중 7번이 미국 금리 인상과 긴축이 원인이었습니다. 이번에도 예외 없이 미국이 금리 인상을 단행하자 신흥국에 투자된 월가 자금이 빠지면서 신흥국을 중심으로 경제위기 징후가 나타나고 있습니다. 스리랑카가 발생했고 파키스탄, 튀르키예, 아르헨티나 등에서 외환 부족 현상과 경제위기 징후가 발생했습니다.

그렇다 하더라도 2012년 그리스에서 시작된 유럽 재정위기는 재발되지 않을 것으로 봅니다. 당시 PIGS(포르투갈·이탈리아·그리스·스페인) 국가들이 공통적으로 재정적자, 경상수지 적자가 매우 큰 상황이었습니다. 당시는 외채가 쌓여 국가채무와 민간채무가 높은 게 문제였습니다. 수출보다 수입이 훨씬 많아서 당시 경상수지 적자가 누적돼 있는 상황이었습니다. 거기다 재정도 매우 취약했습니다.

2022년 하반기 이들 국가의 경상수지 적자는 매우 개선된 상황입니다. 위기를 겪으면서 EU(유럽연합) 집행부의 감시 기능이 강화됨에 따라 감독시스템이 활성화됐습니다. 2010년에는 유럽 중앙은행의 개입이 매우 느렸지만 이후 유럽중앙은행 드라기 총재가 유로화를 지키기 위해 뭐든지 하겠다고 선언한 이후 행동도 빨라진 상황입니다.

다만 이들 국가의 국가 채무 문제는 항상 잔존하고 추가적인 충격이 올 때 별다른 대책도 없는 게 문제입니다. 최근 공급부문의 인플레이션 충격은 대응이 어렵고 힘든 상황입니다.

최근 유럽중앙은행의 양적긴축과 금리 인상이 진행되는 가운데 유럽연합의 국채금리는 큰 폭으로 상승했습니다. 특히 재정기반이 취약한 남유럽 국가들의 국채금리 상승이 뚜렷하고 유로존에서 안전자산으로 지목된 독일 국채와의 금리 차가 벌어지고 있습니다. 지금까지 남유럽 국가의 국채금리는 유럽중앙은행의 양적완화와 저금리, 유럽부흥기금의 부분적인 채무 공유로 낮게 형성되어 있었습니다.

과거에는 신흥국의 경제위기, 금융시스템 붕괴가 국제 자본시장 경색으로 이어져 전염효과를 통해 확산되기도 했습니다. 단기외채 위주로 해외차입이 많은 금융회사나 기업들의 유동성이 악화되면서 위기에 몰릴 수 있었습니다. 그러나 2022년 우리나라는 단기외채 비중이 적고 금융회사들도 무리한 외화차입이 걱정될 정도로 많지 않은 상황입니다.

2022년 10월 기준 우리나라 외환보유고는 4,167억 달러로 한미 통화스와프는 2021년 말 종료됐지만 미 연준과 미국채를 담보로 항시 달러를 쓸 수 있는 레포(Repo)*제도를 이용하면 600억 달러를 사용할 수 있습니다. 또한 각국의 통화스와프를 포함하면 추가로 2,000억 달러를 가용할 수 있습니다. 사실 우리나라가 보유한 해외 금융자산도 7,441억 달러 정도로 결코 적지 않습니다.

---

* 레포(Repo, 환매 조건부 채권매매) : 금융기관이 보유한 우량채권을 일정 기간 경과 후 사전에 정해진 가격으로 다시 매수하기로 하는 조건으로 채권을 팔고 이자를 붙여서 다시 되사는 채권.

미 연준의 기준금리 인상이 발표된 2022년 9월 21일 이후 환율이 거의 하루에 10원 정도 오를 만큼 환율이 급격히 상승한 이유는 첫째 미국 달러가 너무 강하기 때문입니다.

단기 환율 상승은 우리나라 외환시장 수급에 의존합니다. 우리나라의 수출입 규모는 세계 5위권으로 선물환 거래가 활성화되어 있습니다. 예를 들어 수출기업이 환손실을 보지 않기 위해 만기 시 약정한 금액으로 수출금액을 받는 선물환을 드는데 만기 시 발생하는 차액거래에 의해 달러를 시장에서 매수하거나 매도할 경우 달러 수급이 발생합니다. 이를 해결하기 위해 당국이 수출회사의 선물환을 직접 매입해 활용하고 국민연금과도 100억 달러 규모의 통화스와프를 체결하는 것은 외환시장에 긍정적인 영향을 주기 위해서입니다.

사실 한미통화스와프는 체결하면 좋기는 하겠지만 2008년 글로벌 금융위기 당시처럼 환율 안정에 바로 영향을 미치지는 못할 것입니다. 모든 나라의 환율이 약세인 상황에서 미 달러와 무제한 통화스와프를 맺지 않는 한 큰 효과와 근본적인 해결책은 되지 않을 것으로 생각됩니다.

따라서 중장기적으로 원화의 준기축통화화가 무엇보다 중요합니다. IMF 특별인출권*에 가입하고 국제 간 무역에서 원화를 통한

---

* IMF 특별인출권 : SDR이라고도 하며 외환위기 시 담보 없이 원하는 종류의 화폐를 액면가 비율에 맞춰 지원받을 수 있는 권리. 통화 바스켓은 달러화 · 엔화 · 유로화 · 파운드화 · 위안화로 구성돼 있어 특정 화폐가치가 떨어지더라도 전체 가치의 변동은 크지 않다. IMF 회원국은 출자비율에 따라 배분받는다.

무역결제를 넓혀가야 합니다. 이를 위해 우리나라 은행의 해외 진출도 확대되어야 하고 원화지급 결제를 위해 삼성페이, 카카오페이 등 민간 지급결제 은행들과 동반 진출도 필요합니다.

또한 중동과 석유대금 수입 시 원화로 결제하고 사우디 등에 무기 수출을 하는 방안도 생각할 수 있습니다. 특히 중동은 우리나라와 건설·방산 등 여러 분야에 큰 규모로 무역이 이뤄지고 있습니다.

향후 미국 금리 인상 관전 포인트

미 연준이 예상하는 4.6%의 기준금리로는 물가가 쉽게 잡히지 않을 것으로 봅니다. 그래서 2008년도처럼 기준금리 5%를 넘겨야 한다고 보고, 그럴 경우 글로벌 경제위기로 전이될 가능성도 있습니다.

2009년 3월 6일 원·달러 환율이 1,597원까지 올라갔습니다. 그럴 가능성도 충분한 상황입니다. 환율은 1,500원대 하단까지는 충분히 올라갈 여지가 있습니다.

또한 미국이 6% 이상 올릴 경우, 1997년 아시아 외환위기처럼 전 세계 경제위기로 전이될 수도 있습니다. 이럴 경우, 우리나라는 당시처럼 외환보유고가 적거나 단기외채 비중이 70%에 달하는 상황이 아니기 때문에 1997년처럼 극심한 경제위기로 전이되지는 않겠지만 환율이 급등하고 전 세계 경제위기의 전염효과로 인해 어려움을 겪을 수 있습니다. 그러나 지금의 예상대로 5% 미만으로

100문 100답으로 쉽게 이해하는

기준금리를 올려도 물가가 잡히지 않을 경우 경제위기까지는 아니더라도 스태그플레이션 상태가 오래갈 수 있습니다.

투자를 하건 자산을 관리하건 제일 중요한 포인트는 경기순환사이클의 흐름을 이해하는 것입니다. 경기는 확장기가 있으면 반드시 수축기도 옵니다. 현재는 확장기의 정점을 지나 긴축의 시간입니다. 금리를 올리는 이러한 긴축의 시기는 평균적으로 최소 30개월이 걸렸습니다. 2022년 3월부터 시작해서 9월 시점 고작 6개월의 긴축이 지났을 뿐입니다. 앞으로 2년 정도의 시간이 지나야 한다는 계산이 나옵니다. 금리 인상이 끝나려면 최소 17개월에서 길게는 3년까지 갑니다. 자산가격의 거품이 꺼지는 건 금리인상이 끝나고 1년에서 2년 이후에 이루어집니다.

2008년 금융위기를 예로 들면 글로벌 금융위기 직전 2004년도에 물가가 4.3%까지 오르자 긴축을 시작했고 이때 금리 인상을 1%에서부터 2006년 5.25%까지 올렸습니다. 긴축이 끝나고 2년 후인 2008년에 자산 거품이 본격적으로 빠지기 시작했습니다.

2022년 9월 시점은 긴축 초기입니다. 따라서 지금은 투자의 시점이 아니라 자산이나 부채 리스크를 관리해야 하는 시점입니다. 리스크를 관리하고 경기 확장으로 진입하는 시기까지 적극적으로 신용을 관리해야 합니다.

이제 향후 진행될 기준금리 인상에 따라 금리와 환율이 어떻게 진행될지 시나리오를 짜보겠습니다. 미래는 과거와 연동되어 있으므로 과거 데이터를 바탕으로 미래를 펼쳐보려 합니다.

분류	시나리오 1 (극심한 경제위기)	시나리오2 (가벼운 경제위기)	시나리오3 (스태그플레이션 지속)	시나리오4 (인플레이션 조기 안정화)
유사 사례	아시아 외환위기 (1997년)	글로벌 금융위기 (2008년)	2차 석유파동 (1980년)	닷컴버블
미국 금리 인상	6%	5.25%	20%	4.75 ⇒ 6.5 %
금리 인상 폭	3%	4.25%	10%	1.75%
최대 환율	1,597원	1,997원	고정환율	1,325원
예상 기준금리	6% 이상	5% 이상~6%	4.5~5%	4.5~5%
예상 환율	1,900원대 후반	1,500원대 후반	1,400원대 후반	1,400원대
긴축 종료 시점	2025년	2024년	2024년	2023년
영향	심각한 경제위기	가벼운 경제위기	고물가 저성장 지속	인플레이션 조기 안정

시나리오 1 : 심각한 경제위기
(기준금리 6% 이상 인상, 환율 1,900원대)

미 연준이 기준금리를 6% 이상 올리면 1997년 아시아 외환위기처럼 전 세계가 심각한 경제위기로 빠져들 가능성이 큽니다. 1997년 아시아 외환위기 당시에는 미국이 1994년 2월부터 1995년 2월까지 1년간 3%에서 6%로 3% 정도 기준금리를 인상한 결과로 발생했습니다. 당시 미국의 금리 인상이 신흥국의 경제위기로 전이된 이유는 불과 1년이라는 짧은 기간 금리 인상 폭이 3% 이상으로 가팔랐고, 최종금리가 6%로 수준으로 높았기 때문입니다. 지난 30년간 미 연준이 3% 이상 기준금리를 인상하면 어김없이 전 세계 경제위기로 전이되었습니다. 미국의 기준금리 인상으로 전 세계에 투자된 자금이 빠져나가면서 경제가 취약한 신흥국은 고물가, 고금리, 자산가격 폭락 등의 3중고를 겪게 됩니다.

미국 입장에서는 성공적으로 인플레이션을 잡고 경제를 안정화하는 데 성공했으나 그 후유증은 전 세계로 확산되었습니다. 당시 미 연준의 물가상승에 대한 강력한 대응은 채권시장 폭락으로 이어졌고 미국 국채 10년물 금리가 1994년 1월 말 5.7%에서 연말에는 7.8%로 1년 사이 2.1%나 급등했습니다. 국제금융시장 자금이 미국으로 빨려 들어가면서 멕시코, 아르헨티나 등 중남미 국가의 증시가 1년 사이 50% 이상 폭락했습니다. 미국의 기준금리 인상으로 돈이 빠지면서 1995년 유동성 부족에 빠진 멕시코와 아르헨티나 등 중남미 국가들이 IMF 구제금융을 받게 됩니다. 이후 1997년 태국, 필리핀, 인도네시아 등 동남아시아 경제위기로 이어지고, 1997년에는 우리나라도 IMF 구제금융을 받았고, 이어 동구권 외환위기, 러시아 모라토리움 선언으로 이어졌습니다.

2022년 3월부터 시작된 미국의 기준금리 인상 폭도 가팔라 9월 기준 이미 3% 수준에 도달했습니다. 미 연준은 점도표에서 발표한 대로 예상 기준금리를 연말까지 4.4%로 올렸지만 인플레이션이 쉽게 잡히지 않고 2023년까지 지속된다면 기준금리를 더 올릴 수밖에 없습니다.

만약 연준이 기준금리를 6% 이상 올린다면 미국경제는 버틸 수 있을지 모르지만 신흥국이나 경제체질이 약화된 국가들에서는 경제위기가 나타날 수 있습니다. 미국이 기준금리를 6% 이상 올리면 1994년 당시와 같이 미국 10년물 국채금리도 7%에 근접하면서 신흥국에 투자된 월가 달러의 회수가 빨라지고 이는 전 세계 경제위기로 전이될 가능성이 매우 큽니다.

경제체질이 약하고 부채가 많은 아르헨티나, 칠레, 등 중남미 국가, 부채가 많은 이탈리아, 그리스, 스페인, 터키 등 남유럽 국가, 최근 경제상황이 좋지 않은 러시아-우크라이나 전쟁으로 직접적인 피해를 입은 동구권 국가들까지 경제위기가 발생할 수 있습니다. 아시아 국가 중에서도 한국, 대만, 싱가포르를 제외한 경제체질이 좋지 않은 국가들에서 경제위기가 발생할 수 있습니다.

2022년 들어 이미 스리랑카와 파키스탄은 외화 부족으로 IMF 구제금융을 받은 상황이고 미국이 기준금리 인상을 지속할 경우 월가에서는 태국 바트화와 필리핀 페소화도 위험하다고 보고 있습니다. 2022년 들어 달러 부족으로 외환위기 가능성이 높은 국가들 중 대부분이 일대일로 사업으로 외화차입이 많은 콩고, 지부티, 앙골라 같은 나라들입니다.

일본은 아베노믹스 여파로 국가부채가 너무 많아 10년물 국채 금리를 0.25%로 고정하고 기준금리를 올리지 못하는 상황입니다. 2022년 9월 기준 일본 엔화는 연초보다 25% 평가절하되었습니다. 이러한 어려운 상황에서 미 연준이 기준금리를 6% 이상 올린다면 일본은행의 금리 방어에 한계가 오고 언제든지 위기상황으로 전개될 수 있습니다. 물론 4조 달러에 달하는 일본의 해외자산으로 인해 급격한 경제위기로 전개되지는 않겠지만 일본은행이 더는 금리를 방어하지 못한다면 일본의 경제충격이 주변국에 영향을 줄 수는 있습니다.

중국도 위안화가 심리적 마지노선인 1달러당 7위안이 무너지는 위안화 가치 하락 상황에서도 코로나로 인한 봉쇄정책, 부동산 경기 하락으로 인한 지방 정부부채 문제로 인해 금리를 올리지 못하고 있습니다. 미 연준이 6% 이상 금리를 올릴 경우 위안화 가치가 급격히 하락하고 중국에 투자된 자금도 빠르게 빠져나가면서 경제 위기의 진원지가 될 수 있습니다.

영국도 마찬가지입니다. 영국은 GDP 적자만 5.4% 수준으로 경제가 매우 안 좋은 상황입니다. 이러한 적자 수준은 1997년 당시 우리나라 GDP 적자 4%를 훨씬 상회하는 수치입니다. 이런 상황에서 영국의 신임 트러스 총리는 70조 원의 감세정책 의지를 바꾸려 하지 않고 있습니다. 영국의 신임 총리는 수요를 창출하는 정책을 통해 경기를 살리겠다는 의지가 확고합니다. 한쪽에는 물가를 올리고 영란은행은 이것을 해결하는 앞뒤가 안 맞는 정책을 추진하고 있습니다. 이러한 영국 트러스 총리의 감세 및 수요창출 정책은 금융시장을 주도하는 영국의 지위를 약화시키고 미국이 6% 이상 금리인상을 추진하는 상황에서도 진행된다면 세계경제의 새로운 뇌관으로 작용할 수 있습니다.

2022년 9월 말 영국 신임총리의 감세정책 발표만으로 달러 가치가 급격히 상승하면서 미국, 영국의 국채금리가 급등하는 상황을 맞기도 했습니다. 감세정책 발표로 파운드화 환율이 급등하는 등의 혼란이 발생하자 일부 감세안에 대한 수정 발표도 있었으나 정책의 큰 흐름은 유지하겠다는 것입니다.

미국이 기준금리를 6% 이상 올리면 우리나라도 그에 보조를 맞추어 6% 이상에서 7% 수준까지 기준금리를 올려야 하며, 이 경우

1997년 외환위기 당시의 환율 수준에 근접한 1,900원대까지 오를 수도 있습니다. 채권가격은 급격히 하락하고 주식시장도 상당히 내려갈 수 있습니다. 부채가 많은 기업 및 개인의 연체가 증가하게 됩니다. 재무구조가 좋지 않은 기업들과 제2금융권 금융회사들의 부도도 이어질 수 있습니다. 기업부도 증가와 금융회사 부실은 신용경색과 통화증발을 유발해서 경기침체 상황을 심화시킬 수 있습니다. 금융회사의 대출이 축소되어 돈이 돌지 않고 기업은 운영자금 확보가 더욱 어려워질 수 있습니다. 이럴 경우 1,800조 원이나 되는 가계부채, 부동산 거품이 심각한 문제로 등장할 수 있습니다.

다만 현재는 외환보유고도 2022년 2분기 기준 4,167억 달러 정도에 달하고, 레포제도 등 통화스와프로 추가 가용할 수 있는 외화도 2,000억 달러, 해외 금융자산도 7,441억 달러에 달해 당시와 같이 심각한 외환위기로 전개되지는 않을 것입니다.

1997년 10월 당시 우리나라 외환보유고는 305억 달러였으나 1998년 1월 40억 달러로 급격히 줄어들었습니다. 당시와는 분명히 다른 상황입니다. 따라서 6% 이상 미 연준의 금리 인상은 다른 나라에서 발생한 글로벌 경제위기가 파급되면서 우리나라 수출 부진, 경상수지 적자 등을 나타내며 어려움을 겪을 수 있습니다.

우리나라는 1997년 IMF 외환위기 당시 상황처럼 외화 부족으로 금융시스템이 붕괴되면서 은행 부실로 이어져 시중은행 중 50%가 사라지고 대기업 주식의 40%가 외국으로 팔리는 등의 극단적인 경제시스템 붕괴현상은 일어나지 않을 것입니다. 하지만 재무구조가 좋지 않은 기업, 부실이 증가하는 금융회사들의 부도가 이어지고 실업이 증가하면서 심각한 경기침체와 불황을 맞이할 수 있습니다. 펀더멘털이 약한 국가들의 경제가 붕괴되면서, 전 세계적가 경기침체에 빠지면서 수출 부진과 경상수지 적자 확대, 환율이 1,900원대까지 상승할 수도 있습니다. 이 경우, 금리 인상과 긴축이 2025년까지 이어지고 2026년이 되어야 금리 인하를 통한 경기부양으로 돌아설 수 있을 것으로 보입니다.

대응

인플레이션을 잡기 위해 금리를 올리면 초기에는 주식, 부동산, 채권 등 대부분의 자산가격이 하락합니다. 금리 인상 시기 채무자들은 채무액의 실질가치가 증가하기 때문에 부채 축소에 나서야 합니다. 인플레이션이 잡히고 저성장 저물가 경기침체와 경제위기 상황이 지속되며 주가는 하락하고 부동산 가격도 하락합니다. 이러한 디플레이션 상황에서는 장기 채권가격이 반등합니다. 이러한 저성장, 저물가 상황에서는 현금이나 현금에 준하는 자산이나 안전한 채권, 달러에 투자하는 것이 유리합니다.

경기침체의 끝이 보이거나 경기부양 신호가 보이면 선제적으로 주식이나 부동산 투자를 하는 것도 좋습니다. 다만 이 경우 경기순환사이클을 생각해서 침체가 상당히 진행된 이후 시도하는 것이 리스크를 줄이는 방법입니다. 통상 금리 인상 후 평균 30개월 이후에나 경기침체에 도달합니다.

시나리오 2 : 가벼운 경제위기
(기준금리 5% 이상~6% 미만, 환율 1,500원대)

미 연준이 기준금리를 5% 이상 6% 미만으로 올릴 경우 2008년 글로벌 금융위기와 비슷한 경로를 걸을 수 있습니다. 부동산 버블이 붕괴되면서 글로벌 경제위기로 전이될 확률이 높다는 의미입니다.

2008년 글로벌 금융위기는 미 연준이 2004년부터 2006년까지 실시한 기준금리 인상과 관련되어 있습니다. 미 연준은 2001년부터 공급한 달러 유동성으로 2004년 들어 소비자물가지수가 4.3%까지 급격히 올라가자 금리인상을 시작했습니다. 2004년부터 2006년까지 1%였던 기준금리를 5.25%까지 올리자 부동산 거품이 붕괴되면서 2008년 글로벌 금융위기로 전이되었습니다.

2001년부터 2005년까지 폭등했던 미국의 주택가격이 한순간에 폭락하면서 부실이 드러나기 시작했습니다. 주택가격의 폭락과 함께 서브프라임모기지의 부실화가 화약고에 불을 붙이는 계기가 되었습니다.

모기지를 대출해 준 금융회사는 이를 담보로 다른 금융회사들로부터 자금을 빌리거나 혹은 채권을 발행하여 추가자금을 조달해 왔습니다. 금융회사들은 서로 거미줄처럼 연결되어 있었습니다. 이 모든 것이 서브프라임 사태와 함께 무너지기 시작한 것입니다. 결국 부동산 가격의 지속적인 하락은 안전한 자산으로 간주되어 온 주택저당증권(MBS) 분야까지 부실이 확대되어 미국 금융시스템 전반을 마비시켰습니다.

당시 우리나라도 불과 3개월 동안 460억 달러가 빠져나가며 환율이 2009년 3월 6일에는 1,597원까지 상승하였습니다. 거기에 중소 건설사 및 중소 조선사의 부실문제까지 부각되면서 부도 등으로 이어졌습니다. 정부는 채권은행들을 중심으로 구조조정 및 구제금융 프로그램을 신속히 가동했습니다.

2008년 리먼사태를 시작으로 등장한 초대형 금융위기는 미국의 서브프라임모기지 부실 등을 계기로 전 세계로 확산되어 나갔습니다. 당시 대다수 전문가들은 금융위기로 인한 경제적 어려움이 역사적으로 가장 클 것으로 예상할 정도였습니다. 그러나 미국이 상상을 초월할 정도의 천문학적인 재정지원 및 확대, 유동성 확대, 저금리 정책을 시행하면서 다행히도 글로벌 금융위기가 발생한 이후에도 경기침체의 폭은 예상과 달리 그다지 크지 않았습니다. 아울러 국제 간 정책공조로 인해 세계경제는 빠르게 안정세를 찾아갔습니다. 우리나라도 비교적 빠르게 위기를 극복한 나라로 평가받았습니다.

이러한 배경에는 그동안의 경제위기, 금융위기 극복에 대한 이전의 학습효과와 각국 정부의 정책공조 등이 주효했던 것으로 보입니다. 2008년 세계 금융위기의 저변에는 국가든 개인이든 금융회사든 누구를 막론하고 높은 유동성과 과도한 차입은 경제성장과 호황의 혜택을 넘어 위기를 야기할 수 있음을 입증한 셈입니다.

당시 대표적인 소규모 개방 경제국인 우리나라의 경우를 보면 2008년 9월 리먼브라더스의 파산 충격은 급격한 자본 유출, 주가 폭락과 환율 급등을 통해 직접적으로 타격을 주었습니다. 2008년

9월에서 12월 사이 무려 462억 달러가 해외로 유출되면서 심각한 외화유동성 부족을 일으켰습니다. 그리고 위기 직전 1,400선을 넘던 주가는 2008년 10월 말 900대로 폭락했으며 달러당 1,100원 수준이던 원달러 환율은 2009년 3월 6일 1,597원까지 폭등했습니다. 이에 외환당국은 보유외환을 줄여가면서 환율을 방어했지만 환율 불안을 완전히 차단하기에는 역부족이었습니다. 글로벌 금융위기의 충격으로 2008년 4분기 우리나라 경제성장률은 전 분기 대비 -4.5%에 머물렀습니다.

2008년 위기 발생과 함께 일부 기업들의 부실 문제가 부각되었습니다. 대부분 중소 조선 및 건설업체들이었는데 조선의 경우 지난 수년간 지속된 활황에 편승하여 나타난 중소 조선사들이 업황이 둔화되기 시작하면서 문제가 되었습니다. 이 분야의 프로젝트 파이낸싱에 관여했던 은행 및 제2금융권으로 부실 문제가 확산되리라는 우려가 높았습니다. 하지만 실제로 시간이 지나면서 부실의 규모는 생각보다 크지 않은 것으로 나타났습니다. 금융감독 당국의 개입도 시작되면서 채권단이 체계적으로 대응하도록 하는 조치를 취했습니다. 필요 시 투입할 수 있도록 자산관리공사의 자본금도 4,000억 원을 증자하여 부실자산 매입 여력도 확충해 대응했습니다.

2022년에 발생한 인플레이션도 가장 근본적인 문제는 2008년 세계 금융위기처럼 높은 유동성과 과도한 차입에 러시아-우크라이나 전쟁으로 인한 에너지 가격 폭등과 중국의 공급망 마비 문제가 합쳐진 결과입니다. 2008년처럼 국가, 기업이나 개인의 차입과 높은 유동성은 경제성장과 호황의 혜택을 넘어 경제위기를 야기할 수 있습니다.

미 연준이 2008년 글로벌 금융위기 당시와 같이 5.25% 수준으로 즉, 5% 이상 6% 미만 구간까지 기준금리를 올린다면 자산거품이 붕괴되면서 글로벌 경제위기로 전이될 확률이 높은 상황입니다.

우리가 2008년 경험한 대로 넘치는 유동성으로 발생한 인플레이션을 잡기 위해 기준금리를 5% 이상 인상할 경우 심각한 부채 문제로 자산거품 붕괴를 일으킬 수 있습니다. 기준금리를 5% 이상 올리면 실질금리는 8%에서 10%대로 올라가면서 부동산 거품 붕괴가 일어날 수 있습니다.

2022년의 인플레이션도 코로나 팬데믹이라는 특수한 상황을 극복하기 위해 달러를 무제한으로 공급한 결과입니다. 달러 유동성이 가장 직접적인 원인이라 할 수 있습니다. 2008년 글로벌 금융위기 이후 공급한 달러 유동성을 회수하기도 전에 코로나 팬데믹이 터지면서 경기침체를 막기 위해 10조 달러를 추가로 공급했습니다. 지난 10년간 풀린 달러 유동성은 그 직전 100년간 풀린 달러보다 많습니다. 이에 대한 지적과 우려의 시각이 많습니다.

미국은 2022년 8월에도 소매판매는 0.3% 증가했고 실업률도 3.7%로 완전고용에 가깝습니다. 8월 소비자물가지수도 8.3%로 여전히 높고 전달 대비 오히려 0.6% 이상 상승했습니다. 기준금리를 2022년 3월부터 6개월간 3% 정도 인상했는데도 소비와 고용은 여전히 좋고 인플레이션 둔화 속도는 매우 느린 상황입니다. 따라서 미 연준이 기준금리를 2008년 글로벌 금융위기 수준으로 인상

한다면 글로벌 자산시장의 거품이 붕괴되면서 전 세계 금융위기로 전이될 확률이 높습니다.

이럴 경우에도 외환이 부족하고 만성적인 부채문제를 안고 있는 국가들 중심으로 경제위기가 확산될 수 있습니다. 하지만 우리나라는 1997년 당시처럼 무리하게 단기 차입금을 신흥국에 많이 투자하지 않았습니다. 해외 투자된 기업들도 대부분 흑자를 내고 있습니다. 그렇다 하더라도 우리나라도 일부 재무구조가 좋지 않은 기업, 금융회사 중심으로 부도가 확산될 수 있으며 개인부채 문제도 불거질 수 있습니다.

따라서 미국이 기준금리를 5% 이상 6% 미만 수준으로 인상하면 우리나라 기준금리도 최소 6%선까지는 올라갈 수 있고 2008년 글로벌 금융위기 때처럼 환율도 1,500원대 후반까지 상승할 수 있습니다. 이 경우 금리 인상과 긴축이 최소 2024년까지 이어지고 2025년이나 되어야 미 연준을 시작으로 금리 인하를 통한 경기부양에 나설 수 있을 것입니다.

대응

인플레이션을 잡기 위해 금리를 올리면 초기에는 주식, 부동산, 채권 등의 자산가격 하락으로 이어집니다. 금리 인상 시기 채무자들은 채무액의 실질가치가 증가하기 때문에 채무액을 줄여야 합니다. 금리 인상으로 인플레이션이 잡히면 경기침체 우려로 장기 채권가격은 반등하게 됩니다. 경기침체를 확인하면 전 세계 중앙은행의 공조로 금리 인하와 경기부양을 시도할 확률이 높습니다. 인플레이션이 잦아들고 경기침체를 확인하는 시점에 오히려 자산투자를 고려해야 합니다.

시장의 반응은 채권, 주식, 부동산 순으로 진행될 확률이 높습니다. 저성장, 저물가 상황에서도 현금에 준하는 자산이나 안전한 채권, 달러에 투자해야 합니다. 경기침체의 끝이 보이거나 경기부양 신호가 보이면 선제적으로 주식이나 부동산에 투자할 수 있습니다. 부동산 경기 상승은 경기부양 사이클에서도 가장 나중에 신호가 켜지기 때문에 부동산 투자는 경기상승 추세를 보고 신중히 투자해야 리스크를 줄일 수 있습니다. 일반적으로 금리 인상 후 평균 30개월 이후에나 경기침체에 도달합니다.

시나리오 3 : 스태그플레이션 지속
(기준금리 4.5% 이상~5% 미만, 환율 1,400원대 후반)

미 연준이 2008년 글로벌 금융위기를 경험으로 당시의 최고 기준금리 수준인 5.25% 이하로 유지하는 경우입니다. 미 연방공개시장위원회(FOMC)의 점도표상 계획대로 2023년에도 4.5% 이상 5% 미만으로 인상한다면 인플레이션은 잡히지 않고 저성장, 고물가의 스태그플레이션 상황이 지속될 수 있습니다.

미 연준은 2022년 3월 이후 9월까지 기준금리를 이미 3% 가깝게 올렸습니다. 기준금리를 인상했는데도 2022년 9월 여전히 고용과 소비가 좋아 인플레이션이 낮아질 기미가 보이지 않습니다. 코로나 팬데믹 상황에서 풀린 역대급 유동성이 걷히고 줄어들어야만 인플레이션이 잡힐 것입니다.

2022년 8월 소비자물가지수는 8.3%로 전월 대비 0.1% 이상 증가했고 에너지와 식료품을 제외한 근원물가는 6.3%로 오히려 전년 대비 0.6% 증가했습니다. 8월 유가는 하락했지만 소비자물가지수의 33%를 차지하는 주거비는 여전히 상승했습니다. 실업률은 3.7%로 서비스 부문의 고용이 여전히 좋은 상황입니다. 인플레이션을 주도하는 임금과 주거비 상승률을 낮추기 위해서는 기업실적이 악화되어 실업이 증가하면서 주거비 수요가 감소해야 합니다.

2022년 9월, 공급단의 문제도 아직 해결되지 않았습니다. 중국의 코로나로 인한 봉쇄정책도 해결되지 않았고 러시아-우크라이나 전쟁으로 인한 가스 가격 상승 문제는 해결될 기미를 보이지 않고 있습니다.

러시아는 우크라이나 점령지에 대한 주민투표를 통해 자국 땅으로 강제 편입하여 굳히기 전략에 들어갔습니다. 러시아는 우크라이나가 점령지를 공격하면 핵을 사용할 수 있다고 경고했습니다. 만약 러시아가 국지적인 핵을 사용한다면 전쟁은 확산되고 상황은 더욱 악화될 것입니다.

미 연준이 지난 2008년 글로벌 금융위기를 경험삼아 당시의 기준금리 최고점인 5.25%를 넘지 않고 4.5%에서 5% 미만으로 유지한다면 인플레이션 상황은 지속되면서 경제가 저성장 기조로 빠지는 전형적인 스태그플레이션 상황으로 전개될 것입니다.

현재의 인플레이션은 어느 한 쪽이 아닌 수요와 공급 양쪽의 문제 때문입니다. 이 둘이 모두 해결되어야 인플레이션이 잡힐 것입니다.

고물가와 급속한 인플레이션이 진정되지 못한 상황 속에서 러시아-우크라이나 사태로 에너지, 가스 가격이 천정부지로 치솟았고, 전쟁 양상이 장기화되면서 고물가 상황이 지속되고 가스 등 에너지 부족 문제도 쉽게 해결되지 않고 있습니다. 미국도 긴축으로 인해 경제성장률이 급격히 위축되고 우리나라도 국제 에너지 가격과 금리 인상의 영향을 받아 성장률이 떨어지고 있습니다.

공급단의 문제가 원인이었던 1980년 석유 2차 파동과 걸프전이 벌어졌던 1990년대 초 상황이 재현될 수 있다는 불안감이 증폭되고 있습니다. 당시, 1970년대와 1980년대에는 중동정세 불안으로 국제유가가 급등하면서 인플레이션과 경기침체가 동시에 일어나는 스태그플레이션 상황이 지속됐습니다. 이러한 공급단의 문제로 발생한 인플레이션은 근본적 문제가 해결될 때까지 지속되는 특징을 가지고 있습니다.

또한 코로나 펜데믹 상황에서 수년간 제로금리 시대에 뿌려진 역대급 유동성은 회수에 상당한 시간이 소요되고 그만큼 경제에 주는 충격도 클 수밖에 없습니다. 따라서 지금의 인플레이션이 쉽게 잡힐 것 같지 않습니다.

이에 따라 미국 연방공개시장위원회 점도표상의 계획대로 기준금리를 4.5% 이상 5% 미만으로 인상한다면 인플레이션이 2024년까지 지속되고 저성장, 고물가의 스태그플레이션도 지속될 수 있습니다. 이 경우 우리나라 기준금리는 5%까지 올라갈 수 있고 환율은 1,400원대 후반까지 올라갈 확률이 높습니다.

금리 인상과 긴축은 2024년까지 이어지고 2025년이 되어야만 금리 인하를 통한 경기부양에 나설 수 있을 것으로 보입니다.

대응

저성장 고물가 상황이 지속되면서 주가가 하락하고 채권가격도 하락합니다. 기준금리 인상과 긴축으로 대출이자를 감당하지 못하는 투자자의 매물 증가로 부동산 가격도 하락합니다. 위험자산은 최대한 멀리해야 합니다. 원자재, 필수소비재, 금, 은, 달러 등 안전자산에 대한 투자가 유리합니다.

시나리오 4 : 인플레이션이 조기 안정화되고 경제가 서서히 회복 (기준금리 4.5% 이상~5% 미만, 환율 1,400원)

미 연준이 연방공개시장위원회 점도표상의 계획대로 기준금리를 4.5% 이상 5% 미만으로 인상해도 물가가 잡히고 경제가 서서히 회복됩니다. 이 시나리오는 중국의 공급망 마비 문제가 해결되고 러시아-우크라이나 전쟁이 조기 종식되어 에너지, 가스 문제가 해결되어야 가능합니다.

인플레이션 원인 중 공급 문제가 해결된다면 기준금리를 과거 2008년 글로벌 금융위기 당시의 최고 기준금리인 5.25%를 넘지 않는 5% 미만으로 인상해도 물가하락 이후 경기 반등세로 돌아설 수 있을 것입니다.

과거의 경험처럼 기준금리가 5% 이상을 초과하지만 않으면 경제위기로 전이될 가능성은 없었습니다. 경제위기의 원인은 여러 가지가 있지만 가장 큰 요인은 큰 폭의 기준금리 인상입니다. 2008년 글로벌 금융위기 시 5.24%라는 큰 폭의 기준금리 인상이 단행되자 주택시장 붕괴와 금융위기가 시작되었습니다. 이를 잘 알고 있는 연준은 금리 인상에 더욱 신중하고 조심스러울 수밖에 없습니다. 러시아-우크라이나 전쟁이 조기 종식되고 중국의 경제봉쇄가 풀리면서 공급망 문제가 해결되면 인플레이션은 조기 안정화될 것입니다.

과거에 비해 현재 미국의 소비자, 기업, 은행은 모두 재무구조가 건전한 편입니다. 우리나라도 가계부채 문제가 있기는 하지만 기업이나 은행의 재무구조는 건전한 편입니다. 따라서 5% 미만의 금리 인상은 실물경제에 큰 충격을 주지는 않을 것입니다.

미 연준의 점도표상 계획대로 2023년 말 4.4%~4.6% 정도로 인상하고 러시아-우크라이나 전쟁 종결, 중국 공급망 마비가 해결된다면 물가가 서서히 안정화 되면서 금리인상 기조를 멈출 것입니다. 물가하락 수준이 명백하고 설득력 있는 수준으로 나타나면 금리 인하로 선회할 수도 있습니다. 이럴 경우, 경제가 회복되고 석유 등 원자재 가격도 하락하면서 우리 수출도 서서히 증가하게 됩니다. 2023년 하반기부터는 주식시장도 저점을 탈출해서 서서히 상승하게 됩니다. 2024년 들어서는 수출 상승, 공장 주문 상승, 내구재 주문 상승, 기업실적이 확연히 증가되면서 주택시장도 점차 회복됩니다. 이 경우 우리나라의 기준금리는 5%까지 상승할 수 있고 환율은

1,400대 중반까지만 상승한 이후 서서히 안정화될 것입니다.

이럴 경우, 금리 인상과 긴축은 2023년까지 이어지고 2024년이 되면 금리 인하를 통한 경기부양에 나설 수 있을 것으로 보입니다.

대응

고물가 상태일 경우는 채권보다는 원자재, 금, 은, 달러 등에 투자합니다. 경기침체가 진행되고 저물가 상황에는 금, 은 등 원자재, 달러보다는 채권에 투자합니다. 금리 인상이 멈추거나 경기 저점이 확인되는 경우 선제적으로 저평가된 자산에 투자하는 것도 가능합니다. 경제성장률이 서서히 회복되면 주식과 위험자산에 대한 투자를 늘려갑니다. 주택시장은 공장 주문, 내구재 주문, 기업실적이 확연히 증가된 이후 서서히 반영됩니다. 부동산은 경제성장률이 회복되면서 바로 투자하기보다는 기업실적, 공장 주문 등의 경제상황을 주시하면서 투자해야 합니다.

2부

금리를 알아야
경제가 보인다

금리란 무엇인가요?

금리란 돈의 가격을 의미합니다. 시장에서 물건을 사고팔 때 가격이 존재하듯이 돈을 빌려주고 되돌려 받는 금융시장에도 일종의 가격이 형성되어 있습니다. 금리란 원금에 지급되는 기간 당 이자를 원금의 비율로 표시한 것으로, '이자율'이라고도 합니다. 이자의 크기는 기간에 따라 달라지기 때문에 이자율을 표시할 때에는 기간을 항상 명시하며 통상 1년을 기준으로 금리를 산정합니다.

금리가 내려가면 이자를 받아서 살아가는 사람들은 이자가 줄어들어 생활이 어려워집니다. 반면 돈을 빌려 사업하는 사람들은 자금조달 비용이 내려가기 때문에 환영합니다. 금리가 내려가면 자금조달 비용의 하락으로 주식이나 주택, 자동차를 구매할 수 있는 능력이 커지는 반면, 금리가 오르면 역으로 조달 비용이 올라가기 때문에 주식이나 주택 구매가 힘들게 되고 가격도 오히려 떨어질 수 있습니다.

자금의 수요가 증가하면 금리가 올라가고 자금의 공급이 늘어나면 금리는 내려갑니다. 일반적으로 중앙은행은 통화정책을 통하여 금리를 원하는 목표 수준에 도달하도록 돈 공급을 늘리거나 줄여

흐름을 조절합니다. 금리가 너무 높다고 생각하면 낮추는 방향으로 목표를 설정, 중앙은행이 보유한 현금을 활용해서 금융시장에서 국채를 매입합니다. 국채를 매입하면 반대로 금융시장에 돈이 풀려서 금리가 내려가게 됩니다. 이를 공개시장조작이라고 표현합니다.

중앙은행이 국채를 매입하면 반대로 지불하는 지폐 등 본원통화의 공급이 늘어납니다. 본원통화란 한국은행이 지폐 및 동전 등 화폐발행의 독점적 권한을 통하여 공급한 통화입니다. 본원통화가 증가하면 개인이 보유하는 현금도 증가하고 은행이 예금자들의 인출 요구에 대비하여 한국은행에 예치하는 지급준비금도 늘어나 결국 우리나라 전체 통화량이 증가합니다. 결과적으로 금융시장에 자금 공급이 늘어나서 이자율은 하락합니다.

경기가 호황이면 기업들은 생산과 고용을 늘리고 시설을 확장하는데, 이는 자금 수요 증가의 원인으로 작용합니다. 따라서 경기 호황기에는 자금의 수요가 증가하여 금리가 올라갑니다. 반대로 불경기가 되면 투자 수요가 줄어들기 때문에 자금에 대한 수요도 감소하여 금리가 하락합니다.

금리는 생산, 소비, 투자, 고용, 인플레이션, 환율, 신용, 국가 간 자본이동 등 경제에 큰 영향을 미칩니다. 사람들의 소비는 소득과 금리에 영향을 받습니다. 금리가 상승하면 소비보다 저축을 늘리고, 반대로 금리가 하락하면 소비를 늘리고 저축을 줄입니다. 특히 주택이나 자동차를 구입하려면 많은 자금이 필요하므로 금융회사로부터 돈을 빌리는 경우가 많습니다. 이 경우 금리가 오르면 주택이나 자동차 구입을 미루게 됩니다.

금리 변동에 더욱 민감하게 반응하는 분야는 가계의 소비가 아닌 기업 투자 쪽입니다. 금리가 오르면 투자에 필요한 차입비용이 증가하기 때문에 기업은 투자를 줄이고 반대로 금리가 하락하면 차입비용이 감소하여 투자가 증가합니다. 금리 변동은 생산과 소비에도 많은 영향을 미칩니다. 금리가 하락하면 차입비용 감소로 자동차 등 제품의 소비도 늘어나고 생산도 증가합니다.

금리 변동은 국가 간 자본이동에도 영향을 줍니다. 자본이동이 자유롭게 허용되는 경우에 투자자들은 더 높은 수익이 발생하는 국가에 투자하고자 합니다. 오늘날처럼 국제 자본시장이 통합된 상황이라면 높은 수익을 위해 투자자들의 자본이동은 더욱 빨라집니다. 금리가 낮고 통화 유동성이 많던 2021년 미국증시 호황에 따라 우리나라 서학개미들이 미국주식에 투자한 것도 자본이동의 사례입니다.

해당국과의 금리 차를 보고 상대적으로 외국의 금리가 높다면 돈은 높은 금리를 찾아 해외로 이동하고 반대로 우리나라의 금리가 높다면 국내로 들어올 겁니다. 미국이 금리를 올리면 우리나라에 투자된 자금이 미국으로 이동하면서 환율도 같이 상승하는 이유입니다.

금리를 낮추면 금융회사들의 신용여력이 많아져 대출도 증가합니다. 반대로 고금리 상황에서는 금융회사들은 연체 등의 우려로 대출에 더욱 신중해질 수밖에 없습니다.

금리는 고용, 생산, 소비, 투자, 인플레이션, 신용, 환율 등 경제의

100문 100답으로 쉽게 이해하는

거의 모든 영역에 지대한 영향을 미치기 때문에 각국 중앙은행은 금리 변동에 매우 민감하게 대응하고 있습니다. 중앙은행은 인플레이션이 심할 경우, 금리를 올려 소비와 고용을 억제해서 물가를 잡으려 합니다. 지금 전 세계적인 인플레이션 상황에서 각국의 중앙은행이 금리 인상을 시작한 것은 과열된 소비와 고용시장을 안정화하겠다는 의도입니다.

물가가 올라가면 돈의 가치가 떨어지기 때문에 금융 자산을 거래할 때에는 물가 상승, 인플레이션을 같이 고려해야 합니다. 인플레이션이 빠르게 일어나면 실질금리는 마이너스가 될 수 있습니다. 가만히 있어도 소득이 줄어드는 효과가 발생합니다. 저축에서 발생하는 이자도 소득이기 때문에 세금이 부과됩니다. 따라서 세금이 없을 때와 세금이 있을 때 저축이나 투자 수익률이 달라집니다. 이자소득을 계산할 때에는 항상 세금과 인플레이션을 같이 고려해야 합니다. 인플레이션이 높은 시기나 세금이 인상될 경우, 이자소득의 실질적인 가치가 줄어들거나 마이너스가 될 수 있습니다.

기준금리 변동은 경제에 어떤 영향을 미치나요?

기준금리(Base Rate)는 한국은행이 경제 상황을 판단하여 정책적으로 결정하는 금리입니다. 경기가 과열되거나 물가 상승이 예상되면 기준금리를 올리고, 경제가 침체되었다고 판단하면 기준금리를 내립니다. 한국은행이 기준금리를 변동하면 금융시장에서 단기 금리도 같은 방향으로 움직이고 이어 장기 금리도 같이 변화됩니다. 따라서 한국은행이 결정하는 금리는 시중에서 결정되는 금리의 기준이 됩니다. 한국은행은 매월 금융통화위원회를 열어서 경제 상황에 대한 검토를 거쳐 기준금리를 발표합니다.

한국은행의 기준금리 변경은 경제 전반에 영향을 미칩니다. 기준금리 변화에 따른 파급 경로는 다양하며 경제 상황에 따라 기준금리 변경에 따른 영향과 폭이 달라질 수 있습니다. 일반적으로 기준금리 변동은 '금리, 자산가격, 신용, 환율, 기대인플레이션' 등 5가지 경로로 영향을 미칩니다.

기준금리 변경은 시장금리와 주택담보대출금리, 예금 및 적금금리에 즉각적인 영향을 미칩니다. 주가나 부동산, 채권 등 자산가격에도 영향을 미칩니다. 예를 들어, 기준금리를 인하하면 돈의 가치가 주가, 부동산, 채권 등 자산가격보다 저렴해지는 효과가 발생해서 자산가격이 반대로 올라갑니다. 반면 기준금리를 올리면 돈의 가치가 올라가고 자산가격은 내려갑니다.

또한 기준금리 변동에 따라서 신용 스프레드가 변동됩니다. 신용 스프레드란 자금을 조달할 수 있는 여력을 뜻합니다. 기준금리를 인하해서 시중에 돈이 많이 풀리는 상황이라면 신용 스프레드가 좋아져 대출 받기도 쉽고 담보 여력도 커지는 게 일반적인 현상입니다. 기준금리는 환율에도 영향을 미칩니다. 돈에 대한 국가 간 상대적 가치를 나타내는 환율은, 미국이 기준금리를 올리면 더 많은 이익을 좇아 우리나라에 투자된 달러자금이 빠져나가므로 상승합니다.

기준금리 변경은 기대 인플레이션을 자극해 향후 경기전망이나 인플레이션 기대에도 영향을 미칩니다.

▶ 기준금리 변경에 따른 영향

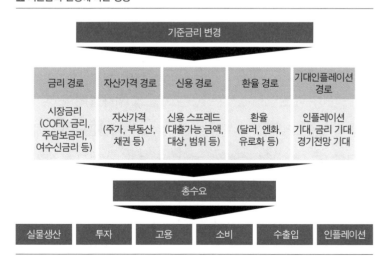

이러한 5가지 경로를 통해 기업의 생산과 투자, 소비, 고용에 영향을 미치고 인플레이션 방향이나 폭에도 관여합니다. 또한 기준금리 변화는 환율 변화를 통해 수출입에 영향을 미치기도 합니다.

금리 경로

기준금리 변화는 금융시장에서 장단기 시장금리에 영향을 미칩니다. 이러한 금리 변화는 가계의 소비나 기업의 투자 등 실물 부문에도 영향을 미칩니다. 기준금리 변경은 단기시장 금리, 장기시장 금리, 은행 예금 및 대출 금리 등 금융시장의 금리 전반에 영향력을 발휘합니다. 일례로 한국은행이 기준금리를 인상할 경우, 금융기관 상호 간의 초단기 자금 부족을 해결하기 위한 시장인 콜금리 등 단기시장 금리가 즉시 상승합니다. 은행 예금 및 대출 금리도 대체로 상승하며 장기 시장금리도 마찬가지로 상승합니다.

이와 같은 각종 금리의 움직임은 소비, 투자 등 실물부문에 영향을 미칩니다. 금리가 상승하면 차입을 억제하고 저축을 늘리는 한편 대출이자 증가로 가계 소비가 감소합니다. 기업의 경우에도 다른 조건이 동일할 경우 금리 상승은 차입 및 회사채 발행 등의 금융비용 상승으로 이어져 투자가 줄어듭니다. 기준금리 변화에 따라 총수요가 변화되어 가계의 소비, 기업투자, 생산, 고용, 물가 조정으로 이어집니다.

일반적으로 중앙은행이 기준금리를 변경하면 단기시장 금리는 즉각적으로 같은 방향으로 움직입니다. 반면 장기금리는 경기상황

100문 100답으로 쉽게 이해하는

이나 인플레이션, 기간프리미엄 등이 복합적으로 작용하기에 단기금리의 움직임처럼 즉각 반응하지 않는 경우도 있습니다. 장기 10년물 국채금리가 오히려 단기국채금리보다 낮은 경우도 간혹 발생합니다. 이럴 경우 경기침체 신호로 받아들이는데 기간프리미엄으로 보통 장기물 국채금리가 단기물보다 높아야 합니다. 단기적으로 극심한 인플레이션이나 경기가 좋지 않아 기준금리가 올라가는 상황에서 단기물 국채금리는 기준금리에 따라 상승하나 장기물 국채금리는 경기 불확실성으로 기대만큼 올라가지 않아 발생하는 현상입니다.

자산가격 경로

기준금리 변동은 주식, 채권, 부동산 등 자산가격에도 영향을 미칩니다. 금리가 상승하면 주식, 채권, 부동산 등 자산을 통해 얻을 수 있는 미래 수익의 현재 가치가 낮아져 자산가격이 하락합니다. 반대로 기준금리가 상승하면 돈의 가치가 올라갑니다. 기준금리 상승은 주가와 부동산 등 자산 가격에 부정적 영향을 미치고 소비와 투자도 감소합니다. 이는 가계의 자산, 부(Wealth)의 감소로 이어져 가계 소비가 줄어듭니다.

기준금리가 하락하면 돈의 가치는 낮아지고 주식, 채권, 부동산 가격은 올라갑니다. 기준금리가 인하하면 주가가 상승하고 기업은 주식을 발행하여 상대적으로 저렴한 비용으로 투자하여 이윤을 더 많이 낼 수 있습니다.

부의 효과로 가계 소비도 증가합니다. 부의 효과란 기준금리 인하가 가계가 보유한 주식이나 부동산 등 가계자산의 가격을 상승시키고 이러한 부의 증가가 소비 증가로 이어지는 현상입니다. 주가 상승, 부동산 상승은 가계의 소득을 증가시켜 결과적으로 소비로 이어집니다. 우리나라의 경우 가계 자산의 상당 부분이 부동산에 집중되어 있어 부동산 가격 상승이 소비 증가에 더 큰 영향을 미칩니다. 따라서 부동산 가격 상승에 따른 부의 효과가 주가 상승 때보다 더 크게 나타납니다.

신용 경로

기준금리 변경은 은행의 대출 태도에 영향을 끼칩니다. 금리가 상승할 경우 은행은 차주의 상환능력에 대한 우려로 이전보다 대출에 신중해질 수 있습니다. 금리 상승 시기에 은행은 신용등급 간 금리차인 신용 스프레드를 확대하기도 합니다. 즉, 신용등급이 낮은 차주에 대해서는 대출에 신중해질 수 있습니다. 이는 은행 대출을 통해 자금을 조달하는 기업 투자는 물론 대출자금을 활용한 가계 소비도 위축시킵니다.

기준금리 변경은 금융회사의 대출 여력에도 변화를 일으켜 총수요에 영향을 미칩니다. 금리가 하락하면 차입자의 순자산이 증가되어 재무상태가 개선되면서 대출 여력이 증가합니다. 반면 금리가 상승하면 차입이 많은 기업은 이윤이 감소하고 순자산도 감소하며 외부자금 차입이 까다로워질 수 있습니다. 또한 담보가치의

100문 100답으로 쉽게 이해하는

하락으로 투자 부진으로 이어질 수 있습니다. 이를 대차대조표 경로라고 합니다.

기준금리 변동은 은행의 수신을 변화시키고, 이는 은행의 대출 가능자금, 시중자금 가용량을 변화시킵니다. 이에 따라 은행은 대출을 축소하거나 확대할 수 있는데 이러한 변화는 은행자금에 의존하던 기업의 생산활동에도 영향을 미칩니다. 이것을 은행대출 경로라고 합니다. 예를 들어 기준금리가 오르면 기업의 이자 부담이 증가하고 재무건전성도 악화되어 산업 내 한계기업이 늘어나고, 부실기업의 증가는 결국 관련 산업의 부실로 이어집니다. 급격한 금리 인상은 영업이익을 하락시켜 기업이익에도 부정적 영향을 미칩니다.

환율 경로

기준금리 변경은 환율에 영향을 미칩니다. 다른 나라에 비해 우리나라의 금리가 상승할 경우는 국내자산 수익률이 높아져 해외자본이 유입되고 이는 원화가치 상승으로 이어집니다. 원화가치 상승은 수입품 가격을 하락시켜 수입품에 대한 수요를 증가시키는 반면, 수출품 가격을 상승시켜 우리나라 제품 및 서비스에 대한 해외 수요를 감소시킵니다.

이렇게 기준금리 변동은 환율을 자극해 소비·투자·수출(해외수요)의 변화를 일으키고 다시 인플레이션에 영향을 미칩니다. 만약 금리 인상으로 소비, 투자, 수출 등 총수요가 감소하면 물가 하락으로 이어집니다. 특히 우리나라처럼 수출에 필요한 원재료 수입이 많은 경우, 금리가 상승하면 원화가치가 올라 환율은 하락합니다. 금리 상승은 원화가치 상승으로 인해 수입품 가격 하락으로 이어져 국내 물가를 낮추는 요인으로 작용합니다.

하지만 2022년처럼 미국이 적극적 금리 인상을 주도하면 우리나라의 금리 상승만으로는 원화가치 상승에 기여할 수 없습니다. 우리나라의 금리 인상 폭이 미국보다 더 높아야 원화가치가 올라갈 수 있습니다. 환율 상승은 단기적으로 수출을 늘리고 수입이 줄어들어 경상수지 개선 효과를 일으키지만, 수입품 가격이 올라서 수입물가가 상승합니다. 또한 환율 상승은 기업이 가지고 있는 외화자산이나 외부부채를 증가시켜 재무구조에 영향을 미칩니다.

기대인플레이션 경로

한국은행이 기준금리를 변경하면 일반 국민들이 생각하는 기대인플레이션을 변화시켜 경기전망 및 인플레이션에 영향을 미칩니다. 경제 주체들의 인플레이션에 대한 기대 변화는 궁극적으로 소비와 투자 결정, 물가에 영향을 미치는데 이를 기대인플레이션이라고 합니다. 예를 들어 한국은행이 낮은 수준의 기준금리를 유지할 것이라는 신호를 보내면 장기금리는 하락하고 기업의 투자와 소비를 증가시켜 총생산이 증가하면서 최종적으로 물가 상승으로 이어집니다.

반대로 한국은행이 기준금리를 인상할 것이라는 신호를 보내면 인플레이션을 낮추기 위한 조치로 해석되어 기대인플레이션이 하락합니다. 사람들이 생각하는 기대인플레이션은 기업의 제품가격, 근로자의 임금에 영향을 미치기 때문에 실제 인플레이션에도 영향을 미칩니다.

기준금리 변동은 어떻게 결정되나요?

한국은행의 기준금리는 연 8회 금융통화위원회 '본회의'를 통해 결정됩니다. 기준금리 결정을 위한 금융통화위원회 회의 일자는 미리 정해져 있습니다. 다만, 경제여건이 급변하는 등 신속한 정책대응이 필요한 경우에는 임시회의를 개최할 수 있습니다.

기준금리 결정회의(본회의) 일을 기준으로 할 때, 그 이전 주부터 한국은행 주요 부서 실무진들의 각종 비공식 회의를 거친 후, 본회의 전일에 '동향보고회의'가 열립니다. 이때 한국은행의 주요 부서는 금융통화위원회 위원들에게 국내외 금융·경제 상황을 종합적으로 보고하며 이어 금융통화위원들 간의 토론이 이루어집니다. 본회의를 통해 기준금리가 결정되고 통화정책 방향에 관한 의결문을 작성합니다.

한편 금융통화위원회는 국내 물가, 경기 및 금융·외환시장 상황, 세계경제의 흐름 변화 등을 종합적으로 고려해 기준금리를 결정합니다. 본회의 직후에는 한국은행 총재가 기준금리 결정 배경 등을 설명하는 '기자간담회'를 갖습니다. 본회의에서 논의된 내용을 수록한 '의사록'은 일정 기간(2주)이 지난 후 공개됩니다. '의사록 공개'는 총재의 기자간담회 등과 함께 통화정책 결정 내용에 대한 일반 국민의 이해를 돕고 통화정책의 투명성을 제고하기 위한 방안으로 진행됩니다.

이론상 기준금리 산정에 활용하는 테일러 준칙은 성장과 물가가 당초 목표 수준과 차이가 날 경우 통화당국이 그동안 정책금리를 어떻게 조정해 왔으며 그것이 과연 적절한 수준이었나를 판단하기 위한 사후적인 검증 수단으로 활용될 수 있습니다. 즉, 테일러 준칙을 활용해 경제성장률과 인플레이션을 고려해서 우리나라 돈의 가치인 금리를 산정하는 것입니다.

테일러 준칙의 활용

테일러 준칙이란 실제 인플레이션율과 실제 경제성장률이 각각 인플레이션 목표치와 잠재성장률을 벗어날 경우 중앙은행이 정책금리를 목표치에 맞게 조정한다는 이론으로 특정 국가의 적정 금리 수준을 파악하는 방법 중 하나입니다.

테일러 준칙에 따르면 중앙은행은 실제 인플레이션율이 인플레이션 목표치보다 높은 경우 금리를 올리고 반대의 경우는 금리를 내리며, 실제성장률이 잠재성장률보다 높으면 금리를 올리고 반대의 경우에는 금리를 내립니다. 이에 따른 적정 기준금리 산출 공식은 다음과 같습니다.

우선 과거 실질균형금리에 평가기간 중 인플레이션율(소비자물가상승률)을 더합니다. 여기에 실제 인플레이션율과 목표인플레이션율의 차이(물가갭) 및 실제성장률과 잠재성장률의 차이(GDP갭)에 각각의 정책반응계수(통상 0.5)를 곱해 더합니다. 정책반응계수란 물가 및 성장에 대한 통화당국의 정책의지를 나타내는 계량 수치로 정책비중에 따라 물가, 성장 각각의 비율을 달리할 수 있습니다. 통상은 비중이 같게 0.5씩 적용합니다.

> 적정 기준금리 = 과거 실질균형금리 + 소비자물가 상승률 + (GDP갭 × 0.5) + (인플레이션갭 × 0.5)

금융통화위원회의 구성

금융통화위원회는 한국은행의 통화신용정책에 관한 주요 사항을 심의 · 의결하는 정책결정기구로 한국은행 총재 및 부총재를 포함하여 총 7인의 위원으로 구성됩니다. 한국은행 총재는 금융통화위원회 의장을 겸임하며 국무회의 심의를 거쳐 대통령이 임명합니다. 부총재는 총재의 추천으로 대통령이 임명하며, 다른 5인의 위원은 각각 기획재정부 장관, 한국은행 총재, 금융위원회 위원장, 대한상공회의소 회장, 전국은행연합회 회장 등의 추천을 받아 대통령이 임명합니다. 총재의 임기는 4년, 부총재는 3년으로 각각 1차에 한하여 연임할 수 있으며, 나머지 금통위원의 임기는 4년으로 연임할 수 있습니다.

금융통화위원회의 운영

한국은행 총재는 금융통화위원회를 대표하는 의장으로서 회의를 주재합니다. 금융통화위원회의 본회의는 의장이 필요하다고 인정하는 때, 또는 위원 2인 이상의 요구가 있을 때 의장이 소집할 수 있습니다. 현재 매월 둘째 주, 넷째 주 목요일에 정기회의가 개최됩니다.

본회의에 상정되는 안건을 심의·의결하려면 통상 7인의 금통위원 중 5인 이상의 출석과 출석위원 과반수의 찬성이 필요하며 금융통화위원회가 의결한 때에 의결서를 작성합니다. 본회의의 논의 내용에 대해서는 의사록을 작성하고 의사록 내용 중 통화신용정책에 관한 사항에 대해서는 외부에 공개하도록 되어 있습니다. 본회의 이외의 회의로는 상정 안건과 관련한 논의 등을 위한 간담회, 금융경제동향 등에 관하여 관련 부서의 보고를 듣고 서로 의견을 교환하기 위한 협의회 등이 개최되고 있습니다.

Q 004

기준금리의 역할은 무엇인가요?

한국은행은 경기부양을 위해 기준금리를 낮추어 가계, 기업, 은행들이 돈을 쉽게 쓰도록 하여 경기를 부양할 수 있습니다. 반면 돈이 너무 많이 풀려 자산버블과 인플레이션이 발생하면 기준금리를 올려 시장의 통화량을 줄여서 경기를 조절할 수 있습니다. 이렇게 한국은행은 기준금리와 통화량 조절을 통해 경기의 수준을 조절합니다.

한국은행이 금융기관과 환매조건부증권(RP: Repurchasing Agreement) 매매, 자금조정 예금 및 대출 등을 거래할 때 기준이 되는 정책금리를 '기준금리'라고 합니다. 한국은행은 기준금리를 7일물 환매조건부증권 매각 시 고정입찰금리로, 7일물 환매조건부증권 매입 시 최저입찰금리(Minimum Bid Rate)로 사용합니다.

한국은행은 2008년 3월부터 정책목표금리를 콜 금리에서 한국은행 기준금리로 바꾸고, 기준금리 목표에 맞게 7일물 환매조건부채권 매매를 통해 조절합니다. 또한 단기자금 시장에서 공개시장조작을 매주 목요일 7일물 환매조건부채권을 입찰하는 형태로 운영합니다. 한국은행이 환매조건부채권을 매각하면 시중자금(유동성)을 흡수하는 것이고 반대로 환매조건부채권을 매입하면 자금을 공급하는 것입니다. 시중은행은 공개시장조작이 없는 날에는 스스로 조달해야 합니다. 금융회사들 간의 단기금융시장이 활성화되도록 콜 금리에서 환매조건부채권 입찰로 바꾼 것입니다.

한국은행 환매조건부채권은 시중 단기자금 조절에 효과적이며 콜금리에도 영향을 미칩니다. 이처럼 환매조건부채권의 거래는 단기자금의 수급을 조절하는 기능을 수행하며 채권의 유동성을 높여 채권 발행을 통해 자본시장의 효율성을 제고하는 데 기여합니다. 특히 한국은행의 환매조건부채권(RP) 매매 시 적용되는 기준금리는 시중금리에도 즉각 영향을 미치기 때문에 한국은행 통화정책의 중요한 척도로 인식됩니다.

환매조건부채권(RP)

환매조건부채권(RP)은 채권 발행 후 통상 3개월, 1년 후 다시 되사는 조건이 붙은 채권입니다. 사는 쪽도 3개월, 1년 정도 짧은 기간 동안 채권 이자를 받고 이후 즉시 현금으로 교환 가능한 것이 장점입니다. 한국은행이 발행하는 것은 7일물 환매조건부채권입니다. 일정 기간이 지난 후에 다시 매입하는 조건으로 채권을 매도함으로써 수요자가 단기자금을 조달하는 금융거래 방식입니다. 예를 들어 A증권회사에 10년 만기 이율 5% 국채가 있다고 가정합시다. 증권회사는 당장 투자할 중단기 자금이 필요하기에 이렇게 긴 채권이 필요 없습니다. 반대로 투자자 입장에서는 매우 매력적인 안전자산이 될 수 있습니다. 이에 따라 A증권사에서 10년 5% 국채를 증권사 고객에게 이런 조건을 제시하면서 판매합니다. "현재 저희가 보유한 국채 5%짜리를 구입하면, 6개월 뒤 만기에 2.5%에 드리고 다시 되사겠습니다." 고객 입장에서는 단기 상품에 일반 은행에 비해 높은 이자를 받을 수 있어 매력적인 제안입니다.

이렇게 20번을 사고팔고 하면 채권 만기가 되고 고객들에게 차입한 돈으로 증권사는 채권 이자보다 더 높은 수익을 얻을 수 있습니다. 즉, 환매조건부채권은 은행, 증권사들이 높은 수익을 얻기 위해 자체 보유 채권을 담보로 쌓아두고 담보채권의 금액 범위 내에서 거래 고객에게 일정 시점 이후 되사는 조건으로 담보 채권을 쪼개서 판매하는 방식입니다. 환매조건부채권의 대상 채권으로 국채, 지방채, 특수채, 회사채 등이 있습니다.

한국은행의 환매조건부증권 매각은 보유한 국고채권을 7일 후 되사는 조건으로 금융회사에 매각해서 시중의 유동성을 흡수하는 것을 의미합니다. 이때 적용되는 고정입찰금리로 기준금리가 사용됩니다. 역으로 7일물 환매조건부증권 매입 시에는 기준금리가 최저입찰금리로 사용됩니다.

콜 금리

금융기관 상호 간의 초단기 자금부족을 해결하기 위한 시장인 콜 시장에서 결정되는 금리로 기준금리 변동을 신속하게 반영하여 시장금리에 영향을 줍니다. 일시적으로 자금이 부족한 금융회사가

100문 100답으로 쉽게 이해하는

자금이 남는 다른 곳에 자금을 빌려달라고 요청하는 것이 콜(Call)이며, 이러한 금융회사 간에 발생한 과부족 자금을 거래하는 시장이 콜 시장입니다. 잉여자금이 있는 금융회사가 자금이 부족한 금융회사에게 빌려줄 때 형성되는 금리를 콜 금리라고 합니다. 한국은행은 7일마다 매주 목요일 공개시장조작을 통해 자금을 공급하니 그 이전에 자금이 필요한 금융회사는 콜 시장을 통해 자금을 공급받아야 합니다.

콜 금리는 자금의 동향이나 기업의 현금 수요 등을 배경으로 한 금융시장의 수급에 따라 변동되는 게 원칙이지만 그동안은 사실 중앙은행인 한국은행이 통제했습니다. 한국은행은 경기과열로 물가가 상승할 가능성이 있으면 콜 금리를 높여 시중 자금을 흡수합니다. 경기가 너무 위축될 것 같으면 콜 금리를 낮추어 경기를 활성화시키는 방안을 세우는 등 매달 통화정책 방향을 결정하고 통화안정증권이나 국채를 시중은행과 사고파는 방식으로 시중의 자금량을 조절해 왔습니다.

그런 콜 금리가 자금수급 사정에 관계없이 목표 수준에서 거의 고정되면서 콜 금리의 시장신호 전달 및 자금배분 기능이 약화되었습니다. 그로 인해 단기자금 거래가 콜 시장에 과도하게 집중되어 환매조건부채권 등 기일물 단기 금융시장의 발달이 저조해졌습니다. 이에 한국은행은 2008년 3월부터 정책목표 금리를 콜 금리에서 한국은행 기준금리로 바꾸고, 기준금리 목표에 맞게 7일물 환매조건부채권 매매를 통해 조절하고 있습니다.

한국은행은 통화량과 금리를 조정하기 위한 통화조절용 수단으로 시중은행에 7일물 환매조건부채권을 판매합니다. 한국은행 환매조건부채권은 시중 단기자금 조절에 효과적이며 콜 금리에도 영향을 미칩니다. 시중에 단기자금이 풍부할 때는 시중은행에 환매조건부채권을 매각해서 시중자금을 흡수하고 단기자금 부족 시에는 환매조건부채권을 매입해서 유동성을 높임으로써 통화량을 조절합니다.

기준금리 인상은 경제에 어떤 영향을 미치나요?

2022년에는 코로나19로 인한 유동성 확대 및 저금리로 인해 자산 폭등, 러시아-우크라이나 전쟁으로 인한 석유 및 원자재 가격 상승, 중국의 제로코로나 정책으로 인한 공급망 마비로 전 세계적인 인플레이션이 극심한 상황이 되었습니다. 이에 미 연준(Fed)도 물가를 잡기 위해 본격적인 금리 인상에 돌입했습니다. 각국 중앙은행도 이에 동참하고 있습니다. 우리나라도 그동안 저금리와 유동성 확대에 따라 부동산 폭등과 인플레이션이 심각한 문제로 대두되었고 이에 한국은행은 인플레이션을 잡기 위해 기준금리 인상에 돌입했습니다. 우리나라 기준금리가 미국의 금리보다 낮을 경우는 한국에 투자했던 자본이 더 많은 이익을 좇아 해외로 빠져나갈 수 있습니다. 이에 우리나라 기준금리를 주로 미 연준의 기준금리와 같거나 높게 유지할 수밖에 없는 상황입니다.

2018년부터 2021년까지 우리나라에서는 부동산 폭등 현상이 나타났습니다. 이는 2008년 5%선이었던 기준금리를 2015년 3월부터 1.75%로 즉, 1%대로 기준금리가 낮아지면서 시작되었습니다. 코로나 팬데믹으로 경제상황이 어려워지자 2020년 5월에는 무려 0.5%로 추가 인하되면서 해방 이후 처음으로 제로금리 시대를 맞기도 했습니다.

금리 인하로 시중에 돈이 풀리자 위험을 무릅쓴 차입투자 시도가 늘면서 부동산, 주식, 코인 등에 자금이 몰려 결국 자산 버블이 발생했습니다. 2021년 말 기준으로 가계대출 규모가 1천862조에 이르는 엄청난 규모로 증가했습니다. 한국의 국내총생산(GDP) 대비 가계부채비율은 104.2%로 세계 1위권입니다. 더 심각한 건 가계부채의 빠른 증가 속도입니다. 2022년 들어 전쟁으로 인한 원자재 급등, 중국의 제로코로나 정책으로 인한 공급망 마비로 인플레이션은 매우 심각한 수준입니다. 걷잡을 수 없이 불어난 자산버블과 가계대출, 물가 상승에 제동을 걸기 위해 2021년 9월부터 한국은행은 기준금리 인상을 시작했습니다. 2022년부터 미국 연준도 치솟는 인플레이션을 잡기 위해 기준금리 인상과 양적긴축(QT)을 진행하고 있습니다.

기준금리를 인상하면 주식, 채권, 부동산 등 모든 자산에 부정적입니다. 현금가치는 오르는 대신 자산의 가치는 낮아지게 됩니다. 따라서 금리 인상 시기는 자산을 불리기보다는 보호하는 기간이어야 합니다. 기준금리 인상은 주식시장에 나쁜 소식입니다. 기준금리 인상으로 주가가 상승과 하락을 반복하는 주식시장 변동성이 매우 커지는 상황이 되었습니다. 기준금리 인상은 주택 모기지, 자동차 대출 및 신용카드 금리를 모두 인상시킵니다. 주택 모기지의 금리 인상은 주택 구입자에게도 상당한 영향을 미칠 수 있습니다. 2021년 2%대에서 받았던 주택 모기지 이자가 급격히 상승하고 있습니다. 금리가 인상되면 부채가 많은 개인과 가계는 더욱 힘들어 지게 됩니다. 대출금리 인상 시 담보대출보다는 신용대출 금리가 더욱 빨리 오르고 상승 폭도 더 큽니다.

외국인 자금 유출은 미국의 금리 상승 속도와 연관되어 있습니다. 국내 기준금리보다 미국의 기준금리가 인상 폭이 넓고 빠르게 진행되면 외국인 투자자금이 해외로 빠져나갑니다.

이런 이유로 사회적 분위기가 주택구매를 하지 않는 쪽으로 바뀌고 은행 대출에 대한 부정적 인식이 확산되면서 주택가격 하락에도 영향을 미칩니다. 금리 인상은 대출금리를 상승시키고 가계의 채무상환부담을 가중시켜 소비를 위축시킬 가능성이 큽니다.

기준금리를 인상하게 되면 고가사치품 등은 수요가 줄어들어 수요 증가로 생긴 수요견인형 인플레이션 억제에 효과가 있습니다. 하지만 기준금리 인상으로 임금상승 같은 비용상승형 인플레이션, 부동산 가격 급등, 가계부채 증가에는 당장 신속히 반응하지 않습니다. 이런 비용상승형 인플레이션은 서서히 감소하게 됩니다.

기준금리 인상은 대출금리를 상승시켜 부동산 수요를 줄이는 요인으로 작용합니다. 기준금리가 오르면 고정금리 비중이 높은 담보대출 금리는 작게 오르나 변동금리 비중이 높은 신용대출 금리는 급격히 상승합니다. 기준금리 인상은 신용 스프레드를 축소시켜 돈이 급하게 필요한 사람들은 고금리 신용대출에 몰리게 됩니다. 기준금리 인상으로 대출금리가 상승할 경우, 대출을 받은 가계나 채무가 있는 사람들은 채무불이행 위험이 증가하여 경제 전반에 걸쳐 위기로 확산될 가능성이 커집니다.

Q 006

금리 인상 시기에는 어떻게 대응해야 하나요?

금리 인상 시기에는 부채를 갚고 현금을 늘려야 합니다. 돈의 가치가 오르고 경제의 불확실성이 높아지는 기간입니다. 부채를 갚고 미래를 위해 저축을 하는 게 더욱 효과적인 시기입니다.

금리 인상 시기가 본격적으로 시작되면 먼저 따져봐야 할 것이 대출입니다. 향후 지속적인 금리 인상이 예상되기 때문에 대출 이후 부담해야 하는 이자도 동반 상승할 가능성이 큽니다. 대출받기 전 대출 목적이나 기간 등에 따라 변동금리로 받을지, 고정금리로 받을지 따져봐야 합니다. 일반적으로 금리가 오르는 추세라면 고정금리가 유리하며, 내려가는 추세라면 변동금리가 유리합니다. 지금처럼 금리가 상승하는 시기에는 고정금리가 유리합니다.

대출 기간에 따라서 달라질 수도 있습니다. 일반적으로 단기 대출은 변동금리, 장기 대출은 고정금리가 유리합니다. 고정금리와 변동금리를 합쳐 놓은 혼합금리도 있습니다. 일정 기간 고정금리(통상 3~4년)를 유지하다가 이후에는 변동금리로 전환되는 방식입니다.

고정금리의 경우 변동금리보다 대략 1%가량 높으므로, 단기간 자금을 운영할 목적이라면 변동금리 대출이 유리합니다. 3년 이상

이용해야 하는 주택담보대출의 경우는 고정금리 대출이 유리합니다. 지속적으로 금리가 인상되는 시기라면 변동금리가 고정금리를 역전하는 시점이 올 수도 있습니다. 이미 변동금리 주택담보대출을 보유하고 있다면, 최근 금리 인상 폭, 금리 변경주기, 대출기간 등을 종합적으로 고려해서 고정금리로 전환하는 것이 유리합니다.

대출금리를 선택할 때에는 우선 대출 상품의 기간을 확인해야 합니다. 변동금리는 고정금리보다 금리가 싸기 때문에 단기 대출에 유리하고 주택담보대출과 갖은 장기 대출의 경우는 고정금리가 유리할 수 있습니다. 이유는 장기 대출 기간에 어떤 상황이 발생할지 모르므로 고정금리로 가져가는 게 안전할 수 있습니다. 다만 금리가 내려가면 손해를 볼 수 있습니다. 현재와 같이 금리 인상이 예상되는 경우는 고정금리가 유리하지만 3~4년 뒤에 금리가 낮아질 것으로 생각된다면 혼합금리 상품을 선택할 수도 있습니다.

대출 시에는 금리와 더불어 중도상환수수료도 확인해야 합니다. 일반적으로 대출금을 중도 상환하는 경우 1% 이상의 중도상환수수료가 발생합니다. 다만 은행마다 원금의 몇%까지 중도상환수수료를 면제해 주고 있습니다. 매년 원금의 몇%까지 중도상환수수료 없이 상환이 가능한지 따져 보아야 합니다. 같은 은행 내 다른 대출 상품으로 갈아타는 경우 중도상환수수료가 없는 상품도 있습니다.

금리 인상 시기에는 그 폭과 범위를 정확히 예견하기는 어렵습니다. 시중은행의 금리는 한국은행의 기준금리와 매우 밀접하게 관련되어 있습니다. 한국은행은 기준금리 인상 시에 통상 인플레이션 등을 잡기 위해서 기준금리를 인상합니다. 1980년대 말 일본의 중앙은행은 치솟는 부동산 인플레이션을 잡기 위해 1988년 9월 2.5%였던 기준금리를 1990년 12월 6%로 불과 2년 사이 2.4배 인상했습니다. 1988년에 시작한 급격한 기준금리 인상은 결국 일본의 잃어버린 30년 경기침체를 불러왔습니다.

미국의 사례를 보면 2000년 전후 닷컴버블로 미국경제가 급속히 나빠지자 1%로 내렸던 기준금리를 2005년부터 다시 올렸습니다. 그동안 저금리 상황이 지속되면서 경기가 서서히 살아나고 부동산 폭등 등 자산버블이 심각해지자 2006년 6월 5.25%로 기준금리를 다시 올렸습니다. 불과 2년 사이에 1%대였던 금리를 5.2배 인상한 겁니다. 2008년 미국은 결국 급격한 금리 인상으로 인해 자산 버블이 붕괴되고 글로벌 금융위기로 이어졌습니다.

금리 인상 시기에는 자산매각 등을 통해 부채조정을 해야 합니다. 과다한 차입으로 인해 향후 금리가 3~4배 상승할 경우 이자를 감당하지 못할 경우도 발생할 수 있기 때문입니다. 금리 인상을 고려해서 기존 소득으로 이자를 감당할 수 있는지도 판단하고 그럴 수 없을 경우는 자산매각 등을 통해 부채를 줄여나가야 합니다. 과거에도 인플레이션을 막기 위해 기준금리가 2배에서 5배까지도 급격히 오른 사례도 다수 있습니다. 지나친 금리 인상은 경제위기로 전이될 수도 있습니다. 미국의 경우 과거 2.5% 이상 기준금리 인상 시 평균 30%는 경기침체로 이어졌다고 합니다. 금리 인상 시기는 가급적 부채를 갚아 최소화하고 현금 보유 비중을 늘려야 하며 경제상황을 예의 주시해야 합니다.

100문 100답으로 쉽게 이해하는

금리 인상 시기에는 신용관리가 매우 중요

지속적인 금리 인상이 진행되는 시기에는 신용등급의 안정적인 관리가 매우 중요합니다. 만약 연체 등으로 신용등급까지 하락한다면 금리 부담이 크게 높아질 가능성이 있기 때문입니다. 연체를 피해야 하고 이미 발생했을 경우에는 최대한 신속하게 상환하며, 다수의 연체 건이 있다면 오래된 대출부터 먼저 상환해야 합니다.

신용등급이 중요한 이유는 금리인하요구권이라는 제도 때문입니다. 모든 금융회사는 대출고객이 신용상태가 개선되어 대출금리 인하를 요구할 경우 심사를 통해 대출금리를 인하해 주는 금리인하요구제도를 법에 따라 운영하고 있습니다. 금리 인하 요구는 대출기간 중 승진, 승급, 연봉 재계약 등으로 소득이 오르거나 신분의 변화, 신용등급 상승 등이 일어난 경우 활용할 수 있습니다.

금리가 오르면 예금금리 즉 수신금리도 올라갑니다. 금리 인상기에는 예·적금에 가입하는 것도 좋은 방법입니다. 가입 시 단기 상품에 가입하여 지속적으로 금리 인상 시기에 금리 상승분을 매번 예금에 적용받는 구조를 만드는 것도 중요합니다.

Q 007

기준금리 인상이 기업에 미치는
영향은 무엇인가요?

기업이 필요한 자금을 조달할 경우, 회사채 및 주식발행 등 직접금
융을 이용하는 방식과 은행을 이용한 대출 등 간접금융으로 조달
하는 방식이 존재합니다. 금융시스템이 앞서 있는 미국은 기업의
자금조달 규모 중 회사채 및 주식발행을 통해 조달하는 직접금융
이 62%를 차지하고 있습니다. 은행대출 등을 이용하는 간접금융
방식은 단지 31% 수준입니다. 반면 한국기업의 자금조달은 여전
히 은행대출이 큰 비중을 차지하고 있습니다.

대기업들은 회사채 및 주식발행 등 직접금융이 비교적 쉬운 반
면, 중소기업은 직접금융의 어려움으로 인해 상당 부분 은행대출
등 간접금융에 의존합니다. 또한 대기업은 높은 신용을 바탕으로
여러 은행을 비교해서 낮은 곳에서 대출을 받을 수 있습니다. 신용
이 좋고 성장성이 높은 대기업들은 아예 국제금융시장에서 외화채
권을 발행하는 등, 다양한 방식으로 자금을 조달할 수 있습니다.

반면 중소기업은 기업의 신용에 따라 직접금융을 통한 회사채
발행이나 주식 발행이 제한적입니다. 또한 이용할 수 있는 은행의
수가 적어 대출 비용이 상승할 수밖에 없는 구조입니다. 중소기업

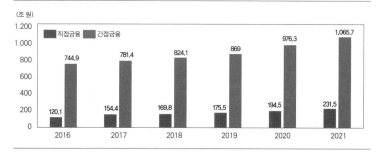

(조 원)

출처: 한국은행, 금융감독원
간접금융(은행 대출)은 잔액(stock) 자료, 직접금융은 유량(flow) 자료

은 대기업에 비해 신용여건이 불리하고 자본시장에 대한 이해가 부족해서 조달 비용이 저렴한 직접금융 이용에 불리합니다. 따라서 기준금리가 상승하면 가산금리 등의 영향으로 대기업보다 중소기업의 부담이 가중됩니다.

2020년 코로나19로 인한 매출 부진으로 신용평가가 낮아진 기업들도 기준금리가 인상되면 은행을 통한 자금조달 시 이자 부담이 더욱 커질 수밖에 없습니다.

결국 기준금리의 상승은 기업의 이자 부담을 증가시키고 재무건전성을 악화시켜 산업 내 한계기업이 늘어나게 됩니다. 부실기업의 증가는 결국 해당 산업의 부실로 연결됩니다. 한계 상태에 직면한 기업 비중이 증가하면 이에 영향을 받아 전염효과로 인해 정상적인 기업의 생산성도 악화되어 경제성장의 제약 요인으로 작용할 수 있습니다. 한계기업은 노동생산성뿐만 아니라 근로자의 업무 능력, 투자, 기술 등도 저하됩니다.

통화긴축과 금리 인상은 소비를 위축시켜 기업의 영업이익을 떨어뜨리고, 기업 전반에 걸쳐 고용과 설비투자를 위축시킵니다. 혁신이나 생산성 향상을 위한 설비투자나 디지털화에 따른 금융비용 증가로 기업의 노동생산성 향상이나 역동성에도 부정적입니다. 장기적으로 한계기업에 대해서는 구조조정이, 단기적으로는 만기연장, 상환유예, 중단기 고정금리 상품 전환 등 금융지원정책의 필요성이 대두됩니다.

100문 100답으로 쉽게 이해하는

Q 008

기준금리 인상이 산업생산에는
어떤 영향을 미치나요?

기준금리의 변동은 시장 수요와 공급에 영향을 미쳐서 해당 산업의 제품가격과 생산물량에도 영향을 미칩니다. 기준금리의 상승은 대출이나 채권발행 등 기업이 조달하는 자본 비용을 상승시키고, 내부자금이나 주식발행 등으로 자금을 마련하고자 할 때도 관련 비용이 상승합니다. 생산비용의 증가로 완제품 가격도 오를 수밖에 없습니다.

기준금리 인상은 시장수요 예측을 불명확하게 만듭니다. 예측이 불명확해지면 기업의 생산설비 증설이나 투자가 줄어들고 생산능력도 저하됩니다. 투자 감소는 자본집약도에 따라 산업별로 다르게 나타납니다. 자본집약적 산업은 생산비 가운데 투자비가 높은 비중을 차지하므로 기준금리 상승효과가 상대적으로 크게 나타납니다. 즉, IT기술과 자동화, 지능화 등 자본집약도가 높은 산업은 기준금리 상승에 따른 비용이 증가하여 투자, 증설에 좋지 않은 영향을 미칩니다.

수요 측면에서 보면 상품 구입 시 금융비용이 큰 비중을 차지하는 경우에는 기준금리 상승이 해당 상품의 수요에도 결정적 영향을 미칩니다. 특히 주택이나 자동차 등 고가제품은 금융비용이 구매 여부를 결정하는 사례가 많습니다.

물건 생산에 사용되는 중간재, 원자재 수요도 기준금리에 민감하게 반응합니다. 건축이나 자동차 등과 같이 금리에 민감한 제품의 생산에 필요한 중간재나 원자재의 구매도 금리 변동의 영향을 받습니다.

장기적으로 금리가 지속적으로 상승할 경우 판매가 위축됩니다. 금리 상승은 산업 전반에 걸쳐 이윤을 감소시켜 고용과 투자 전망을 어둡게 합니다. 판매가 줄고 자본 비용이 상승하면 생산시설 증설에도 부정적인 영향을 미칩니다. 이에 따라 장기적인 금리 상승은 비용이 적게 드는 해외로 이전하는 등 생산기지의 위치 결정에도 영향을 미치며, 국민총생산과 총수요를 감소시키는 결과를 초래합니다.

기준금리 인상이 주가에도 영향을 미치나요?

주가는 기업이 창출하는 미래 현금흐름과 기업가치를 반영한 결과 물입니다. 주가에는 미래의 예상 리스크만큼의 할인율도 반영되어 있습니다. 기업의 미래 현금흐름은 해당 기업의 수익성 및 성장성에 의해 좌우되고, 수익성은 금리 수준에 따라 결정됩니다. 따라서 금리 인상은 주가 하락에 직접적인 영향을 미칩니다.

미국 조사(Neri, 2004)에 따르면 기준금리 1% 상승 시 주가는 1% 하락한다고 합니다. 기준금리 상승효과는 계속 확대되다가 4개월이 지나면 주가 하락 폭이 3.6%까지 증가하며, 6개월이 지나야 금리 상승효과가 소멸됩니다. 또 다른 조사에 따르면 0.25%의 기준금리 하락은 주가를 1% 상승시킵니다. 반대로 급속한 0.5%의 기준금리 상승만으로 주가 수익률은 3% 정도 하락합니다. 기준금리와 연동된 미 국채 3개월 금리의 0.25% 상승은 S&P500지수를 1.9%, 나스닥 지수는 2.5% 하락시킨다고 합니다.

기준금리 변동은 주식시장에도 영향을 미쳐 거래량이 증가하고 변동성도 확대됩니다. 대형주나 가치주보다는 경기변동에 민감한 성장주나 소형주가 더욱 민감하게 반응합니다.

우리나라 조사에서도 기준금리 인상에 따른 생산감소 효과가 기준금리 인하로 인한 생산증대 효과보다 훨씬 큰 것으로 나타났습니다. 즉, 기준금리 조정에 대한 영향은 경기확장 국면에서보다 경기긴축 국면에서 효과가 더 큽니다. 따라서 주가는 금리 인하보다 인상에 더욱 민감하게 반응합니다. 금리를 인상하면 즉시 주가에 부정적인 영향이 나타납니다. 조사에 따르면 주가 수익률의 변동성은 금리 인상 추세에서 금리 인하 추세로 전환되는 시점에서 더 크게 나타납니다. 향후 인플레이션을 안정화하여 경기 긴축 기조에서 경기를 살리기 위해 금리를 다시 인하하는 경기확장 시기로 전환되면 주가 수익률 변동성도 커지므로 이 상황이 오면 과감한 투자로 도전해볼 필요가 있습니다.

일반적으로 금리 변동에 따른 주식시장의 충격은 시간이 지나면서 천천히 감소하는 경향이 있습니다. 반면 금리 변동에 대한 효과는 부동산 시장이 주식시장보다는 천천히 반응하고 오래 지속됩니다.

Q 010

기준금리 변화가 소비지출에 미치는 영향은 어떤 게 있나요?

기준금리가 하락하면 돈의 가치가 떨어져 현재 소비가 미래 소비에 비해 상대적으로 싸지는 효과가 발생하므로 가계의 소비지출이 증가합니다. 반대로 금리가 상승하면 미래 소비보다 현재가 상대적으로 비싸지므로 지출도 줄어듭니다. 이처럼 기준금리 변동 방향에 따라 소비의 효용이 달라지는 현상을 기간대체 효과라고 합니다.

금리 하락은 부동산, 주식 등 자산의 가치를 상승시키고 이로 인해 소비지출이 증가하는 부의 효과를 발생시킵니다. 반대는 부의 마이너스 효과입니다. 금리가 하락하면 금융회사는 신용공급에 필요한 재원이 증가하고 자본금도 증가하여 대출을 늘릴 수 있습니다. 이에 따라 가계소비가 증가합니다. 반대로 금리가 상승하면 금융회사의 신용공급에 필요한 재원이 감소하게 되고 금융회사의 자본금도 감소하여 대출을 줄이게 됩니다. 이에 가계소비도 감소합니다.

기준금리가 하락하면 부동산 등 자산가치가 상승하여 소비자의 순자산이 증가합니다. 금융회사는 대출요건에 관대한 정보비

대칭성 문제를 완화하거나 주택가격대비 대출비율(LTV) 등 대출규제 요건을 완화합니다. 이에 금융회사 대출이 늘어나 소비가 증가하게 됩니다. 금리 인하로 대출여력이 높아지면 돈을 빌려주는 은행은 채무자의 경영상황과 재무상황을 정확히 알지 못하는 정보비대칭 상태에서도 더 유연하게 대출을 시행합니다. 반대로 기준금리가 상승하면 부동산 등 자산가치의 하락으로 소비자의 순자산이 하락합니다. 금융시장은 정보비대칭 문제를 강화(대출요건 강화)하거나 주택가격대비 대출비율(LTV) 등 규제를 강화하여 은행대출이 줄어들고 결국 소비가 감소합니다.

금리가 하락하면 소득에서 세금, 국민연금, 의료보험, 지급이자 등을 공제한 처분가능 소득이 늘어납니다. 처분가능 소득이 늘어나면 소비도 증가합니다. 반대로 금리가 상승하면 지급이자의 증가로 처분가능 소득이 감소하여 소비 감소로 이어집니다.

기준금리가 하락하면 물가 하락, 고용 안정, 투자 증가로 이어져 최종적으로 이러한 이점들이 모여 경기가 상승하는 승수효과가 나타납니다. 기준금리 인하는 정부의 이자지급 부담도 감소시켜 재정 여유분이 증가하고 이는 조세감면으로 이어져 소비가 늘어납니다. 반면 기준금리가 상승하면 물가 상승, 고용 불안, 투자 감소로 이어집니다. 정부의 이자지급 부담도 커져 재정적자와 조세 증가로 이어지고 이에 따라 소비도 감소합니다. 이를 총수요 변화에 따른 소비 변화라고 합니다.

기준금리의 변화는 시중은행의 금리에도 서로 다른 방향의 영향을 미칩니다. 기준금리 인상 시기에는 대출금리가 예금금리보다

100문 100답으로 쉽게 이해하는

더 많이 올라갑니다. 반면 기준금리 인하 시기에는 예금금리가 대출금리보다 더 많이 내려간다고 알려져 있습니다.

대출이 많은 가구일수록 기준금리 변화에 따른 소비 변화가 클 수밖에 없습니다. 대출이 많을수록 기준금리 인상 시에는 소비 감소가 더 강하게 나타납니다. 반면 기준금리 인하 시기에는 저축이 많은 가구들이 소비를 더 늘린다고 알려져 있습니다. 우리나라에서는 부채 규모가 클수록 소비 성향이 더 큰 것으로 조사되어 가계 부채를 줄이기 위한 정부정책이 자칫 소비 위축으로 이어질 수 있습니다.

인플레이션이 높고 경기침체 가능성이 큰 시기에는 과소비를 줄이고 향후 오른 금리를 충분히 갚아나갈 수 있는지 리스크를 평가하여 자산매각, 부채조정을 통해 부채 규모를 줄이는 작업이 필요합니다. 그것이 부채의 역습으로부터 자신을 보호하는 길입니다.

Q 011

기준금리 변화가 환율에도 변화를 가져오나요?

우리나라의 기준금리가 외국에 비해 하락하면 수익률이 높아진 외국의 자산을 매입하고자 자본이 해외로 빠져나가 환율이 상승하게 됩니다. 우리나라의 기준금리가 미국의 기준금리와 같아질 경우, 상황에 따라 달라지긴 하지만 안전자산인 달러 선호로 자금이 빠져나가는 경우가 많아 환율이 상승할 수 있습니다.

이러한 환율 변화는 수출과 수입을 통해 총수요와 물가에 영향을 미칩니다. 환율이 상승하면 단기적으로 수출이 늘고 수입이 줄어들어 경상수지가 개선되는 형태로 총수요를 변화시킵니다. 반면 수입품의 가격을 높여서 수입물가 상승에 영향을 미칩니다.

70년대, 80년대 산업화 시대에는 주요 수출품이 단순 가공품 위주로 구성되어 있었기 때문에 환율 상승은 가격경쟁력을 높여 수출이 증가했습니다. 하지만 현재 우리나라 수출품의 대부분은 글로벌 밸류체인(가치창출을 위한 활동의 연결)이 긴 반제품이나 원료를 수입해서 기술과 품질을 입혀서 수출하는 하이테크 제품입니다. 따라서 환율 상승으로 가격경쟁력이 높아진 자동차 등 일부 제품을 제외하고는 환율 상승이 수입 원가부담 상승, 시설재 외화부채

100문 100답으로 쉽게 이해하는

의 환차손 증가로 인해 오히려 부정적 효과로 나타나고 있습니다.

2020년대 들어 글로벌 투자은행 골드만삭스는 우리나라의 수출을 글로벌 경기를 예측하는 지표로 사용하고 있습니다. 한국에는 반도체 등 글로벌 첨단 중간재 제품을 생산하는 기업이 많이 포진되어 있고 중간재 수출 비중이 70%로 높습니다. 한국의 수출이 늘수록 전 세계 최종재 제품을 만드는 업체들도 상품을 많이 만들고 시장의 수요도 증가한다는 의미로 향후 세계 경기를 예측하는 지표가 되는 것입니다. 미국이 금리를 인상하고 긴축을 진행하면, 세계경제에 부정적 영향을 주고 우리나라의 환율도 상승하여 수출이 줄어들거나 감소하는 현상이 나타납니다.

기준금리가 변화되면 환율에 영향을 미쳐 기업의 외화자산과 외화부채의 가치를 변화시키면서 기업의 재무구조에도 영향을 미칩니다. 일반적으로 기준금리가 하락하면 환율이 상승하고 외화채권을 발행한 기업이나 외화부채가 있는 기업의 이자가 늘어납니다. 역으로 기준금리가 상승하면 환율이 하락하고 외화채권을 발행한 기업이나 외화부채가 있는 기업의 이자 부담이 줄어듭니다. 2022년처럼 미국이 적극적으로 기준금리를 인상하면 우리나라도 기준금리를 올려야 하며 달러 강세로 인해 환율이 상승합니다. 2022년에는 금리 인상으로 기업 부담이 증가하고 강달러로 환율이 상승하여 외화부채 이자 부담도 늘어나는 이중고를 겪는 상황입니다.

우리나라와 같이 수출 중심의 경제구조에서 환율 변화는 다른 자산보다 수요 변화에 더 큰 영향을 미칩니다. 다만 환율은 각 나라 돈의 상대적 가치를 표시하므로 우리나라에 비해 미국이 기준금리를 더 많이 올리면 환율이 상승할 확률이 높습니다. 미국 달러의 가치가 더 상승했기 때문입니다. 미국의 금리가 상승하면 우리나라에 투자했던 자금이 빠져나가면서 단기적으로 외환시장에 수요를 증가시켜 환율이 오릅니다.

환율은 각 나라의 상대적인 금리 차에 따라서도 변동하지만 해당국의 경상수지, 경제성장률, 외환보유고, 투자, 생산능력, 부채 등의 중장기적인 요인을 고려하여 움직입니다. 미국과 한국이 기준금리가 같다 하더라도 미국의 통화정책이 긴축 혹은 완화 기조냐에 따라 우리나라 환율이 상승할 수도 있고 하락할 수도 있습니다. 그 당시의 국내 경제상황에 따라 환율의 움직임이 달라질 수 있다는 뜻입니다.

2022년 들어 미국은 치솟는 인플레이션을 잡기 위해 기준금리를 올리고 양적축소(QT)를 진행합니다. 이에 우리나라도 기준금리를 올리고 있으나 환율은 상승하고 있습니다. 같은 기준금리 수준이라면 기축통화인 달러의 안전자산 성격이 강해 상대적으로 강달러 기조가 확대되는 상황입니다. 다만 과거보다 우리나라 경제체질이 많이 강해져 아주 큰 폭의 환율 상승으로 이어질 것 같지는 않습니다.

100문 100답으로 쉽게 이해하는

Q 012

기준금리 변화가 부동산 가격에는
어떤 영향을 미치나요?

기준금리가 하락하면 대출을 통한 부동산 구입이 증가하여 부동산 가격이 상승합니다. 역으로 기준금리가 상승하면 대출금리 상승에 따른 채무상환 부담이 증가하여 부동산 가격이 하락합니다. 소비도 덩달아 위축됩니다.

기준금리가 상승하면 가계의 이자비용 및 채무상환 부담이 증가합니다. 금융회사들이 대출심사 기준을 강화하면서 비교적 심사가 덜 엄격한 비은행권 중심으로 가계부채가 증가하기도 합니다. 우리나라는 가계부채에서 변동금리가 차지하는 비중이 높아 대출금리 상승 시 이자상환 부담이 커집니다.

기준금리가 상승하면 부채 보유 가구 중심으로 원리금 상환 부담이 증가하여 채무상환 능력이 부족한 한계가구가 나타납니다. 금리가 가파르게 상승하면 부채상환을 위한 실물자산 처분이 일어날 수 있습니다. 실물자산 처분이 한꺼번에 몰려서 투매가 일어나면(군집효과) 부동산시장 폭락으로 이어지기도 합니다.

단기간에 부채를 상환할 수 없는 가구들의 원리금 연체도 증가합니다. 금리 상승이 지속되면 실물자산의 처분을 통한 부채상환이 증가하여 주택 가격하락 등 부동산 시장 침체로 이어집니다. 금리 상승은 고위험가구의 부채상환 여력을 약화시켜 부실 가능성이 커집니다. 금리 상승 시 고위험 가구의 가계부채 문제가 악화될 가능성이 있고 이는 소비침체로 이어질 수 있습니다. 금리 인상 시 부채가 있는 가구는 원리금 상환부담 증가로 소비를 줄일 가능성도 높습니다. 부채가 있는 가구는 향후 소득이 증가하더라도 우선순위를 채무상환에 두어 소비 부진으로 이어질 가능성이 존재합니다.

조사에 의하면 역대로 우리나라의 금리 인상 시기에는 주택가격이 상당 기간 하락세를 나타냈으며, 다른 산업보다도 강하게 반응합니다. 금리 하락에 따른 부동산 상승 기간보다 금리 상승에 따른 부동산 하락 기간이 훨씬 길다고 조사되었습니다. 기준금리 하락은 아파트 가격을 상승시키고, 기준금리와 밀접히 움직이는 콜금리 인상은 주택 매매 가격과 전세가격 하락으로 이어집니다.

기준금리 인상이 부동산 시장에 영향을 미치는 시점은 주가와 달리 조금 늦은 3~4개월 이후에 나타납니다. 이는 실제 계약까지 이어지는 기간 때문입니다.

Q 013

기준금리가 인하되면 나타나는 효과에는 무엇이 있나요?

기준금리를 인하하면 주식, 채권, 금, 부동산 등 모든 자산가격이 상승합니다. 돈의 가치는 내려가고 대신 자산의 가치는 올라갑니다. 금리 인하 시기는 자산을 불리는 시기입니다. 통상 주가도 올라갑니다. 국채금리(수익률)은 낮아지고 국채가격은 올라가며 부동산가격도 상승합니다.

기준금리가 인하되면 주가가 상승하고 기업은 주식을 발행하여 상대적으로 저렴한 비용으로 투자하여 이윤을 더 많이 얻을 수 있습니다. 부의 효과로 가계 소비도 증가합니다. 기준금리 인하가 가계가 보유한 주식이나 부동산 등 가계자산의 가격을 올리고 이러한 부의 증가는 소비 증가로 이어집니다. 우리나라는 가계자산의 상당 부분이 부동산에 집중되어 있어 부동산가격 상승이 소비 증가에 더 큰 영향을 미칩니다.

기준금리를 인하하면 제품 소비 증가에 따라 투자와 생산도 늘어납니다. 긍정적인 시장 전망으로 인해 생산설비 증설과 시설투자도 늘어나게 됩니다. 한국은행은 경기가 부진하면 이를 부양하기 위해 금리를 인하합니다. 정부는 경기 부양을 위해 채권 등의

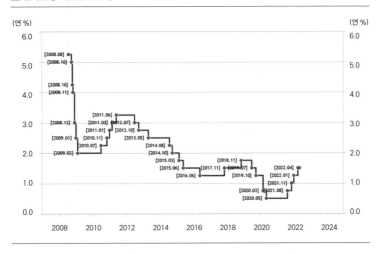

자산도 매입하여 시장의 통화 유동성도 늘려 줍니다. 그렇기에 금리를 인하하면 경기가 좋아지는 경기 상승 효과가 나타납니다.

반면 지나친 금리 인하와 유동성 확대에 따른 부작용도 나타납니다. 유동성 확대는 가계대출 증가, 부동산 폭등, 주식 폭등, 물가상승 등으로 이어질 수 있습니다. 금리 인하가 진행되면서 시중에 너무 많은 돈이 풀리면 부작용이 일어나는데, 무리한 차입투자로 가계대출이 증가하면서 부동산 가격 상승, 주가 상승 등이 일어나며 이를 '금융불균형'이라고 표현합니다. 저금리 기조 속에 위험을 무릅쓴 차입투자 시도가 늘면서 부동산, 주식 등에 자금이 쏠려 결국 자산버블이 커지는 현상입니다. 2021년 말 기준으로 가계대출 규모가 1천865조에 이르는 상황입니다. 한국의 국내총생산(GDP) 대비 가계부채비율은 104.2%로 세계 1위입니다. 전형적인 금융불균형 상태로 금리 상승 시기 경기침체나 경제위기의 원인으로 전이될 가능성도 있습니다.

　2018년부터 시작된 우리나라의 부동산 가격 폭등은 2008년 5% 선 이었던 기준금리가 2015년 3월부터 1.75%로 인하되면서 서서히 시작됐습니다. 코로나19 펜데믹 상황에서 경제위기 상황을 극복하기 위해 2020년 5월에는 0.5%로 인하되어 급기야 제로금리 상황이 되었습니다. 기준금리 인하는 경기부양 효과가 있었지만 차입투자를 통해 금융불균형과 자산버블이 형성되는 원인이 되기도 했습니다. 그리고 그 부작용들은 서서히 나타나고 있습니다.

기준금리 인상이 종료되는 시점은 언제인가요?

2021년 9월부터 시작된 한국은행 기준금리 인상은 인플레이션이 물가 목표인 2%에 근접하거나 유사하게 하락될 것으로 판단되면 비로소 멈출 것입니다. 기준금리 인상의 배경이 된 러시아-우크라이나 전쟁 종료, 석유 및 원자재 가격 안정, 중국의 공급망 문제 해결, 인플레이션 둔화 등이 동시에 일어나는 시점일 것입니다. 전쟁으로 인한 석유 및 원자재 대란, 이상기후로 인한 식량 문제, 중국 제로코로나 정책으로 인한 공급망 마비가 겹치면서 전 세계적으로 인플레이션이 발생하고 있습니다. 이런 구조적 문제가 바탕을 이루고 있기 때문에 해결이 쉽지 않은 상황입니다.

미 연준(Fed)은 2022년 6월부터 기준금리 인상과 함께 채권매입을 통해 확대했던 유동성을 줄이는 양적축소(QT)에 들어갔습니다. 2022년 9월 연방공개시장위원회(FOMC)는 정책금리 전망 점도표를 대폭 상향하고 2022년 말 기준금리를 4.4%, 2023년 말 4.6%, 2024년 말 3.9%로 전망했습니다.

아무리 기준금리 인상 폭을 넓혀 나가도 인상 효과는 1~2년에 걸쳐 나타나는 만큼 당분간은 인플레이션이 지속될 것입니다. 사실

2022년 인플레이션의 원인은 중국의 제로코로나 정책으로 인한 공급망 마비, 러시아-우크라이나 전쟁으로 인한 유가 상승, 원자재 가격 상승 등 외부 공급요인에 있어 기준금리 인상을 통한 수요억제 정책만으로는 인플레이션을 잡기에 한계가 있을 수밖에 없습니다.

미국은 40년 전 제2차 석유파동 시기인 1980년 2월 소비자물가 상승률이 14.7%까지 치솟았습니다. 폴 볼커는 기준금리를 20%까지 올리면서 대응했습니다. 당시에도 외부요인인 제2차 석유파동에서 시작된 인플레이션을 잡으려 노력했습니다. 기준금리를 무려 14% 넘게 올렸지만 결국은 1982년까지 2년 넘게 물가 상승세가 이어졌습니다.

외부요인에 의한 물가 상승은 이처럼 금리 인상만으로는 쉽게 잡히지 않습니다. 2022년의 인플레이션도 당시 상황과 유사하게 전개될 수 있습니다. 2022년 8월 미국의 소비자 물가지수가 8.3%인 점을 감안하면 1980년 당시와 6.4% 정도밖에 차이가 나지 않는데 미 연준은 2023년 말 최고 4.6% 기준금리 인상으로 물가를 잡을 수 있다고 생각해 비난받는 상황입니다.

물가를 잡기 위한 금리 속도가 문제입니다. 미국의 사례를 보면 2000년 전후 닷컴버블로 경기기 나빠지자 기준금리를 2004년 5월까지 1%로 내렸습니다. 이후 주택버블이 다시 심각해지자 2006년 6월 5.25%로 기준금리를 올렸습니다. 불과 2년 사이에 5.2배 인상한 것입니다. 이것이 원인이 되어 주택모기지시장의 급격한 붕괴에 따라 2008년 글로벌 금융위기를 맞은 경험이 있습니다.

따라서 미 연준은 기준금리의 속도와 범위에 민감할 수밖에 없습니다. 미국도 역사적으로 2.5% 이상 기준금리를 인상할 경우, 30% 정도는 경제위기를 경험한 기억이 있습니다. 지난 30년간 3% 이상 기준금리를 인상한 3번 중 2번은 1997년 아시아 경제위기, 2008년 글로벌 금융위기가 발생했습니다. 남은 한 번은 2022년에도 진행되고 있습니다. 미 연준은 2022년 3월부터 9월까지 불과 6개월 만에 기준금리를 3%나 인상했는데 최근 30년간 가장 빠른 속도입니다. 앞으로 세계경제가 어떻게 진행될지 매우 우려되는 상황입니다. 최악의 경우, 이렇게 빠르고 큰 폭의 기준금리 인상은 경기침체와 불황으로 이어져 향후 4~5년간 계속 고통을 겪을 수 있습니다. 과거 미국은 기준금리 인상을 통상 17개월에서 3년간 진행했습니다. 자산거품의 붕괴는 금리인상 종료 후 1~2년 지나야 발생했습니다. 또한 미국이 기준금리 인상을 시작하면 평균 30개월 이후 경기침체에 빠지는 것으로 조사되었습니다.

코로나 팬데믹 시기 불과 2년 동안 미 연준이 공급한 유동성은 지난 10년간 공급한 달러보다 많습니다. 여기에 자산버블 심화로 각국의 가계부채도 위험한 수준입니다. 또한 전 세계적인 인플레이션 문제는 러시아-우크라이나 전쟁, 중국발 봉쇄정책, 이상기후로 인한 식량작황 문제와도 연관되어 있습니다. 따라서 이런 문제들이 어느 정도 안정화되면서 인플레이션이 각국 중앙은행의 물가 목표인 2%에 근접한 시기에 종료될 것으로 보입니다.

2022년부터 심화된 인플레이션은 조기 종결되기는 어렵고 최소 2~3년은 지속되리라 전망됩니다. 긴축이 종료되는 시점은 2024년에서 2025년은 되어야 할 것으로 보입니다.

100문 100답으로 쉽게 이해하는

Q 015

한국은행의 통화정책이란 무엇이고, 정책도구에는 어떤 것이 있나요?

한국은행의 통화정책

통화정책이란 화폐의 독점적 발행권을 지닌 한국은행이 유통되는 화폐의 양이나 금리조절을 통해 화폐의 가치와 물가를 안정시키고 경제성장을 이루게 하는 정책입니다. 즉 중앙은행이 통화량이나 이자율을 조절함으로써 물가안정·경제성장·고용안정 등을 달성하고자 하는 성장, 고용, 국제수지를 대상으로 하는 거시경제정책(정부의 경제정책을 성장, 고용, 국제수지 등 거시적인 경제변수를 정책대상이나 목표로 하는 경제정책)입니다. 우리나라의 중앙은행인 한국은행은 특히 물가안정을 통해 경제안정을 달성하는 물가안정목표제(Inflation Targeting)를 통화정책의 기조로 삼고 있습니다. 즉 한국은행의 통화정책이 추구하는 최우선 목표는 물가 안정입니다. 물가가 안정되지 못하면 미래에 대한 불확실성이 높아져 전반적인 경제활동이 위축되고 소득과 자원배분이 왜곡될 수 있을 뿐만 아니라 서민생활의 안정도 위협합니다.

한국은행의 물가상승률 목표는 소비자물가 상승률(전년동기대비)

기준 2%입니다. 한국은행은 소비자 물가 상승률이 물가안정 목표에 근접하도록 통화신용정책을 운영합니다. 소비자물가 상승률이 목표 수준을 지속적으로 상회하거나 하회할 위험을 균형 있게 고려해서 화폐의 양이나 금리를 조절합니다. 한마디로 소비자물가가 2%를 넘지 않도록 기준금리를 조정하고 통화정책을 추진한다는 것입니다.

국민경제가 안정적 성장을 이루려면 물가안정뿐 아니라 금융안정도 확보되어야 합니다. 이에 따라 한국은행은 통화신용정책 수행을 통해 물가안정을 도모하는 가운데 금융안정을 위한 정책 노력도 함께 하고 있습니다.

통화정책의 방향에 대한 결정은 매월 1회 한국은행 총재를 비롯한 7인의 위원으로 구성된 금융통화위원회 본회의에서 이루어집니다. 금융통화위원회 위원들이 물가 수준을 비롯한 각종 국내외 경제여건에 대한 자료들을 종합하여 현재의 경기 상황을 진단하고 기준금리를 결정함으로써 향후 통화정책 운용 방향을 제시합니다.

한국은행의 정책도구

통화정책이란 고용, 물가, 국제수지, 경제성장 등을 위해 한국은행이 시중 통화량과 이자율을 조절하는 정책입니다. 한국은행은 통화정책을 수행할 때 가장 먼저 기준금리를 조정합니다. 기준금리를 변경하고 여기에 맞춰 통화량을 설정하면 금융시장에서 콜 금리, 채권금리, 은행 예금 및 대출 금리 등이 순차적으로 변하게 됩니다.

통화정책은 한국은행이 국회의 눈치를 볼 필요 없이 원하는 시점에 즉각 시행할 수 있습니다. 반면 통화정책과 함께 경제정책의 2가지 축인 재정정책은 정부가 필요로 하다고 생각하는 부문에 정확한 지원과 집행이 가능하지만 국회의 예산심사를 거쳐야 합니다. 따라서 재정정책은 필요성에 대한 인식과 실제 집행 사이에 조정과 합의 등을 위해 상당한 기간이 필요합니다. 반면 통화정책은 경기가 부진할 경우, 바로 집행할 수 있다는 장점이 있으나 지원이 필요한 실물경제 부문에 대한 직접적인 지원은 불가능합니다. 은행과 금융회사를 통해 정책효과가 발생하므로 실질적인 효과 발생까지 상당한 시간이 걸리는 게 보통입니다.

시중 통화량 조절 방법으로는 ① 공개시장운영 ② 여·수신제도 ③ 지급준비제도 등이 있습니다.

① 공개시장운영이란 한국은행이 금융시장에서 금융회사를 상대로 국채 등 증권을 사고팔아 시중에 유통되는 화폐의 양이나 금리 수준을 조절하는 가장 대표적인 통화정책 수단입니다.

한국은행은 공개시장운영을 통해 금융회사 간 일시적인 자금 부족을 조정하는 콜시장의 초단기금리(콜금리)가 '한국은행 기준금리' 수준에서 크게 벗어나지 않도록 유도하고 있습니다. 콜시장 금리가 코픽스 금리와 함께 일반 국민에게 대출 시 기준이 되는 금리이기 때문입니다. 이와 함께 한국은행은 금융시스템 불안 시 공개시장운영을 활용하여 시중에 유동성을 확대 공급하는 등 금융시장 안정을 도모하는 기능도 수행합니다. 한국은행의 공개시장운영은 ㉠증권매매 ㉡통화안정증권 ㉢통화안정계정 등 세 가지 대표 형태로 이루어집니다.

㉠ 증권매매는 국공채 등을 매매하여 자금을 공급하거나 회수하는 것입니다. 한국은행이 금융시장에서 증권을 매입하면 이에 상응하는 화폐(본원통화)가 시중에 공급되며, 반대로 보유 증권을 매각하면 이에 상응하는 화폐(본원통화)가 환수됩니다. 증권매매는 환매조건부채권(RP) 거래를 중심으로 이루어집니다. 한국은행은 기준금리를 7일물 환매조건부채권 매각 시 고정입찰금리로, 7일물 환매조건부채권 매입 시 최저입찰금리로 사용해서 기준금리 변경 시 변경된 기준금리가 금융시장에 신속히 반영되도록 합니다.

㉡ 통화안정증권은 한국은행이 발행하는 채무증서로써 한국은행이 채권을 발행하면 시중 화폐(본원통화)가 흡수되는데, 증권의 만기가 비교적 길기 때문에 그동안 정책효과가 지속되는 유동성 조절 수단으로 활용됩니다.

㉢ 통화안정계정은 주로 지급준비 자금의 미세조절 및 예상치 못한 지급준비금 수급 변동에 대응하는 수단으로 활용됩니다. 금융시장 유동성 조절을 위한 일종의 기한부 예금입니다. 통화안정계정은 환매조건부채권 매매 등 공개시장조작 운영수단의 정착 등으로 활용도가 낮아졌습니다. 그러나 한국은행은 환매조건부채권 매각에 필요한 보유증권의 한계, 통화안정증권 발행 누적에 따른 부작용(이자부담 증가, 시장수요

100문 100답으로 쉽게 이해하는

제한 등)으로 더욱 효과적인 유동성 관리를 위해 기한부 예금인 통화안정증권을 2010년 10월 도입했습니다. 통화안정계정은 담보 없이도 단기유동성을 효과적으로 흡수할 수 있는 장점이 있는 반면 중도해지, 제3자에 대한 양도 및 담보제공이 허용되지 않아 통화안정증권에 비해 유동성이 떨어지는 단점이 있습니다. 그래서 한국은행은 통화안정계정을 단기 유동성 조절 수단으로 활용하고 있으며 활용 비중도 환매조건부채권이나 통화안정증권보다 낮은 편입니다. 초단기(만기 14일 이내) 구간에서는 환매조건부채권 매매, 단기구간(만기 15~91일)에서는 통화안정계정, 그 이상 장기 기간은 통화안정증권(91일, 182일, 1년, 2년)을 사용합니다.

② 여수신제도는 중앙은행이 개별 금융회사를 상대로 대출을 해주거나 예금을 받는 정책수단입니다. 전통적으로 중앙은행의 통화정책 수단은 공개시장운영, 지급준비제도와 함께 대출제도를 의미했습니다. 그러나 최근 들어 많은 중앙은행들이 개별 금융회사를 상대로 한 일시적 부족자금 대출과 함께 일시적 여유자금을 예수할 수 있는 대기성 여수신제도(Standing Facility)를 도입하면서 중앙은행의 대출제도는 여수신제도로 발전했습니다. 현재 한국은행이 상시적으로 운용하는 대출제도가 있고 유동성이 악화된 금융회사에 대한 긴급대출이 있습니다. 금융회사로부터의 자금조달에 중대한 애로가 발생하거나 발생할 가능성이 큰 경우 금융회사들이 아닌 영리기업에 대하여도 특별대출을 실행할 수 있습니다. 한국은행은 금융회사들이 자금수급

과정에서 발생한 여유자금을 예치할 수 있는 '자금조정예금' 제도도 운용합니다.

③ 지급준비제도로 금융회사는 예금 등과 같은 채무의 일정 비율에 해당하는 금액을 한국은행에 예치해야 합니다. 한국은행은 지급준비율을 조정하여 시중 유동성을 조절하고 금융안정을 도모할 수 있습니다. 예를 들어 지급준비율을 올리면 은행들은 더 많은 자금을 지급준비금으로 예치해야 하기 때문에 대출이나 유가증권 매입 여력이 축소되고 결국 시중에 유통되는 돈의 양이 줄어듭니다.

현재 우리나라의 지급준비제도 적용 대상 금융회사는 일반은행 및 특수은행이 있습니다. 금융회사들이 지급준비금을 보유함에 따라 금융회사 간 단기자금 거래시장(콜시장)에서의 금리가 안정됩니다.

Q 016

한국은행의 통화정책은 어떻게 변화되었나요?

1980년대와 1990년대 미국, 독일, 영국, 일본 등 주요국의 중앙은행들은 통화량 목표제(Money Growth Targeting)를 주요 통화정책으로 사용했습니다. 통화량 목표제는 물가안정 등의 최종 목표를 달성하기 위한 중간 목표로 협의통화(M1: 현금/수표와 예금), 광의통화(M2: M1+2년 미만 저축성 정기적금+외화예금), 총유동성(M3: M2+금융채 등 대규모 유동성 자산) 등의 증감률을 안정적으로 관리하는 것입니다.

언뜻 보면 어려워 보이지만 내용은 단순합니다. 당시는 지금처럼 물가를 중앙은행의 목표로 삼는 것이 아니라 현금과 같은 협의통화량(M1), 여기에 단기간에 현금화가 가능한 광의통화량(M2), 돈의 총유동성(M3)만을 안정적으로 관리했습니다. 한 마디로 현금과 즉시 유동화가 가능한 자산만 안정적으로 관리하면 인플레이션과 고용을 안정적으로 유지할 수 있다는 취지였습니다.

통화량 목표제는 신자유주의 미국 경제학자 밀턴 프리드먼의 통화주의 이론에 기반을 두고 통화 증가율이 낮게 안정되면 낮은 인플레이션과 안정된 고용 증가가 이루어진다는 것입니다. 당시 주요국 중앙은행의 정책목표는 단지 통화 증가율만 낮게 안정적으로 관리하는 것이었습니다. 1980년대 들어 2차 석유파동 상황에서 미국 등 여러 나라에서 낮은 통화량 목표를 유지했으나 높은 실업률과 인플레이션이 지속되어 통화량 목표제에 대한 의문이 제기되었습니다. 1980년대 미국 등 주요국의 금융시스템이 급격히 변화함에 따라 화폐 수요가 불안정한 상황에서 안정적인 통화량 관리만으로는 더 이상 경제 안정을 제공할 수 없었습니다.

2차 석유파동에 따라 스태그플레이션 시기인 1980~1982년 통화량 목표제에 따른 미 연준의 긴축 통화정책 때문에 미국 경기는 침체가 지속되었고 실업률은 대공황 이후 가장 높은 상태였습니다. 이때가 석유 2차 파동으로 폴 볼커가 14.7%까지 올라간 인플레이션을 잡기 위해 기준금리를 20%까지 인상했던 시기입니다. 1969년 3.5%였던 실업률은 1982년 9.7%까지 급등했습니다. 미국인 10명 중 1명이 실업 상태였습니다. 더 큰 우려를 안겨준 것은 생산성 둔화였습니다. 1970년대부터 1980년대 초중반까지 생산성 향상 속도가 둔화되자, 미국경제가 단순한 경기침체가 아닌 구조적 저성장에 빠진 게 아니냐는 우려가 제기되었습니다.

1970년대 오일쇼크 이후 무역흑자에서 적자로 전환된 미국경제는 이후 개선되는 모습을 보이다가 1982년부터 적자 폭이 더욱 심화되었습니다. 1980년 GDP 대비 무역적자 비중은 0.7%였으나 1985년 2.8%, 1987년 3.1%로 대폭 증가했습니다. 이처럼 1980년대 초중반 미국은 세계경제에서 차지하는 비중 감소, 높은 실업률, 생산성 둔화, 무역적자 확대 등으로 위기 상황이었습니다.

'미국의 지위가 하락하고 있다'는 사실 자체가 미국인들에게는 엄청난 우려와 공포였습니다. 당시 미국의 상황을 두 단어로 설명하면 '이중의 압박'과 '왜소해지는 거인'이었습니다. 한국·대만 등 동아시아 개발도상국의 경제발전은 노동집약적 산업에서 미국 기업들과의 경쟁을 더욱 치열하게 만들었습니다. 동아시아 국가들은 값싼 노동력을 활용하여 비교우위를 획득했고, 경쟁력을 잃은 미국 기업들은 시장퇴출 위기에 직면했습니다. 또한 서유럽의 부흥과 일본의 추격은 자본집약적·기술집약적 산업 분야에서도 미국 기업들을 힘들게 만들었습니다. 미국의 노동집약 산업은 동아시아 개발도상국, 자본·기술집약 산업은 서유럽·일본의 압박으로 힘든 상황이었습니다.

미국 지위 하락, 경쟁력 상실, 실업 증가, 생산성 둔화 등의 현상은 미국이라는 거인이 왜소해짐을 보여주는 결과물이었습니다. 오늘날 미국이 중국의 부상에 경계심을 가지듯이, 1980년대 미국은 일본의 부흥을 두려워했습니다. 1968년 미국 GDP는 일본 GDP와 비교했을 때 2.6배나 컸으나, 1977년 2.3배·1982년 2.0배를 기록하며 상대적인 격차가 계속 줄어들었습니다. 1970년대부터 증가해 온 대일본 무역수지 적자는 1980년대 들어서 더 확대되었고, 1985년 GDP 대비 1.15% 수준으로까지 심화했습니다. 1980년대 초중반 미국의 총 무역수지 적자 비중이 GDP 대비 약 1.5%~3.0% 수준이었음을 감안하면, 무역수지 적자의 절반 정도가 대일본 무역수지 적자였습니다.

이를 개선하기 위해 1985년 미국, 프랑스, 독일, 일본, 영국(G5) 재무장관이 뉴욕 플라자 호텔에서 만났습니다. 이 회의를 통해 각국은 외환시장에 개입해 미 달러를 일본 엔과 독일 마르크에 대해 절하시키기로 합의했습니다. 1980년 중반까지 미 달러화는 미국의 대규모 적자에도 불구하고 고금리 정책과 미국의 정치적, 경제적 위상 때문에 달러 강세 정책을 지속했습니다. 미국은 국제경쟁력이 약화됨에 따라 자국 화폐가치의 하락을 막기 위해 외환시장에 개입할 필요가 있었습니다. 다른 선진국들은 미 달러화에 대한 자국 화폐가치의 하락을 막기 위해 과도한 긴축통화정책을 실시해야 했으며 그 결과 세계경제가 침체되는 상황을 맞았습니다. 이에 미국, 영국, 프랑스, 독일 및 일본은 1985년 9월 뉴욕의 플라자 호텔에서 미 달러화 가치 하락을 유도하기 위하여 공동으로 외환시장에 개입하기로 합의했습니다.

플라자 합의 이후 2년간 엔화와 마르크화는 달러화에 대해 각각 65.7%와 57% 절상됐습니다. 그러나 그 후 미 달러화의 가치 하락에도 불구하고 미국의 경상수지 적자는 개선되지 못했고 독일과 일본 등이 국제경쟁력 상실을 우려하여 자국 화폐의 절상을 주저함으로써 플라자 합의는 더는 이행되지 않았습니다.

하지만 엔화 가치의 상승(엔고)은 일본 기업의 수출 경쟁력을 약화시키고 '잃어버린 10년'의 원인을 제공했다는 평가를 받고 있습니다. 이런 경험으로 1990년대 들어서 많은 국가들은 통화량 목표제를 포기하고 새로운 통화정책으로 물가안정목표제(Inflation Targeting)를 채택했습니다. 경기침체에서 벗어나려면 과거처럼 통화량만 낮게 안정적으로 유지해서는 안 되고 적극적으로 금리를 인하하고 통화유동성을 공급해서 생산과 소비를 늘려야 한다는 것입니다. 통화유동성이 증가하면 경기는 살아나고 생산, 소비, 투자, 고용 등이 모두 좋아지지만 일정 수준을 넘어서면 인플레이션이 경제성장률을 초과하는 상태에 이르게 됩니다. 이런 상태에서 중앙은행이 적정물가 수준을 안정적으로 관리하는 인플레이션 목표제가 등장했습니다.

1990년 뉴질랜드에서 처음으로 인플레이션 목표제를 채택한 이후 영국(1992년), 오스트리아(1994년), 스페인(1994년)을 포함한 여러 국가에서 인플레이션 목표제를 채택했습니다. 유럽 중앙은행은 부분적으로 수정된 인플레이션 목표제를 운영하고 있으며, 미국도 물가안정을 주요한 최종 목표로 삼는 등 물가안정목표제를 수용했습니다. 우리나라도 1997년 말 한국은행법 개정 이후 인플레이션 안정을 최종 목표로 하는 물가안정목표제를 시행하고 있습니다. 이를 위해 총통화량보다는 주로 기준금리를 중간에 조작해서 물가 목표를 관리하는 통화정책을 운영하고 있습니다.

이와 같이 물가안정목표제를 운영하는 대부분의 중앙은행은 중간 목표로 기준금리를 사용합니다. 한국은행은 「한국은행법」 제6조 제1항에 의거 정부와 협의하여 물가안정목표를 설정하고 있습니다. 2019년 이후 물가안정목표는 소비자물가 상승률(전년동기대비) 기준 2%이며, 소비자물가 상승률이 물가안정 목표에 근접하도록 통화신용정책을 운영하고 있습니다. 소비자물가 상승률이 목표 수준을 지속적으로 상회하거나 하회할 위험을 보고 균형을 맞추어 통화정책을 운영합니다. 이러한 물가안정목표제의 이론적 기반은 버냉키(Bernanke, 1997)와 미시킨(Mishikin, 2000)에 의해 제시되었습니다.

물가안정목표제는 '①중기 인플레이션 목표 수치를 민간에 공표합니다. ②통화정책의 1차적인 장기 목표가 물가안정이라는 것을 제도적으로 공개합니다. ③인플레이션 목표를 달성하고자 하는 의지를 확고히 표명합니다. ④민간, 시장, 통화당국 간에 통화당국의 계획과 목적에 관한 의사소통을 통해 통화정책 전략의 투명성을 유지합니다. ⑤인플레이션 목표 달성을 위해 중앙은행의 책임성을 강화'하는 것으로 구성되어 있습니다. 요약하면 물가안정목표제는 인플레이션 목표를 수치로 명확히 하고 민간과 의사소통을 하면서 기준금리 조정과 시장에 유동성 조절을 위한 공개시장조작을 통해 이를 달성하고자 노력하는 것입니다.

대부분의 중앙은행들은 물가안정목표제를 채택하고 중간 목표로 기준금리 조작을 활용합니다. 기준금리를 결정할 때는 테일러 준칙을 따르며, 통화정책 운영 시 적정 인플레이션과 잠재 GDP 아래에서 균형금리 수준을 결정합니다. 또한 실제 경제성장률과 잠재 경제성장률 차이인 GDP갭과 실제 물가상승률과 목표 물가상승률의 차이인 인플레이션 갭에 가중치를 부여하여 금리를 조정합니다. 간단히 설명하면 각 중앙은행은 기준금리를 결정할 때, 과거 시점에 비해 경제성장률 차이와 인플레이션 차이를 고려해서 변화가 발생한 양만큼 기준금리에 반영합니다. 미 연준이나 한국은행 등 세계 대부분이 이를 따릅니다. 이자율을 조정할 때는 인플레이션에 영향을 줄 수 있는 환율 및 자산가격(주가, 부동산) 등도 이자율 산정에 일정 부분 반영합니다.

중앙은행은 이렇게 기준금리와 통화량 공급을 조절해서 자산가격(주가, 부동산)이 급격히 상승하거나 하락하는 균형이탈에 적극 대응함으로써 거시경제의 안정에 기여할 수 있습니다. 자산시장의 갑작스러운 호황(Boom)과 급속한 침체(Bust)는 대부분 통화량 변동과 밀접한 연관이 있습니다. 이처럼 기준금리 변동은 '금리, 자산가격, 신용, 환율, 기대인플레이션' 등에 걸쳐 큰 영향을 미칩니다.

양도성예금증서(CD) 금리란 무엇인가요?

양도성예금증서(CD: Negotiable Certificate of Deposit) 금리는 주로 신용대출 및 주택담보대출 등의 단기 기준금리로 이용됩니다. 양도성예금증서는 시장에서 양도가 가능한 정기예금증서로 양도성예금증서라고 합니다. 양도성예금증서란 은행이 단기 자금조달을 위해 발행하는 무기명 정기예금증서로 우리나라에는 1984년 도입됐습니다. 현재 양도성예금증서 금리는 신용 AAA 등급 7개 시중은행이 발행한 양도성예금증서에 대해 10개 증권사가 금리를 평가해 하루에 두 번 수익률을 금융투자협회에 보고하는 형식으로 결정됩니다.

금융투자협회는 10개 증권사가 입력한 값 중 가장 높은값과 가장 낮은값을 뺀 나머지 8개의 금리를 평균해서 고시합니다. 양도성예금증서의 만기는 통상 30일 이상으로 3개월, 6개월 만기가 있습니다. 금융투자협회에서 고시된 양도성예금증서 금리는 은행 본·지점 간 자금이전 거래 및 내부거래, 금리 스와프(IRS) 거래, 여·수신 금리, 파생상품 거래에서 기준이 되는 금리로 이용됩니다.

은행 본 · 지점 간 자금이전 거래 및 내부거래란?

은행의 본 · 지점 간 자금이전이나 내부거래에서 양도성예금증서 금리 등 실세금리를 적용합니다. 과거에는 내부거래에 우대금리가 적용되어 지점들이 예금만 유치하면 평가를 잘 받도록 되어 있어 수신고 경쟁에만 치중했습니다. 하지만 이후 본 · 지점 간 자금이전 등 내부거래에 양도성예금증서 금리를 적용하면서 실세금리 이상으로 자금을 조달하면 오히려 지점이 손실을 입도록 하여 점포 수익성을 강조하는 체계로 바뀌었습니다. 이런 본지점 간 내부거래에도 양도성예금증서 금리가 적용됩니다.

금리 스와프(IRS) 거래란?

금리 스와프(IRS) 거래는 금리 변동 위험을 분산하기 위해 이자율을 나타내는 차입 조건을 거래 상호 간에 교환하는 계약을 통해서 이루어집니다. A은행과 B은행이 외화차입과 외화대출을 동시에 실시하고 있다고 가정하면 A은행은 외화를 대출해 주는 대부분을 변동금리로, 외화대출을 위한 차입을 고정금리로 적용받고 있습니다. A은행과 반대로 B은행은 외화대출을 고정금리로 외화차입을 변동금리로 실시하고 있습니다. A은행은 대출에 대한 변동금리의 위험, B은행은 반대로 차입에 대한 변동금리의 위험에 노출되어 있습니다. 이때 A은행과 B은행은 금리 스와프를 통해서 서로의 금리 위험을 상쇄할 수 있습니다.

양도성예금증서 금리는 2000년대 중반까지만 해도 풍부한 발행량과 거래량을 바탕으로 대표적인 단기금리 지표로 활용됐지만 최근 발행량, 거래량이 급감하자 양도성예금증서 금리의 계속 사용에 대한 의문이 제기되었습니다. 양도성예금증서 금리 결정에 영향을 주는 은행이 7군데뿐인 데다 증권사들이 금리를 왜곡할 수 있다는 비판이 끊임없이 제기되었습니다.

정부는 2009년부터 은행들의 건전성을 높이기 위해 예대율(예금 대비 대출비율)을 100% 이하로 낮추도록 했는데 이 과정에서 기존에 예금으로 인정되던 양도성예금증서를 예금에서 제외했습니다. 그러자 은행들이 양도성예금증서 발행을 급격히 줄이면서 시장이 크게 위축되어 시장금리를 제대로 반영하지 못한다는 문제점이 제기되었습니다. 더욱이 2010년 전후하여 시중금리가 내려가는데도 증권사들이 의도적으로 양도성예금증서 금리를 높은 수준으로 유지한다는 의혹이 금융권 일각에서 제기되면서 양도성예금증서 금리 담합 논란이 급부상했습니다. 이에 정부는 2012년 7월 양도성예금증서 금리 조작 혐의로 국내 10개 증권사에 대한 조사를 착수하면서 이를 대체할 단기 기준금리를 새로 만들어야 한다는 주장에 따라 코픽스 금리가 만들어졌습니다.

Q 018

대출금리는 어떻게 결정되나요?

같은 돈을 빌릴 때도 개인마다 신용도가 다르기 때문에 금리가 달라집니다. 신용이 좋은 사람은 낮은 이자로 빌릴 수 있고 좋지 않은 사람은 더 높은 이자를 지불해야 합니다. 이처럼 신용도와 대출 기간에 따라 이자율이 달라집니다.

1년 미만의 단기자금을 대상으로 금융시장에서 결정되는 이자율이 단기금리입니다. 단기금리는 양도성예금증서(CD) 금리, 코픽스 금리 등이 기준금리로 사용됩니다. 장기금리는 1년 이상 채권의 수익률을 기준으로 하는데 '1년 이상 국채, 회사채, 금융채 등'의 수익률이 기준금리로 이용됩니다. 대체로 장기금리가 단기금리보다 금리가 높은데 이는 자금을 빌리는 사람이 장기간 안정적으로 돈을 사용할 수 있는 기간프리미엄이 반영되어 높은 이자를 지급한다고 볼 수 있습니다.

개인이나 기업이 금융회사로부터 돈을 빌릴 때 적용되는 금리는 대출 기준이 되는 시장 금리에 개인마다 별도의 특성(신용도, 거래실적, 담보여부 등)을 반영하여 금리를 올리거나 낮추는 방법으로 결정됩니다. 실제 대출실행 금리는 각 금융회사별로 자금조달 금리에

대출 기준금리란?

변동금리 대출의 대출금리 변동 시 기준이 되는 금리 등을 의미하며, 은행은 COFIX, 금융채 · CD 금리 등의 금리를 대출 기준금리로 사용하고 있습니다.

- COFIX : 은행연합회가 국내 주요 8개 은행들의 자금조달 관련 정보를 기초로 산출하는 자금조달 비용지수로써 '신규 취급액 기준 COFIX', '잔액 기준 COFIX', '신 잔액 기준 COFIX', '단기 COFIX'로 구분 공시됨(세부내용은 은행연합회 소비자포털 홈페이지 COFIX 개요 참조).
- CD 금리 : 금융투자협회가 발표하는 양도성예금증서(CD)의 유통수익률로써 3개월 CD 금리가 대표적인 단기 기준금리임.
- 금융채 금리 : 금융기관이 발행하는 무담보 채권의 유통 금리로써 민간 신용평가기관이 신용등급별, 만기별로 발표.

가산금리란?

대출 기준금리와 더불어 대출금리를 구성하는 리스크 프리미엄, 유동성 프리미엄, 신용 프리미엄, 자본 비용, 업무 원가, 법적 비용, 목표이익률, 가감 조정 전결금리 등을 의미합니다.

- 리스크 프리미엄 : 자금조달 금리와 대출 기준금리 간 차이 등
- 유동성 프리미엄 : 자금재조달의 불확실성에 따른 유동성 리스크 관리 비용 등
- 신용 프리미엄 : 고객의 신용등급, 담보 종류 등에 따른 평균 예상 손실 비용 등
- 자본 비용 : 예상치 못한 손실에 대비하여 보유해야 하는 필요자본의 기회 비용 등
- 업무 원가 : 대출 취급에 따른 은행 인건비 · 전산처리 비용 등
- 법적 비용 : 보증기관 출연료와 교육세 등 각종 세금
- 목표이익률 : 은행이 부과하는 마진율
- 가감조정 전결금리 : 부수거래 감면 금리, 은행 본부/영업점장 전결 조정 금리 등

▶ 대출금리 결정 방법

+②가산금리										
리스크 프리미엄	유동성 프리미엄	신용 프리미엄	자본 비용	업무 원가	법적 비용	목표 이익률	부수 거래 감면	본부 조정	영업점장 전결 조정	=③ 최종 금리
자금조달 금리	+리스크 관리 비용 등 원가					+마진	+- 가감조정 전결 금리			= 최종 금리

각종 원가 요소와 마진 등을 반영하여 자율적으로 산정합니다. 대출실행 이후에도 금리는 기준금리의 변동과 거래실적 등을 반영하여 변경됩니다. 은행에서 대출 실행 시 향후 발생할 대출금리 변동 적용 기준을 명확하게 표시하기 위해 대출약정서 등에는 일반적으로 '잔액 기준 COFIX+1.3%', 'CD 금리+1.7%' 등과 같이 대출 기준금리와 가산금리의 합으로 대출금리를 표시합니다.

　최종적인 대출금리는 기준금리에 가산금리를 가감, 조정해서 결정됩니다. 여러 명이 동시에 같은 상품을 대출받을 경우, 다른 항목은 모두 유사하나 고객의 신용등급, 담보 종류에 따른 예상 손실 비용인 신용 프리미엄이 금리 산정에 큰 영향을 미칩니다. 금융회사마다 자금조달 금리, 목표이익, 전결 금리 등이 달라질 수 있어 대출 시 여러 금융회사를 비교해서 대출금리, 중도상환 수수료, 변동금리 및 고정금리 차이 등을 꼼꼼히 따져서 대출을 받는 것이 유리합니다. 대출금리 비교 사이트를 참조하면 도움이 될 것입니다.

Q 019

코픽스(COFIX) 금리란 무엇인가요?

코픽스(COFIX, Cost of Funds Index)란 자금조달 비용지수를 말하는 데 은행이 실제로 자금을 조달하는 데 들어간 비용을 반영한 기준금리를 코픽스 금리라고 합니다. 코픽스 이전에는 양도성예금증서(CD) 금리를 사용했습니다. 양도성예금증서 금리는 은행들이 다른 은행에서 돈을 빌릴 때 적용되는 금리입니다. 하지만 양도성예금증서 거래가 뜸한 상황에서 이를 이용하면 시중 금리를 제대로 반영하지 못한다는 비판이 제기되었고 2010년 2월 16일부터 코픽스가 양도성예금증서 금리를 대신해 대출의 기준금리가 되었습니다.

은행은 가계 및 기업이 저축한 돈을 사업·투자·소비 등을 위해 자금이 필요한 가계 및 기업에게 빌려줍니다. 빌려준 돈에 대한 대가를 받아 일부를 은행 몫으로 챙기고, 나머지는 은행에 돈을 저축한 사람들에게 이자로 지급합니다. 은행이 대출할 돈을 조달할 때 들어간 비용이 바로 은행의 '자금조달 비용'입니다. 다시 말하면 주요 시중은행들이 자금이 필요한 사람들에게 조달 비용을 공개하고 이 정도 비용이 들었다고 공표하는 셈입니다.

매달 8개 은행(국민, 신한, 우리, KEB하나, 농협, 기업, SC제일, 씨티)들이

138 ____   100문 100답으로 쉽게 이해하는

얼마의 금리를 주고 자금을 끌어왔는지에 대한 자료를 받은 뒤에 이를 가중평균해서 계산하여 매월 15일 오후 3시에 은행연합회 사이트에 공시합니다. '신규 취급 기준 코픽스, 잔액 기준 코픽스, 신 잔액 기준 코픽스'는 매달 15일 공시되고 '단기 코픽스'는 매주 수요일 공시됩니다.

코픽스 금리는 주택담보대출이나 전세대출처럼 소비자들이 직접적으로 대출을 이용하는 데 중요한 기준이 됩니다. 매달 15일에 은행연합회를 통해 발표하는데 즉시 반영되어 가계자금에 큰 영향을 미칩니다. 은행들은 이런 코픽스 금리에 '가산 금리'를 반영해 실제 대출금리를 결정합니다. 일례로 코픽스 금리가 1.84%라면 여기에 각 은행별로 가산 금리와 개인의 신용도에 따른 금리를 더해 최종 대출금리를 정합니다. 은행이 대출받은 사람에게 코픽스 금리만큼만 이자를 받는다면 은행은 아무 이득도 없기 때문에 코픽스 금리에 본인들의 가산 금리를 추가하고, 여기에 개인 신용도에 따라서 추가 금리가 더해집니다. 신용도가 낮으면 돈을 받지 못할 위험성이 커지기 때문에 위험 정도에 따라 비용을 추가 책정하겠다는 겁니다. 이 같은 코픽스 금리는 크게 4가지로 구분됩니다.

① 신규 취급액 기준 코픽스는 은행이 한달 간 신규로 취급한 수신상품을 가지고 가중평균한 금리입니다.

② 잔액 기준 코픽스는 은행이 월말에 보유하고 있는 수신상품 잔액을 기준으로 가중평균한 금리입니다.

③ 단기 코픽스는 은행이 매주 신규로 취급한 만기 3개월의 수신상품 금액을 기준으로 가중평균한 금리입니다.

시기를 보면 신규 취급액 기준 코픽스와 잔액 기준 코픽스는 2010년 처음 도입되었습니다. 하지만 장단기 예금상품에 따라 금리 차이가 상당하고 단기상품에 대한 자금조달 비용을 반영하지 못한다는 지적에 따라 2012년 단기 코픽스가 도입되었습니다.

하지만 기존 방식에서는 은행이 대출에 사용하는 자금 중에서 금리가 낮은 '요구불예금, 수시입출금 예금, 한국은행 차입금'이 빠져 있어, 실제 조달 비용에 비해 은행이 유리하다는 지적을 받았습니다. 그래서 기존 8개 수신상품에 '예수금, 차입금, 결제성 자금' 등을 새로 추가하여 도입된 것이 ④신 잔액 기준 코픽스입니다. 신 잔액 기준 코픽스는 기존 잔액 기준 코픽스보다 금리가 낮게 집계됩니다. 일반적으로 코픽스 금리는 변동금리 대출의 기준으로 사용되는데 주로 '주택대출'의 기준이 되는 금리입니다.

주택담보대출에는 고정금리로 금융채 1년물을 주로 사용하고 변동금리로는 코픽스 금리를 사용합니다. 또한 일정 기간 고정금리 적용을 받다가 이후에는 변동금리 적용을 받는 혼합금리에서 고정금리는 금융채를 사용하고, 변동금리로는 코픽스 금리를 주로 활용합니다.

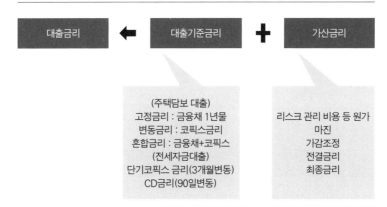

대출금리 ◀ 대출기준금리 ✚ 가산금리

(주택담보 대출)
고정금리 : 금융채 1년물
변동금리 : 코픽스금리
혼합금리 : 금융채+코픽스
(전세자금대출)
단기코픽스 금리(3개월변동)
CD금리(90일변동)

리스크 관리 비용 등 원가
마진
가감조정
전결금리
최종금리

전제자금대출의 경우는 단기 코픽스 금리와 CD 금리가 주로 활용됩니다. 대출 기간이 2년 이내라 기간이 짧은 기준금리를 적용하기 때문입니다. 단기 코픽스 금리는 기간이 짧아 3개월 주기로 변동하고 양도성예금증서 금리는 90일을 기준으로 변동합니다.

실제 대출을 받을 경우 대출 기준금리에 가산금리가 합쳐져 대출금리가 결정됩니다.

집을 구매할 예정이라면 코픽스 금리를 잘 살펴서 주택담보대출 상품을 선택해야 합니다. 금리가 떨어지는 추세라면 신규 취급액 코픽스에 연동된 주택담보대출이 유리합니다. 매달 하락하는 금리를 곧바로 반영하기 때문입니다. 금리가 오르는 추세라면 고정금리 혹은 변동 폭이 작고 안정적인 잔액 기준 코픽스에 연동된 주택담보대출 상품을 선택해야 합니다.

Q 020

신용관리가 왜 중요한가요?

자본주의 시장경제에서 신용은 생명과 같습니다. 국가도 신용이 안 좋을 경우는 국채 발행이나 외국돈을 차입 시 높은 금리가 적용됩니다. 기업도 마찬가지로 신용이 나빠지면 차입 비용이 증가하거나 더는 차입이 불가능해져 부도가 날 수 있습니다. 개인도 신용이 좋지 않으면 가산금리가 높아져 신용이 좋은 사람에 비해 몇 배의 이자를 지불해야만 합니다. 경우에 따라서는 더는 차입이 불가능할 수도 있습니다.

신용이 개선되면 금리인하요구권을 통해 금융회사에 대출이자를 인하하도록 요청할 수 있습니다. 이처럼 금융시스템의 핵심 역할을 수행하는 신용은 개인, 기업, 국가의 재정상태와 건전성, 운영 능력까지 객관화하여 나타낼 수 있는 도구입니다. 신용은 대출 가능성, 대출금액, 대출 이자율을 결정하는 중요한 지표이기 때문에 평소 꾸준히 관리해야 합니다.

신용은 단기간에 나빠질 수는 있지만 짧은 기간 내에 쉽게 향상하기는 어렵습니다. 연체하지 않고 꾸준히 관리하는 게 정답입니다. 신용관리에서 가장 중요한 것이 연체하지 않는 것입니다. 연체는 납부하기로 약속한 돈이나 갚기로 약속한 돈을 갚지 못하는 상황을 말하는데 대출금, 신용카드 대금, 세금이나 공과금 등의 모든 연체는 신용평가에 반영됩니다. 갚기로 한 약속을 지키지 않는 연체는 신용을 유지할 수 없다는 의미이기도 합니다.

부실한 금융회사나 대부업체 등의 대출을 받지 않고 제2금융권으로부터의 차입을 하지 않는 것도 신용관리의 방법입니다. 개인도 신용이 중요하지만 개인이 거래하는 금융회사의 신용 역시 중요한데, 대부업체 등이 대출을 목적으로 개인의 신용정보를 조회하면 해당 개인의 신용도가 낮아집니다. 카드사의 카드론을 받거나 저축은행 등의 제2금융권에서 돈을 빌려도 신용이 나빠질 수 있습니다. 신용카드 현금서비스의 잦은 이용 역시 신용을 낮추는 역할을 합니다. 개인의 경제 상황이 좋지 않다는 판단의 근거가 될 수 있기 때문입니다. 저신용, 저소득 서민 취약계층이라면 돈이 급하다고 해서 현금서비스나 대부업체를 찾지 말고 안전한 서민금융 지원제도를 알아보는 게 신용관리에 유리합니다.

신용을 잘 관리해 높은 신용점수를 유지하면 대출이자도 줄어들고 대출금액도 많이 받을 수 있습니다. 기준금리가 상승하는 시기에도 상대적으로 적은 이자를 적용받을 수 있습니다. 향후 경기 회복 시기에 차입을 통해 자산을 늘리고 투자를 위해서도 무엇보다 신용관리가 매우 중요합니다. 신용은 재산 증식과 투자를 위해 꼭 필요합니다.

Q 021

복리는 어떤 방식으로 부를 늘려 주나요?

단리는 일정 시기에 원금에 대해서만 약정한 이율을 적용해서 이자를 계산하는 방식입니다. 오직 원금에 대한 이자만 지급할 뿐 원금에 대해 발생한 이자에 대해서는 이자를 지급하지 않습니다.

장기적으로 금융상품에 가입할 경우 단리보다 복리가 훨씬 유리합니다. 짧은 기간의 상품에 투자할 때에는 단리와 복리가 크게 차이가 나지 않고 3~4년부터 효과가 나니까 그 이상 장기투자는 복리로 가입하는 게 좋습니다.

복리는 원금 및 이자 일체에 이자가 발생하는 방식입니다. 복리는 그 힘이 강력합니다. 원금과 이자에 또다시 이자가 붙어서 시간이 흐를수록 눈덩이처럼 돈이 불어납니다. 아인슈타인은 "인류가 발명한 가장 위대한 수학의 법칙은 바로 복리"라고 말했습니다.

복리를 통한 수익률을 간단히 계산하는 방법이 있습니다. 복리를 통해 자산을 2배 늘리는 데 소요되는 시간은 자신이 가입한 금융상품의 연간 수익률을 이용해 대략 계산해 볼 수 있습니다. 일례로 72를 자신의 수익률(금리)로 나누면 됩니다. 내가 가입한 금융상품의 수익률(금리)이 5%라면 72를 5로 나누면 14.4라는 숫자가 나옵니다. 이 계산법을 이용하면 원금을 2배로 만드는 데 대략 14년이 걸린다는 사실을 알 수 있습니다.

하지만 요즘과 같은 저금리 상황에서는 은행에 돈을 맡겨도 복리 수익을 크게 올리기란 쉽지 않습니다. 1990년대에는 연 10%가 넘는 금리가 많았으나 지금은 연 2~3% 금리가 대다수이기 때문입니다. 2%를 가정해 72를 2로 나누면 36년 후에야 2배가 됩니다. 매년 2~3%인 물가상승률을 감안하면 돈이 불어날 수 없는 구조입니다. 따라서 72의 법칙을 단순히 금융회사의 예적금에만 적용하지 말라고 합니다. 은행에 안전하게 모아 두는 안전자금도 어느 정도 확보해야 하지만 주식이나 펀드와 같은 공격적 투자도 필요하다는 말입니다.

복리효과를 제대로 누리려면 무엇보다 시간이 필요합니다. 복리는 시간이 지날수록 이자에 가속도가 붙는다는 특징을 가지고 있어 장기적인 재테크 계획을 효율적으로 세우는 데 유리합니다.

돈이 쌓이면 복리를 통해 2배로 늘이는 데 시간이 더욱 단축됩니다. 꾸준히 투자해서 돈이 쌓이면 돈이 늘어나는 속도도 급격히 빨라집니다. 시간이 갈수록 1%의 수익률 차이가 더욱 많이 벌어지고, 갈수록 그 차이는 커집니다. 단기적으로는 그 차이가 잘 와닿지 않지만 시간이 갈수록 현저히 벌어집니다. 그러니 조금이라도 금리와 수익률이 높은 곳을 찾아 투자하는 것이 무엇보다 중요합니다.

금리인하요구권을 어떻게 사용할 수 있나요?

금리인하요구권은 대출을 이용하는 소비자의 신용상태가 개선(재산 증가, 신용평점 상승 등)된 경우 금융회사에 금리 인하를 요구할 수 있는 권리입니다. 금리 인하 요구는 이용하는 대출이 개인의 신용상태를 반영하여 금리를 산정하는 상품일 경우에 개인의 신용상태가 개선되었을 때 가능합니다.

모든 금융회사는 법에 따라 대출계약 시 소비자에게 금리 인하를 요구할 수 있음을 안내해야 합니다. 소비자가 금리 인하를 요구하면 금융회사는 10영업일 내에 수용 여부 및 사유를 통지해야 합니다. 만약 금융회사가 정당한 사유 없이 금리 인하 요구를 거절 또는 지연하면 금융소비자보호법 상 불공정 영업행위로 과징금·과태료를 부과 받을 수 있습니다. 따라서 금융회사들도 금리 인하를 요구할 경우 적극적으로 대응합니다. 전체 신청도 2020년에만 91만 건으로 4.5배 증가했습니다. 비대면 통신수단으로 금리 인하 신청 및 금리 인하 약정이 가능해졌기 때문입니다. 인터넷 뱅킹이나 모바일 앱에서도 금리인하 신청이 가능합니다.

수용 건수는 대폭 증가했으나 비대면 신청 시 수용률이 낮아(증빙서류 미비 등) 전체 수용률은 하락했습니다. 수용률(은행 가계대출, 2020년 기준)은 대면 신청 시 76%인 반면 비대면 신청은 27%로 저조한 편입니다. 따라서 금리 인하 요구 전에 금리 인하 요건에 맞도록 증빙서류를 꼼꼼하게 챙겨야 합니다.

소득 증가(취업, 승진, 이직, 전문자격 취득 등), 재산 증가(자산 증가, 부채 감소), 개인신용평점 개선 등이 일어날 경우, 해당 금융회사에 적극적으로 금리 인하를 요구할 수 있습니다. 금리 인하 가능 대상기관은 은행, 보험, 저축은행, 여신전문회사, 농수협, 산림조합, 신협 등입니다.

네거티브 금리란 무엇인가요?

2000년대 들어 글로벌 금융위기가 발생하자 여러 나라의 중앙은행들이 침체된 경기를 회복하고 경기 진작과 경제성장을 위하여 경쟁적으로 금리를 인하했습니다. 그 결과 미국, 일본, 유럽의 상당수 국가들에서 금리가 1% 미만이거나 아예 없는 이른바 제로금리 시대가 열렸습니다.

유럽중앙은행(ECB)에서는 경기 진작을 위해서 대규모로 돈을 공급했지만 이 돈들이 기업의 사업자금으로 운영되지 않고 금융권에 다시 돌아와 머무는 현상이 지속되었습니다. 현금을 너무 많이 가진 시중은행들이나 개인들이 현금을 쌓아둘 수 없어서 보관료를 내고 돈을 맡기는 상황이 발생한 것입니다. 돈을 예금하면 이자를 주는 것이 아니라 오히려 이자를 받는 것이죠. 유럽중앙은행이나 일부 은행들이 네거티브 금리를 적용한 이유는 저축보다는 소비와 생산 활동에 참여하라는 의미입니다.

이런 현상은 물가 하락과 연관이 있습니다. 물가가 상승하면 금융자산의 가치가 떨어지지만 물가가 하락하면 반대로 금융자산의 가치가 올라갑니다. 국가가 발행한 국채나 현금처럼 채무불이행의 위험이 없는 안전자산은 저축하는 사람들이 경쟁적으로 구매하려고 합니다. 그래서 수익률이 네거티브가 되더라도 이런 자산들을 서로 보유하려 합니다.

얼마 전까지 전 세계적으로 초저금리가 유지되면서 전 세계 채권 거래의 약 30%가 마이너스 금리로 거래되었습니다. 금리가 마이너스일 경우, 채권가격이 액면가보다 높아지나 유통시장에서 차익거래가 가능합니다(예를 들어 −0.2% 금리로 매입, 매도 시 −0.7%로 매도하여 0.5% 만큼 차익 발생).

폴란드의 경제학자 마이클 카랙키(Michal Kalecki)는 정부가 완전고용을 위해 불경기 때마다 금리를 내리지만 호경기가 와도 내린 만큼 금리를 인상하지 못하는 경향이 있어서 금리가 지속적으로 하락하여 마이너스 금리가 될 수도 있다고 얘기하면서 '네거티브 금리'라는 표현을 처음 사용했습니다.

이는 미국을 포함한 각국 중앙은행이 인플레이션 목표제를 운영하면서 생산, 소비, 투자, 고용 등을 유지하기 위해 금리를 중간 조작도구로 삼아 경쟁적으로 인하했으며 인플레이션이 일어나지 않은 상황에서 금리가 지속적으로 하락했습니다. 2008년 글로벌 금융위기 이후 10여년에 걸친 전 세계적인 저금리와 유동성 확대 상황에서 나온 현상입니다.

지금은 각국 중앙은행이 치솟는 인플레이션을 잡기 위해 금리 인상에 돌입한 상황에서 앞으로는 나올 수 없는 현상입니다. 네거티브 금리로 인한 과거 역대급 유동성이 자산가격 폭등과 극심한 인플레이션 문제를 야기한 원인이 되었습니다.

금리가 채권금리에 미치는 영향은 무엇인가요?

한 나라의 중앙은행이 결정하는 금리는 대출이자와 예금이자에 직접적인 영향을 줍니다. 따라서 중앙은행의 정책담당자들은 인플레이션과 경제성장을 조절하기 위한 수단으로 기준금리를 활용합니다. 한국은행이나 미 연준(Fed)도, 기준금리를 결정할 때 인플레이션을 우선 고려하면서 경제성장률과 고용을 같이 고려합니다. 일본도 잃어버린 30년 동안 낮은 물가상승률을 경기침체의 원인으로 보고 아베노믹스를 통해 무제한의 재정 확장, 금융 완화, 가계 대출 및 소비 증가를 통해 경제성장과 인플레이션을 견인하기 위해 오랫동안 저금리 기조를 유지했습니다.

미국도 2008년 글로벌 금융위기 이후 경기를 부양하기 위해 10년 넘게 저금리 기조를 유지했습니다. 이후 자산 버블과 경기과열로 잠시 금리를 올리다가 2020년 코로나19 팬데믹 상황으로 다시 저금리 상태를 유지했습니다. 그러나 2022년 중국의 제로코로나 정책으로 인한 공급망 마비, 러시아-우크라이나 사태로 인한 석유 및 원자재 폭동, 부동산 등 자산 버블로 인해 인플레이션이 지나치게 높아지면서 과열된 경기를 진정시키기 위해 금리 인상을 시작했습니다.

미 재무부에서 1년물 10% 이자의 채권을 발행할 때 초기에 약속한 금리 10%를 발행 금리라고 합니다. 실제 신문이나 방송에서 얘기하는 채권금리는 발행 금리를 의미하지 않습니다. 미 재무부가 발행한 채권은 10,000달러를 투자했다면, 1년 후 11,000달러를 돌려받을 수 있습니다. 만약 우리나라 A은행이 미 재무부 발행 채권을 구입했다고 가정하고, 한 달 후 급하게 돈이 필요해 미 채권을 팔아서라도 돈을 마련해야 하는 상황이 되었습니다. 하지만 미국 은행의 예금금리가 20%로 상승했습니다. 최소 은행에 10,000달러를 예금하면 1년 뒤에 12,000달러를 받을 수 있는데 A은행이 가진 채권은 1년 후 11,000달러밖에 받을 수 없어 아무도 채권을 사려 하지 않습니다. 이렇게 되면 할인판매를 해야 합니다.

채권 수익률 계산 방법
채권 수익률 = 투자수익/투자원금 = [(원금: $10,000 + 이자: $1,000) − (투자원금: $9,100)] / [투자원금: $9,100]
= $1,900 / $9,100 = 20%

미 재무부가 발행한 채권을 9,100달러에 구입하면 20%의 수익을 얻을 수 있습니다. 은행의 예금금리와 비슷한 수준이지만 미 채권은 안전자산이므로 기꺼이 구입하려는 데가 많습니다. 이렇게 시중에 유통되는 채권을 구입했을 때 얻는 수익률을 채권의 유통 수익률이라고 합니다. 채권을 구입해서 만기까지 가지고 있었을 때 얻을 수 있는 수익률이라는 뜻으로 만기수익률이라고 합니다.

신문이나 언론에서 얘기하는 채권금리란 이러한 만기수익률, 유통 수익률입니다.

이 채권금리는 새롭게 미 재무부가 채권을 발행할 때 발행 금리에도 영향을 미칩니다. 만약 전처럼 10%에 발행하면 사는 곳이 없어 최소 현재 금리인 20%를 보장해야 합니다. 기준금리를 인상하면 미 재무부의 발행 금리도 올라가야 하고 유통 금리도 같이 상승합니다. 이처럼 금리가 인상되거나 하락하면 채권의 발행 금리, 채권의 유통 금리 모두에 영향을 미칩니다. 채권금리가 오르면 채권 가격은 떨어지는 역의 상관관계이기에 채권을 사고파는 매니저들은 금리 변화를 예측하기 위해 엄청나게 노력합니다.

예를 들어, 금리가 하락하는 경우 A사 채권 매니저가 1,000만 원을 들여 5%의 이자를 지급하는 3년 만기 국채에 투자했다고 가정합시다. 이 채권은 매년 50만 원의 연이자를 받게 되며 만기 시에는 1,000만 원의 액면가를 돌려받게 될 것입니다. 그 와중에 중앙은행이 3개월 후, 경제를 부양하기 위해 금리를 2%로 인하했다고 가정할 경우 5%의 금리를 지급하는 채권은 2%의 금리를 지급하는 새로 발행된 채권보다 훨씬 유리한 조건입니다. 따라서 투자자들은 더 많은 이자 수익을 위해 5%의 금리를 지급하는 채권을 액면가 1,000만 원보다 비싼 비용을 지불해서라도 사려 할 것입니다.

포트폴리오 매니저들은 금리뿐만 아니라 인플레이션 전망에도 각별한 주의를 기울입니다.

채권시장에서는 인플레이션과 연동되어 가치가 등락하는 물가연동채권과 동일한 만기를 가진 일반채권의 금리 격차로 평가합니다. 채권 매니저들은 이 척도를 통해 시장의 인플레이션 전망을 가늠하고 그에 따라 보유 채권 구성을 조정합니다. 인플레이션과 금리 인상은 모두, 투자자들의 채권 구성에 부정적인 영향을 줄 수 있습니다.

채권 투자자의 역할은 이러한 리스크들을 완화시키는 것인데, 이를 위해 가장 일반적으로 사용하는 방법은 듀레이션 조정입니다. 듀레이션은 금리 변화에 대한 채권의 민감도를 측정하는 척도로써, 보통 기간으로 표시되는데 만기와는 다른 개념입니다. 즉 듀레이션은 금리 변화에 대한 채권 구성의 민감도를 측정합니다. 채권 투자자들은 듀레이션을 활용해 채권 포트폴리오에 그들의 관점을 나타내기도 합니다. 일반적으로 발행 금리(쿠폰이자율)가 낮고 만기가 긴 채권들이 긴 듀레이션을 가집니다.

채권의 만기가 길면 길수록 금리 변화를 경험할 가능성이 크고,

채권 투자 전략

- ○ (듀레이션 개념) : 채권금리 변화에 대한 민감도를 나타냄 ⇒ 듀레이션을 이용해서 채권 투자의 포트폴리오 구성
- ○ (긴 듀레이션 특징) : 발행 금리가 낮고 만기가 긴 채권들이 긴 듀레이션을 가짐
- ● (금리 하락 시기) : 채권가격의 상승이 예상되면, 듀레이션이 긴 채권들로 금리에 민감한 포트폴리오를 구성
- ● (금리 상승 시기) : 채권가격의 하락이 예상되면, 듀레이션이 짧은 채권들로 금리에 덜 민감한 포트폴리오를 구성

그 결과 채권의 가격에 영향을 미칠 것입니다. 반면 짧은 만기의 채권들이나 높은 쿠폰 이자율의 채권들은 금리 변화에 덜 민감하므로 더 짧은 듀레이션을 가질 것입니다

만약 금리 하락이 예상될 경우, 즉 채권가격의 상승이 예상되면 투자자들은 듀레이션이 긴 채권들로 이루어진 금리에 민감한 포트폴리오를 구성하려 할 것입니다. 반면 금리 인상을 예상하는 투자자는 그들의 포트폴리오에 금리가 미치는 영향력을 최소화하고자 할 것입니다. 이들은 높은 발행 금리를 제공하고 짧은 만기를 가진 짧은 듀레이션의 채권들을 선호할 것입니다.

이러한 듀레이션은 개별 채권은 물론 전체 채권 구성에 대해 산정될 수 있습니다. 채권 포트폴리오 매니저는 금리 인상이 우려되는 경우 포트폴리오의 전반적인 듀레이션을 짧게 조정하는 전략을 취할 수 있습니다. 그 결과, 만기가 길고 쿠폰 금리가 낮은 채권들을 일부분 매도하여 듀레이션을 짧게 조정할 수 있습니다.

100문 100답으로 쉽게 이해하는

국채금리와 회사채 금리 차이로
무엇을 알 수 있나요?

국고채와 회사채 간의 대출 금리 차이인 신용 스프레드가 벌어졌다는 것은 회사들의 자금조달이 어려워졌다는 의미입니다. 신용 스프레드 차이는 결국 회사들이 영업행위를 하는 국가의 신용상태를 나타내는 지표로 사용되기도 합니다. 그래서 신용 스프레드를 국가 신용 스프레드라고도 합니다.

기업은 채권시장에서 회사채 발행을 통해 자금을 조달합니다. 위험이 큰 회사는 위험이 덜한 회사보다 더 큰 이자를 지불해야 합니다. 이처럼 돈을 빌리는 데 들어가는 비용의 차이를 신용 스프레드라고 합니다. 국고채는 안전자산이므로 매우 낮은 금리에도 발행이 가능합니다. 따라서 국고채와 회사채 간의 금리 차이인 신용 스프레드는 해당 국가의 신용 리스크를 나타냅니다.

신용 스프레드는 시간이 흐르면서 바뀌기 마련인데 경기 회복을 앞두고 좁아지고 경기 하강 직전에는 넓어집니다. 신용 스프레드가 넓어진다는 것은 투자자가 위험에 더 큰 가격을 매긴다는 뜻입니다. 위험이 커지면 경제성장이 둔화되고 자금흐름도 경색됩니다. 따라서 신용 스프레드가 넓어진다는 것은 불황이나 경기위축이 올

수 있다는 신호입니다.

반면 신용 스프레드가 좁아진다면 자본이 경제 전체에 원활히 공급되어 향후 경제성장 전망이 밝다는 의미입니다. 신용 스프레드가 3.5% 좁아지면 같은 분기 경제성장률이 평균 5% 이상 올라간다는 연구도 있습니다. 좁아진 신용 스프레드 비율보다 경제성장률이 훨씬 높아진다는 것이죠. 신용 스프레드와 경제성장률이 깊은 상관관계로 움직인다는 의미입니다.

신용 스프레드가 넓어지면 불황과 경기 위축이 올 확률이 높으니 안전자산 위주로 투자해야 합니다. 특히 사람들은 미 국채 등 국가가 발행한 안전자산인 채권을 선호합니다. 금 같은 안전자산도 좋습니다. 상품이나 주식투자, 가상자산(코인) 등은 피하는 것이 유리합니다.

신용 스프레드가 좁아지면 경제가 불황에서 빠져나온다는 신호입니다. 이때는 반대로 위험자산에 투자해야 하고 주식이나 차입투자 등도 고려할 만합니다. 기술주나 신용 스프레드가 좁아진 신흥시장 주식도 노릴 수 있습니다.

100문 100답으로 쉽게 이해하는

하이일드 채권금리가 올라가면
경기침체의 신호인가요?

하이일드 채권은 고위험, 고수익 채권으로 신용등급이 낮은 회사가 발행한 채권을 말합니다. 원리금 상환에 대한 채무불이행 위험이 높지만 그만큼 이자율도 높습니다. 정상채권과 부실채권의 중간에 위치한 신용등급 BB+ 이하의 채권이 해당되며, 대부분 현재는 수익을 내지 못하지만 미래성장 가치가 있는 기업, 주로 테크 관련 회사나 벤처 회사들이 발행하는 경우가 많습니다.

금리 상승 시기 즉, 유동성이 축소되는 시기에는 안전자산 선호로 하이일드 채권에 대한 투자가 줄어드는 경향이 있습니다. 따라서 하이일드 시장의 신용 스프레드는 경기 상황을 파악하는 주요 척도로 활용됩니다.

하이일드 시장이 얼어버리면 기업들은 망하게 됩니다. 기업이 망하면 경제가 좋을 수 없고 은행에도 영향을 미칩니다. 은행들은 빌려줬던 돈을 받지 못하게 됩니다. 미국이나 한국에도 하이일드 채권 시장이 얼어붙으면 문제가 발생합니다. 따라서 미 연준은 하이일드 시장을 항상 주목하고 있습니다. 미 연준이 금융 상황을 모니터링하는 비중에서 하이일드 시장의 신용 스프레드가 상당 부분을 차지합니다.

2022년 7월 초 기준 미국의 하이일드 시장 신용 스프레드는 580bp 정도입니다. 과거 경제위기가 왔을 때를 보면 1,000bp를 넘은 적도 있습니다.

미국 기준금리 상승이 왜 중요한가요?

미국 기준금리가 오르면 상대적으로 원화 대비 달러의 선호가 커집니다. 원화보다는 달러를 선호하게 되고 원화를 달러로 바꾸려는 수요가 증가합니다. 따라서 원화의 가치는 떨어지고 달러의 가치가 올라 달러 환율이 상승합니다.

달러 환율의 상승은 수출입 기업에 많은 영향을 미칩니다. 해외에서 수입을 주로 하는 기업은 환율 상승으로 인해 구매 비용이 늘어나고 수익률이 떨어지는 반면, 수출을 주로 하는 기업은 환이익으로 인해 수익이 높아집니다. 즉, 수입기업에는 부정적인 영향을 주고 수출기업에는 긍정적 영향을 줍니다. 수입해서 물건을 파는 기업들의 구매 비용이 상승하여 이를 가격에 전가하면 국내 물가도 상승합니다.

또한 우리나라 주식시장에 투자한 외국인 투자자들 중 주식을 팔아서 달러로 바꾸려는 수요가 증가하는데, 이러한 영향으로 주식시장이 하락할 가능성이 커집니다. 단기적으로 우리나라 외환시장에 달러 수요가 몰리면서 환율이 상승합니다.

이런 상황을 방어하기 위해 미국 기준금리가 오르면 한국은행도 기준금리를 따라 올릴 가능성이 높습니다. 이럴 경우 기준금리 인상은 주택담보대출 금리, 신용대출 금리도 동반 상승시키는 원인으로 작용합니다. 따라서 부동산 투자 수요, 주식 투자 수요도 줄어들어 하락할 가능성이 커집니다.

결국 미국의 기준금리 인상은 부동산 시장, 주식 시장 모두에 부정적 영향을 끼칩니다. 이에 각국 중앙은행은 환율 상승, 외국인 투자자 이탈, 수입물가 상승 등에 대응하기 위해 선제적으로 금리를 인상하기도 합니다. 이는 미국의 기준금리 인상이 어느 정도 예상되는 시점에서 선제적으로 대응한다는 취지입니다.

미 연준은 2022년 9월 점도표 상에서 2022년 말 기준금리를 4.4%, 2023년 말에는 4.6%, 24년 말에는 3.9%를 예상하고 있습니다. 우리나라도 환율 상승, 원화가치 하락, 외국인 투자자금 유출 등으로 피해를 최소화하려면 미국과 보조를 맞춰 기준금리 인상이 필요한 상황입니다. 원화가 국제거래의 기본화폐로 사용되는 기축통화인 달러보다 낮거나 같아지면 외국인 투자금이 빠져나갈 가능성이 커집니다. 물론 장기적으로 환율 결정에는 경제성장률, 경상수지, 생산, 소비, 부채, 외환보유고 등이 종합되어 반영됩니다. 우리나라의 외환보유고나 경제체질도 단단한 편이어서 과거처럼 환율이 50% 이상 급격히 상승할 가능성은 작아 보이지만 미 연준이 지속적인 금리 인상을 예견하고 있어 주의를 기울여야 합니다.

또한 미국 기준금리 인상은 단기 외환시장을 자극할 가능성이 커져 단기적 환율 상승은 반복되어 일어날 수 있습니다.

100문 100답으로 쉽게 이해하는

Q 028

한·미 간 기준금리가 같이 움직일 때
우리 경제에 미치는 영향은 어떤 게 있나요?

미국이 기준금리를 인상하면 미 달러 가치가 원화보다 상승해서 외국인들의 자금이 빠져나갈 확률이 높아집니다. 미국 기준금리 인상으로 환율이 상승하고 우리가 외국에 가지고 있는 외화부채에 대한 이자도 증가합니다. 반대로 외국에 있는 외화자산의 수익은 증가합니다.

미국이 기준금리를 인상하거나 인상하겠다는 신호를 보이면 한국은행도 같이 인상하는 경우가 대부분입니다. 역으로 미국이 기준금리를 인하할 경우, 원달러 환율이 하락하고 이로 인해 우리나라의 수출 경쟁력이 약화됩니다. 수출로 먹고사는 우리나라 입장에서는 원달러 환율의 급격한 하락도 수출에 영향을 미칩니다.

코로나19 팬데믹 상황에서 미국을 비롯한 세계 각국들은 금리를 낮추고 재정지출을 늘리는 등의 국제 공조를 통해 팬데믹으로 인한 경기침체로부터 탈출하려고 노력했습니다. 일반적으로 통화정책 및 재정확대 정책과 같은 지속적인 총수요 확대 정책은 단기적으로 경기회복에 도움이 될 수는 있지만 장기적으로는 물가를 상승시키는 부작용이 발생합니다. 즉, 금리 인상이나 인하 등의 통화정책 변화는 고용이나 경제성장률, 물가 등의 실물경제에 미치는 효과가 즉시 나타나지 않고 적어도 1~2년 후에 서서히 나타납니다.

2022년 중국의 제로코로나 정책으로 인한 공급망 마비와 러시아-우크라이나 전쟁으로 인한 석유 및 원자재 부족 등과 그간의 저금리 등 통화완화정책으로 인해 전 세계적으로 극심한 인플레이션에 시달리고 있습니다. 이 때문에 2022년 미 연준(Fed)과 각국 중앙은행은 금리 인상에 돌입했습니다.

과거 조사에 따르면 미 연준의 금리와 우리나라 금리가 동시에 인상되는 경우 국내 산업생산이 하락하는 것으로 나타났습니다. 반대로 미국과 우리나라가 동시에 금리를 내리는 경우에는 국내 산업생산이 상승했습니다. 소비자물가나 환율은 경제 상황마다 다소 차이가 있습니다. 금리 인상에 대한 산업생산과 물가의 반응은 금리 하락의 시기보다 서서히 나타나는 것으로 확인되었습니다. 또한 물가에 대한 반응은 금리 하락 시 더 크게 나타나는 것으로 조사되었습니다. 조사에 따르면 원달러 환율도 금리 하락 시에 변동 폭이 더 큽니다. 우리나라 소비자물가와 환율은 미국과 동시에 금리를 올리는 시기에는 잘 반응하지 않는 하방경직성을 갖고 있는 것으로 나타났습니다. 요약하면 미국과 동시에 기준금리를 올려도 물가 상승이나, 환율 상승 기조는 쉽게 꺾이지 않습니다.

100문 100답으로 쉽게 이해하는

Q 029

미국 기준금리는 어떻게 결정되나요?

미국의 기준금리는 미국 연방준비제도(Fed)의 기준금리 결정기구인 연방공개시장위원회(FOMC, Federal Open Market Committee) 회의에서 결정됩니다. 연방공개시장위원회는 7주 간격으로 연간 8회의 정례회의를 갖고 미국의 기준금리와 금융정책을 결정하는 최고의 결기관입니다.

연방공개시장위원회를 구성하는 12명의 위원 중 7명은 연방준비제도이사회(FRB)의 이사이고 5명은 각 지역 연방은행의 총재입니다. 의장은 연방준비제도이사회 의장이 맡고 부의장은 뉴욕연방은행 총재가 맡습니다. 연방준비제도이사회는 워싱턴DC에 본부를 두고 이사 7명은 14년 임기로 2년마다 한 명씩 선출합니다.

미국연방준비제도(Fed)가 미국의 중앙은행이며 연방준비제도이사회(FRB) 이사 7명이 의사결정을 수행합니다. 연방준비제도이사회는 미국연방준비제도를 운영하는 이사회로써 중앙은행을 의미하지는 않습니다. 연방공개시장위원회(FOMC) 12명 중 의장과 부의장은 대통령이 임명합니다. 지역 연방은행의 총재 4명은 해마다 권역별로 4명(총 12개 권역)씩 교체되면서 투표권을 행사합니다. 연방

연방시장공개위원회(FOMC)
총 12명(1년에 8회 개최)
의장 : FED 의장
부의장 : 뉴욕연준 총재

연방준비제도이사회(FRB)
이사 7명(고정멤버)
14년 임기로 2년마다 1명씩 선출

지역연방은행
총재 4명
매년 4명씩 교체(12권역)

준비제도이사회(FRB) 7명은 계속 투표권을 갖는 반면 뉴욕연준 총재를 제외한 4명은 매년 구성원이 바뀝니다.

미국 연방기금금리란 예금을 취급하는 금융회사인 은행 등이 연방준비제도(Fed)에 예치된 지급준비금을 1일간 조달하거나 대출할 때 적용되는 금리입니다. 중앙은행은 은행들에게 법으로 일정 현금을 반드시 예치하도록 명시하는데 이를 법정지급준비금이라고 말합니다. 즉, 법적으로 고객들에게 지급을 준비해야 할 돈을 강제로 중앙은행에 예치해야 합니다.

시중은행 중 중앙은행에 지급준비금을 예치했는데도 남는 돈이 있으면 대출을 일으켜도 되고, 국채를 사는 등 다양한 방법으로 운영이 가능합니다. 이렇게 자금 운영 중에 예치할 현금이 없으면, 다른 시중은행에서 하루 정도 돈을 빌려서 중앙은행의 법정지급준비율을 채울 수 있습니다. 이때 적용되는 금리가 연방기금금리(기준금리)입니다.

지급준비금을 서로 거래하는 금융회사들은 7주 간격으로 매년

8번 열리는 연방공개시장위원회(FOMC)에 의해 결정되는 연방기금목표금리(Federal Funds Target Rate)를 기준으로 금리를 상호 간에 협의하고 설정합니다. 여기서 상호 간에 협의 및 설정하다 보니 딱 맞아떨어지지는 않습니다. 실제로 발생한 모든 거래의 평균 이자율을 연방기금유효금리(Federal Funds Effective Rate)라고 합니다. 연준(Fed)이 연방공개시장위원회(FOMC)에서 기준금리를 내리면 실제로 거래하는 유효 금리가 그 범위 안에서 거래됩니다.

연방기금금리는 1일 기준으로 거래되기 때문에 달러로 표시되는 모든 자산의 대출 또는 조달 금리의 기준이 됩니다. 이런 이유로 미국 단기국채금리도 기준금리에 동조화해서 움직입니다.

일주일, 한 달, 1년, 10년을 빌리는 돈의 이자는 기간이 길수록 불확실성 때문에 더 높아집니다. 이렇게 연방기금금리를 새로 변경하면 1일짜리 금리가 즉각 변동되기 시작하고, 시간을 두고 점차 다른 금리들도 조정됩니다. 금리가 올라가면 이자가 높아지기 때문에 시중 통화량이 줄어들 수밖에 없습니다.

기업들의 대출금리가 상승하니 기업들은 투자를 줄일 것이고 가계의 대출금리도 상승하기 때문에 소비도 줄어듭니다. 이렇게 소비 감소로 물가는 점차 내려가고 기업들의 채용도 감소하면서 고용시장도 안정화됩니다. 기준금리 인상은 물가안정과 고용안정을 목표로 하는 연준의 최고 정책수단입니다.

우리가 왜 미국 국채금리에
신경을 써야 하나요?

미국 국채의 정식 명칭은 미국 재무부 채권이며 미국 재무부에서 발행합니다. 미국 국채는 리스크가 없는 자산 즉 안전자산의 상징으로 불립니다. 미국의 지방정부나 미국 연방 공기업들이 발행하는 채권은 미국 공채라고 말합니다. 미 연방정부가 발행하는 채권은 재무부 채권뿐입니다.

미 재무부 채권은 미국달러 지폐의 인쇄와 미 정부의 재정 수입을 위해 발행됩니다. 미 정부의 재정 규모는 통상 약 4조 달러인데 미국 국민들에게 거둬들이는 수입은 3조 달러가 조금 안 되는 탓에 채권을 발행하여 모은 돈으로 정부 재정을 운영합니다. 또한 미 정부는 달러의 기축통화 지위를 유지하고 전 세계에 달러 유동성을 공급하기 위해 적자를 감수합니다. 매년 재정적자로 발생한 1조 달러를 매우기 위해 채권을 발행해서 전 세계에 공급합니다.

미국 국채에는 12시간짜리부터 영구채까지 매우 다양한 만기와 상환 방법들이 존재합니다. 미국 재무부가 미국 국채를 발행한 뒤 공개시장운영의 대상이 되는 공개시장에 매각하고 매각되지 않은 남은 물량을 미국 중앙은행인 연방준비제도(Fed)에 보내면 연방준비제도는 액면가로 인수한 뒤에 채권 액면가의 1:1에 대응하는 미국달러 지폐를 발행합니다.

　미국 연방준비제도에서 금리를 조절한다는 건 연방기금금리(Federal Fund Rate)를 조절하는 것입니다. 연방기금금리를 조절하기 위해 미국 재무부채권, 특히 단기 미국채 이율(T-Bill Rate)을 가지고 매매하기 때문에 매우 중요합니다. 미국의 은행이 이웃 은행한테 급전을 빌릴 때의 금리를 연방기금금리라고 합니다. 만약 연방기금금리가 높다면 일반 시민들이 은행에서 돈을 빌릴 때의 금리도 높아집니다. 단기 미국채(T-Bill)는 1년 안에 돈을 갚기로 하는 미국 정부가 발행한 차용증(국채)을 말합니다. 통상 미국의 연방기금금리(Federal Fund Rate)와 단기미국채이율(T-Bill rate)은 동조화해서 같이 움직입니다.

　단기미국채이율은 1년 안에 단기로 갚는 관계로 금리 기준 역할을 하면서 은행 간 거래에 있어 금리 산정에도 영향을 줍니다. 따라서 연준은 금리 조절을 위해, 단기미국채이율(T-Bill rate)을 원하는 금리 수준으로 매매하면서 조절합니다. 물론 1980년대 초 제2차 오일쇼크, 2001년 닷컴버블, 2008년 금융위기 시기에는 미국경제가 경기후퇴(Recession)를 겪던 때로 2분기 이상 마이너스 성장을 한 시기에는 연방기금금리(Federal Fund Rate)가 단기미국채이율(T-Bill rate)보다 치솟아 차이가 매우 많이 난 경우도 있었습니다. 이는 미국경제가 좋지 않으니 은행끼리 돈을 빌려줘도 갚지 못할 수 있다는 판단으로 연방기금금리(Federal Fund Rate)가 치솟은 겁니다. 이런 경기후퇴 시기를 제외하고는 대부분 연방기금금리와 단기미국채이율(T-Bill rate)은 대부분 같이 움직입니다. 미 연준은 금리를 조절하기 위해, 단기미국채이율을 원하는 금리 수준으로 매매하면서 조절합니다.

따라서 단기미국채이율이 미국의 기준금리 역할을 수행하는 것입니다. 10년물 미국 국채금리는 미국의 경기 예측과 경제성장률, 고용, 물가, 주식시장 등을 모두 반영해서 결정됩니다. 미국의 국채금리 변동을 보면 향후 미국의 경제흐름을 알 수 있습니다.

인플레이션 상황에서 미국 장기채권금리와 기준금리는 어떤 관계인가요?

미국 장기채권이란 미 재무부가 발행한 장기채권입니다. 단기채권 금리는 기준금리와 같이 움직입니다. 기준금리가 상승하면 3개월 이나 2년물 같은 단기국채는 기준금리와 같이 상승합니다. 장기국 채금리(수익률) 상승은 인플레이션 우려를 반영합니다. 노동시장에 서 신규 노동인력 구하기가 어려운 임금 상승기에는 인플레이션 우려로 장기채권금리가 상승할 가능성이 큽니다. 또한 기준금리 인상이 확실시되면 장단기국채금리 인상에도 영향을 줍니다.

금리 인상은 화폐의 가치를 올리고 반대로 채권가격(가치)은 떨 어뜨리는 효과를 줍니다. 이에 금리가 인상되면 장기국채금리가 상승하고 반대로 국채가격(가치)은 떨어집니다. 채권 수익률과 채 권가격(가치)은 반대 방향으로 움직입니다.

금융시장의 모기지 채권이나 회사채 등의 민간발행 채권들이 채 권시장에 확대 공급되어도 장기채권금리 상승에 영향을 줍니다. 장기국채가격은 떨어집니다. 시장에서 투자자들이 인플레이션이 지속될 것으로 예상되어 금리 인상 우려가 확산되면 장기국채금리 인상이 지속됩니다. 정부에서 경기부양책을 발표해도 국채발행이 확대될 것으로 예상하기 때문에 국채가격은 떨어지지만 역시 국채금리 상승세가 지속됩니다.

채권 수익률이 올라간다는 것은 반대로 채권가격이 내려간다는 의미입니다. 인플레이션 초기에는 채권금리가 올라가지만 시간이 지나면서 경기침체로 이어져 다시 국채금리가 낮아지는 현상이 일어납니다. 인플레이션 초기 상태에서는 국채금리가 상승하고 국채가격은 떨어집니다. 물가상승으로 보유한 채권가치가 떨어져 채권을 채권시장에 내다파는 사람이 증가하기 때문에 채권의 가치는 떨어지지만 채권수익률(금리)은 올라가는 것입니다.

통상 스태그플레이션 1단계에는 인플레이션 공포로 채권수익률(금리)이 상승하고 주가가 하락합니다. 스태그플레이션 2단계에는 경기침체 공포로 채권금리도 하락하고 주가도 동반 하락하는 현상이 일어납니다. 스태그플레이션 1단계에서는 물가가 계속 상승한다면 초기에는 채권가격은 떨어지고 채권금리(수익률)는 높아지기 마련입니다. 시간이 지나 스태그플레이션 2단계가 되면 경기침체 공포로 채권금리는 하락하고 채권가격은 올라갑니다. 경기침체 우려 속에서 채권금리가 떨어지는 것은 투자자들이 안전자산인 채권을 선호하기 때문입니다. 이때도 여전히 주식시장은 부정적인 상황입니다.

미국 10년물 국채금리가 내려간다는 것은 어떤 의미인가요?

미 재무부는 재정적자를 메우거나 통화 유동성을 조절하기 위해 채권을 발행합니다. 채권을 사는 사람에게는 일정 금액의 이자를 지급합니다. 상환 기간이 끝나면 원금을 돌려받을 수 있고 미 재무부가 발행하기 때문에 안전자산으로 취급되어 수요가 많은 편입니다.

채권 이자는 국가의 신용도에 따라 달라집니다. 신흥국에서 발행하는 채권은 이자가 높을 수밖에 없습니다. 만기는 짧게는 1개월부터 길게는 30년까지 다양합니다. 보통 10년물이 미래 경기와 주식시장을 나타내기 때문에 가장 많은 관심을 받습니다.

국채금리와 국채가격은 반대로 움직입니다. 국채금리가 내려가면 국채가격은 올라갑니다. 국채가격이 오른다는 것은 사는 사람이 파는 사람보다 많다는 의미입니다. 사람들이 국채를 많이 사는 이유는 향후 경기위축에 대한 불안감으로 안전자산인 채권을 찾기 때문입니다. 따라서 국채금리가 내린다는 것은 사람들이 향후 경기를 부정적으로 보아 주식이나 위험자산보다는 안전자산인 채권을 많이 찾는다는 의미입니다. 10년물 국채금리가 내려가면 주식시장에도 부정적인 효과가 나타납니다.

반대로 국채금리가 올라가서 국채가격이 내려가면 국채를 파는 사람들이 사는 사람보다 많다는 의미입니다. 사람들이 국채를 파는 이유는 경기회복에 대한 기대로 인해 안전자산인 채권을 팔고 주식 등 위험자산에 투자하기 위해서입니다. 물론 경기회복에 대한 기대로 차입투자 확대를 통해 부동산과 주식 등에도 긍정적인 영향을 줍니다.

금리 인상 시기마다 10년물 국채금리가 변합니다. 금리 인상이 진행되는 시기에는 10년물 국채금리가 올라가고, 금리 인상이 상당히 진행되어 경기침체가 예상되면 안전자산 선호로 국채금리가 하락합니다. 금리 인상이 마무리되면서 경기침체가 확인되고 경기부양에 대한 기대가 올라오면 다시 국채금리가 올라갑니다.

Q 033

미국 장단기국채금리(10년물 금리와 3개월물 금리) 역전현상은 어떤 의미인가요?

일반적으로 미국 단기국채 금리는 기준금리의 영향을 받고 장기국채금리는 물가와 경기를 반영합니다. 미국 장단기국채금리 역전은 주요 금융시장과 경제지표 중에서 경기침체(Recession)에 대한 예측력이 가장 정확한 지표 중 하나입니다. 미국에서는 1962년 이후 총 7차례의 경기침체가 있었는데 모든 침체기에 앞서 장단기 금리가 역전되었습니다. 1966년에 장단기 금리가 역전된 이후에는 경제성장률이 둔화되었으나 공식적인 침체기에 접어들지는 않았습니다. 이때를 제외하면 모두 10년물 국채금리와 3개월물 국채금리가 역전되고 나서 5개월에서 23개월 후에 경기가 침체 국면에 진입했습니다.

따라서 미 연준(Fed) 및 각국 중앙은행은 경기침체에 대한 예측력이 가장 높은 것으로 알려진 10년물 국채금리와 3개월물 국채금리 차에 대한 모니터링을 지속하고 있습니다.

장기국채 금리는 현재 시점에서 예상되는 미래 단기금리의 평균과 기간 프리미엄의 합으로 구성됩니다. 미래 단기금리에 대한 기대는 향후 통화정책에 대한 시장의 예상을 반영합니다. 기간 프리

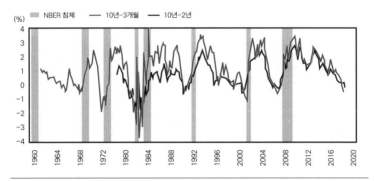

▶ 미국의 장단기 금리 차와 경기변동

주 1): 1962년 1월부터 2019년 8월까지 매월 각 장단기 금리 차이의 최소값
  2) 회색음영은 NBER에 의해 정의된 경기 침체기
출처: Bloomberg

미엄은 단기채권 대비 장기국채를 보유하는 위험에 따른 보상을
의미합니다. 기간 프리미엄은 다양한 요인에 의해 결정되는데 전
통적으로 물가와 경기가 가장 중요한 결정 요인입니다.

　장단기 국채금리가 역전되는 이유는 다음과 같습니다. 인플레
이션 등으로 기준금리 인상이 진행되다가 마무리되는 시점에 경기
둔화가 예상되어 기준금리 인하가 기대되는 상황에서 기준금리 인
상에 따라 국채 단기금리는 올라가고 미래에 대한 인플레이션 기
대가 낮아져 국채 장기금리가 낮아집니다. 이에 10년물과 3개월
물 국채 장단기 금리가 역전될 수 있습니다. 단기국채 금리는 현재
기준금리 수준에 의해 결정되는 반면 장기금리는 미래 기준금리
를 반영하기 때문입니다. 다시 말해 향후 단기적인 경기침체가 예
상되면 장기국채에 대한 수요가 증가하는데 이때 기간 프리미엄을
통해 장기금리가 낮아지기 때문입니다.

100문 100답으로 쉽게 이해하는

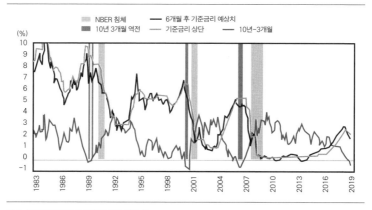

주 1): 1983년 1월부터 2019년 8월까지 월말 자료
출처: Adrian. Crump and Moench(2013). Bloomberg

미국의 10년만기국채는 투자자들이 글로벌 경기둔화 리스크를 헤지할 수 있는 가장 유용한 금융자산으로 간주됩니다. 투자자들의 장기국채에 대한 수요가 증가하면 장기국채의 가격은 오르지만 금리는 내립니다. 최근 분석에 포함된 1989년, 2001년, 2007년 3회의 경기침체에서는 공통적으로 기준금리 인상이 마무리되는 시점에 시장이 기준금리 인하를 예상하여 장단기 금리가 역전되었으며, 실제로 기준금리 인하가 단행된 이후 경기침체에 진입했음을 알 수 있습니다.

단기금리는 최근 기준금리를 반영하고 장기금리는 물가와 경기를 반영합니다. 장단기 금리가 역전되는 경우는 기준금리 인상이 진행되다가 마무리되는 시점에 경기둔화가 예상되어 기준금리 인하에 따른 장기금리 하락 시기로 전형적인 경기침체 징후를 나타냅니다.

과거에도 장단기 국채금리 역전 없이 경기침체가 시작된 적은 없으며 장단기 국채금리 역전이 발생될 경우 미래의 경기침체 전조현상으로 볼 수 있습니다. 향후에도 10년물 국채금리와 3개월물 국채금리의 역전현상을 모니터링할 필요가 있습니다. 역전현상이 나타나면 경기침체에 진입했음을 알 수 있습니다.

미국 장단기국채금리(10년물 금리와 2년물 금리) 역전현상은 어떤 의미인가요?

앞 장에서 설명한 대로 10년과 3개월 금리는 역전 구간이 발생하면 시장의 경기침체를 반영합니다. 10년과 3개월물 금리 역전은 주요 금융시장과 경제지표 중에서 경기침체(Recession)에 대한 예측력이 가장 정확한 지표 중 하나입니다. 하지만 10년과 2년물 금리 역전은 2019년 9월에도 있었고, 2022년 3월, 2022년 7월에도 있었습니다. 본격적으로 경기침체를 강하게 시사하기보다는 경기침체 가능성에 대한 시장의 우려가 반영된 것으로 판단됩니다.

미국은 1978년 8월 이후, 총 8차례(78.8월, 80.9월, 82.1월, 88.12월, 98.5월, 00.2월, 05.12월, 19.8월)의 10년-2년물 국채금리 역전 사례가 존재합니다. 8차례 중 경기침체는 6번(80.1월, 81.7월, 90.7월, 01.3월, 07.12월, 20.12월) 발생했습니다. 10년-3개월물 금리 역전에 비해 경기침체 예측력은 떨어지지만 향후 경기침체가 올 가능성에 대한 유의미한 징후입니다.

과거 침체 사례를 보면 10년-2년물 국채 수익률이 역전된 이후 평균 17개월 뒤 경기침체가 발생했습니다. 장단기 금리 역전과 경기침체 간 시차가 1~1.5년 정도인데 주가는 경기침체에 좀 더 임

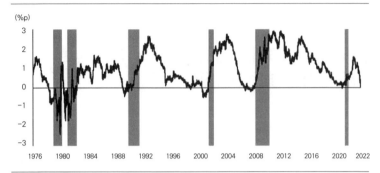

➡ 미 10년-2년물 국채 수익률 차이

주: 음영은 세인트루이스 연방은행 기준 미국 경기침체기
출처: FRED

박해서 고점을 찍고 떨어지는 경향을 보입니다.

하지만 최근 2022년 3월 말에 발생한 10년-2년물 국채금리 역전 현상은 기준금리 인상에 따른 단기국채 금리 상승과 러시아-우크라이나 사태와 고유가 및 원자재 부족 등으로 신흥국 위기 확산에 따른 안전자산 선호로 미 장기 채권 수요가 확산되어 일시적으로 나타난 현상으로 보입니다.

그렇더라도 장단기 금리 역전 현상은 일반적으로 경기침체의 전조입니다. 과거의 경기침체 시기처럼 평균 17개월 뒤인 2023년 말부터 경기침체 가능성이 있다는 신호입니다.

100문 100답으로 쉽게 이해하는

Q 035

왜 통화 독립이 불가능하고 미국과 한국의 장기국채 금리가 같이 움직일까요?

금융시장의 글로벌화로 인해 금융시장의 국제적 통합이 강화됨에 따라 신흥국의 금리 흐름이 미국의 금리 변동에 동조화되는 현상이 나타나고 있습니다. 특히 2008년 글로벌 금융위기 이후 미국 국채금리와 신흥국 금리 간의 동조화 현상이 증가되었습니다. 이처럼 미국의 금리 변동이 신흥국에 미치는 전파효과로 인해 신흥국이 통화 독립성을 확보하여 독자적으로 통제할 수 없을 것이라는 우려가 커지고 있습니다. 미국 금리가 국내 금리에 미치는 파급효과에 대한 우려는 미 연준(Fed)이 향후에도 상당 기간 양적긴축과 고금리 정책을 추구하는 상황에서 심화되고 있습니다.

이러한 미 연준의 통화정책 기조의 전환은 수익률을 추구하는 국제적인 자본의 유출, 특히 신흥국으로부터의 자금 유출을 초래함으로써 국내 통화정책 및 금융 상황과 무관하게 국내 금리를 상승시키는 작용을 할 것이라는 우려를 낳고 있습니다. 따라서 국내외 금리 동조화에 우려하거나 제어하는 측면에서 환율의 역할에 대해 회의적인 견해가 많습니다.

현재 신흥국에서는 대규모의 국제자본 이동을 통제할 수 없는 상황입니다. 미국의 통화정책에 따른 전파효과를 통제하여 각 나라의 통화 독립성을 확보하기는 현실적으로 어려워 보입니다. 신흥국의 변동환율제가 사실 별 도움이 되지 않는다는 의견도 많습니다.

지난 10년간 미국과 한국의 10년만기 장기국채 금리를 보면, 미국의 장기국채 금리는 한국보다 조금 낮은 수준을 유지하고 있습니다. 미국 금리의 상승/하락은 한국의 금리를 동반 상승 혹은 하락시키는 전파효과를 가지고 움직였습니다. 하물며 정부가 일시적으로 외환시장에 개입해 환율 변동을 억제하더라도 한미 간 10년물 국채금리 전파효과에는 영향이 없는 것으로 나타났습니다.

따라서 자유로운 환율 변동만으로 미국 금리 변동의 전파효과를 억제할 수 없기 때문에 장기적으로 우리 경제의 체질과 기초를 튼튼히 하는 것만이 금리 변동성, 환율 변동성에 대응하는 유일한 방법입니다. 원화의 국제화, 원화의 기축통화화, IMF의 특별인출권(SDR) 확보, 통화스와프 확대 등의 노력도 지속해야 하는 상황입니다.

환율과 금리가 한미 간에 동조해서 움직일 수밖에 없음을 인지하고 경제 상황에 맞게 신성장동력 발굴, 투자, 교육, 연구개발, 비효율 부분 구조조정, 인재양성, 가계부채 조정 등을 통해 지속적으로 경제 체질을 높이도록 대응해야 합니다.

Q 036

미국의 기준금리 인상은 신흥국에
어떤 영향을 미치나요?

미국이 기준금리를 인상하면 신흥국 통화가치는 하락합니다. 부채가 많은 신흥국이나 해외부채가 많은 신흥국 기업의 위험도 올라갑니다. 미국의 기준금리 인상은 미 달러의 가치를 올리고 이에 따른 신흥국 통화의 약세로 신흥국 기업의 외화부채 상환 부담이 증가합니다. 즉, 미국의 금리 인상은 신흥국 기업의 외화자금조달 부담을 증가시켜 재무건전성을 악화시킬 위험을 증가시킵니다.

한편 국내 기업의 해외부채는 IMF 외환위기의 교훈으로 전반적으로 증가 속도가 빠르지 않았고 단기부채 비중도 낮은 상황입니다. 금리 위험과 환 위험을 헤지하기 위한 금융시장도 잘 발달되어 있어 원화 약세 및 미국 금리 인상이 당장 국내 기업의 해외부채상환 부담에 미치는 영향은 제한적인 상황입니다.

기업부문인 비금융기업의 대외부채도 2020년 722억 달러로 GDP 대비 5% 수준에서 비교적 안정적인 흐름을 보이지만, 미국의 금리 인상은 신흥국 내 금융불안과 성장둔화로 이어져 국내 기업에 부정적인 영향을 미칠 수 있습니다. 미국이 금리를 인상하면 신흥국 기업의 위험이 증가하고, 이는 국내 기업의 신흥국 수출 둔화와 무역거래에 의한 손실을 증가시킬 수 있습니다. 또한 신흥국으로부터의 자본유출이 전염효과를 통해 국내 시장의 자본유출로 이어질 위험성도 존재합니다.

세계 주요국 중앙은행들이 기준금리 인상에 시동을 걸었습니다. 외국인 자금유출 등의 우려가 큰 일부 신흥국들은 이미 금리 인상을 단행했습니다. 이들 국가는 모두 과거 2013년 미 연준(Fed)의 갑작스런 금리 인상에 따라 신흥국 달러가 미국으로 빠져나가는 '긴축발작'의 홍역을 치른 경험들이 있습니다. 전 세계적으로 2020년부터 2021년 1분기까지 각국 정부가 코로나19와 관련해서 지출한 재정규모는 92조 9천 300억 달러(1경 1천 62조원)으로 전 세계 국내총생산(GDP)의 9.2%에 달합니다. 천문학적인 돈이 풀린 상황에서 연준이 금리 인상을 강도 높게 지속할 경우, 신흥국에 투자된 자금이 옮겨가면서 긴축발작이 재연될 수 있습니다. 선진국의 양적완화 축소와 고금리 정책은 신흥국의 통화가치 하락과 증시 급락을 일으킬 수 있습니다. 이를 테이퍼탠트럼(Taper Tantrum)이라고 합니다.

테이퍼탠트럼의 시작은 1937년 마리너 에클스 당시 미 연준 의장이 풀어놓은 달러를 회수하기 위해 지급준비율을 높이면서 긴축발작으로 다우지수가 49% 폭락한 것이었습니다. 1994년 앨런 그린스펀 연준 의장이 기습적으로 기준금리를 올리자 멕시코에 투자한 월가 자금이 일시에 빠지면서 멕시코 금융위기가 발생한 것이 테이퍼탠트럼의 대표적 사례입니다. 1994년 연준의 기준금리 인상은 중남미, 동남아시아, 한국, 러시아까지 외환위기에 빠뜨리는 긴축발작을 일으켰습니다.

100문 100답으로 쉽게 이해하는

미국의 기준금리 인상에 대한
고금리 신흥국의 대응은 어떤 게 있나요?

2022년 들어 미국의 기준금리 인상 수준보다 큰 폭으로 기준금리를 인상하는 국가들이 나타나고 있습니다. 2022년 5월 멕시코는 기준금리를 7%, 브라질은 12.5%로 올렸습니다. 이들이 선제적으로 기준금리를 큰 폭으로 올리는 이유는 자국통화의 가치 안정을 통해 기대인플레이션을 억제하기 위해서입니다. 기준금리나 시중금리가 상대적으로 높은 경우 자국의 돈은 자국통화 표시로 역내에 머물러 있게 하고 고수익을 추구하는 외국자본 유입이 촉진되는 일명 '캐리트레이드' 현상이 나타날 수 있습니다.

캐리트레이드는 금리가 낮은 국가에서 자금을 조달해서 금리가 높은 국가의 금융상품에 투자함으로써 수익을 내는 거래를 말합니다. 통상 금리 차 거래의 직접적인 대상이 되는 채권, 대출자산 등에 대한 투자에 국한되지만 더 넓은 의미로 주식, 원자재, 부동산 등 수익을 낼 수 있는 다양한 종류의 자산에 대한 투자를 모두 포함합니다.

남미 등 정부부채가 과다한 신흥국들은 자국통화의 가치를 방어하기 위해 금리를 높이고 있습니다. 금리가 올라가면 고수익이 보장되어 외국자본이 유입됩니다. 투기적 이익을 찾아 국제금융시장을 이동하는 단기자금인 핫머니 성격을 갖는 캐리트레이드 자금은 생산적인 자금이 아니고 투기성 자금의 성격이 강해 기피하는 경향이 있었습니다. 하지만 이들 국가는 정부부채가 많고 국내 저축이 부족해 국내 투자를 위해 필요한 자금을 캐리트레이드 자금을 통해 조달하고자 고금리 정책을 유지합니다.

고금리정책은 생산, 소비, 고용, 투자를 낮추어 경제성장률을 떨어뜨리는 역기능을 갖고 있지만 이 국가들은 자국 통화의 가치 안정을 통해 수입물가를 낮추고 기대인플레이션을 억제하는 순기능을 우선시합니다. 칠레, 콜롬비아, 페루 등 여타 중남미 국가, 남아프리카 공화국 등도 캐리트레이드 순기능을 먼저 생각하고 폭넓은 기준금리 인상을 추진하고 있습니다.

미국의 통화정책이 우리나라 경제에 미치는 영향에는 무엇이 있나요?

2008년 글로벌 금융위기, 2020년 코로나19 팬데믹이 발생한 미국은 경제 정상화를 위해 기준금리 인하, 양적완화 등 금융완화정책을 적극 추진했습니다. 하지만 미국은 2022년 들어 중국의 제로코로나 정책으로 인한 공급망 마비와 러시아-우크라이나 전쟁으로 인한 석유 및 원자재 폭등으로 극심한 인플레이션이 발생하자 정책을 바꾸어 기준금리를 인상하고 양적긴축 정책을 실시하고 있습니다.

글로벌 금융위기 직후 미국이 경제 정상화를 위하여 기준금리를 큰 폭으로 인하하자 신흥국들도 경기침체를 우려해 미국을 따라 기준금리를 동시에 인하했습니다. 특히 수출 의존도가 높은 신흥국은 미 연준(Fed)이 기준금리를 인하하면 자국 통화의 환율 절상과 이에 따른 수출 둔화를 우려하여 미국과 같이 기준금리를 인하하는 경향이 있습니다.

글로벌 금융위기 이후 신흥국 중앙은행의 기준금리 인하 시기를 보면 러시아를 제외한 대부분의 주요 신흥국이 미국의 정책금리를 감안하여 짧은 기간 내에 인하를 진행했습니다. 미국의 금융완화

정책으로 늘어난 글로벌 유동성이 신흥국에도 유입되면서 신흥국의 주가 등 자산가격 상승에도 많은 영향을 미쳤습니다.

글로벌 금융위기 이후 꾸준한 상승세를 유지했던 신흥국의 주가는 미국 자본의 유입과 관련이 있습니다. 선진국의 자본유입 증대는 신흥국의 통화 가치를 절상시키는 요인으로 작용했습니다. 최근 조사에 따르면 그간 선진국의 자본유입 확대가 한국 등 아시아 5개국의 주가 상승에 긍정적 영향을 미쳤다고 합니다. 미국의 기준금리와 국채금리가 하락하면 우리나라 주가, 환율, 산업생산이 증가하는 것으로 조사되었습니다. 이는 글로벌 금융시장이 통합되어 미국의 기준금리와 우리나라 주가, 환율, 산업 생산이 밀접하게 연계되어 움직인다는 의미입니다.

미국의 기준금리 인상이 국내 금융시장에
미치는 영향은 어떤 게 있나요?

미국의 기준금리 인상으로 국내 금융시장의 침체 우려 목소리가 커지고 있습니다. 미국이 기준금리를 올리면 외국인 투자자금이 유출되면서 금융시장의 변동성이 확대될 수 있습니다. 미국의 기준금리 인상이 단기 외환시장을 자극해 빠르게 환율 상승으로 이어지는 것은 우리나라의 금융 개방도가 크기 때문입니다.

2022년 하반기 이후에도 미국의 기준금리 인상이 큰 폭으로 예상되는 만큼 한-미 간 기준금리 역전 현상도 일어날 수 있습니다. 미국은 기축통화국으로써 그만큼의 리스크 프리미엄이 반영되어 우리나라보다 채권금리와 기준금리가 조금 낮습니다. 2022년 8월 기준 근원소비자물가 관련하여 미국(6.3.%)과 한국(4.0%)의 차이를 보면 미국이 우리나라보다 인플레이션이 높기 때문에 금리를 더 많이 인상해서 긴축을 해야 합니다. 우리나라는 근원소비자물가지수를 고려하면 굳이 미국의 기준금리 이상으로 올릴 필요는 없지만 외국인 자본 유출을 고려해서 인상해야 하는 상황입니다.

미국의 금리 인상 속도를 고려하면 향후 우리나라와 미국의 기준금리 역전도 가능합니다. 우리나라는 지난 1999년과 2005년 기준금리 역전을 경험한 바 있습니다.

첫 번째로 한-미 간의 기준금리가 역전된 시기는 1999년 5월과 6월 사이로 미국이 지속적으로 기준금리를 인상해서 한-미 간 기준금리 역전이 한동안 지속되었습니다. 당시 우리나라의 경제상황은 외환위기 이후 빠르게 안정화되던 시기였으며 국내 채권에 대한 외국인 투자가 많지 않았기 때문에 금융시장에 대한 파급효과는 크지 않았습니다. 실제로 주식시장은 약 14% 하락했으나 단기적인 충격에 그치고 바로 상승했습니다. 당시 외국인 투자자금 유출 확대는 한-미 간 기준금리 역전에 따른 투자자들의 자금 회수보다는 대우그룹 사태에 따른 충격으로 판단할 수 있습니다. 한-미 간 금리 역전 시 환율이 다소 상승(약 1.5%)하는 모습을 보였으나 단기간 내 안정을 찾는 모습을 보였습니다.

두 번째 한-미 간 금리가 역전된 시기는 2005년 6월에서 8월 사이입니다. 당시 미국은 서브프라임 모기지 직전으로 자산 버블 우려로 기준금리를 급격히 인상했습니다. 우리나라 역시 주택가격 상승 등 자산시장 버블에 대한 우려가 커지고 있었으며 미국과 기준금리 격차 확대에 대한 우려도 큰 상황이었습니다. 우리나라의 금융통화위원회는 미국과 2달 정도 시차를 두고 기준금리를 올리는 결정을 함으로써 미국 기준금리 인상을 따라가는 모습을 보였습니다.

당시 국내 경제 여건은 양호한 상황이었습니다. 한국의 경제성장률은 5%를 기록했고 수출 증가율은 10%였습니다. 우리나라 주식시장은 한-미 간 기준금리 역전에 대한 충격 없이 지속적으로 상승했고 외국인 투자자금 역시 큰 유출이 없었습니다. 환율은 한-

미 간 기준금리 역전 시기에 다소 오르는 모습을 보였으나 단기간 내 안정된 모습을 찾았습니다.

세 번째 한-미 간 금리가 역전된 시기는 2018년 3월에서 2020년 2월 사이입니다. 미국은 2008년 글로벌 금융위기 이후 무제한의 양적완화와 국제공조에 의한 저금리 정책으로 빠르게 금융위기를 극복했습니다. 2015년 들어 물가상승률이 1.9%에 이르자 경기 과열 우려로 선제적으로 금리를 인상했습니다. 2015년 0.5%에서 2018년 2.25%까지 서서히 금리를 인상했습니다. 2018년 들어 우리나라는 미국의 기준금리 인상을 쫓아가지 못했습니다. 2018년 들어 수출 여건이 악화되고, 국내투자와 소비가 다소 부진했기 때문입니다. 2019년 1분기에는 마이너스 경제성장까지 하며 경제상황이 좋지 못해 기준금리를 올리지 못했습니다. 금리 역전 기간 환율은 1,079원에서 1,215원까지 상승하였습니다.

네 번째, 2022년 9월 21일 미 연준은 기준금리를 0.75% 올려서 한-미 간 기준금리가 역전되었습니다. 연준이 금리를 올리자 달러인덱스가 급격히 오르면서 거의 매일 10원 정도 환율이 상승하였습니다.

미 연준은 예상 기준금리를 2022년 말 4.4%까지 인상하고 2023년 말까지는 4.6%로 올리겠다고 합니다. 우리나라는 6개월 연속 무역적자를 기록하고 경상수지 흑자 폭도 매우 줄어들고 있습니다.

이렇게 한-미 간 기준금리 역전 상황이 지속된다면 환율을 통해 2차로 금융시장에도 영향을 줄 수 있습니다. 즉 외국인 투자자들은 투자 포트폴리오 변경 차원에서 우리나라 채권을 매도하고 미국

채권을 매수하려 할 것입니다. 이 과정에서 추가 환율 상승이 발생하고 외국인 투자자의 환차손이 증가할 수 있습니다. 외국인 투자자는 환차손을 피하기 위해 채권 매도량을 늘릴 수 있습니다. 이럴 경우 2차 환율 충격은 채권시장뿐만 아니라 주식시장에도 또다시 영향을 미칠 수 있습니다.

외국 투자자의 자금이 실제 빠져나가는 원인은 한-미 간의 금리 역전보다는 먼저 경제 체질이나 금융시장 상황에 더 많은 영향을 받습니다. 우리나라 수출입 규모는 전 세계 5위권으로 성장했고 우리 기업들의 경쟁력도 과거보다 많이 좋아졌습니다. 하지만 전 세계 1위 규모의 가계부채 문제는 언제든지 뇌관으로 작용할 수 있는 상황입니다.

경제가 좋지 못한 상황에서 미국의 기준금리 인상을 좇아 큰 폭으로 금리를 인상하면 가계부채 문제를 건드려 자칫 경기침체로 전이될 수 있습니다. 채권가격 하락으로 안전자산에 투자해서 수익을 고객에게 예금금리로 지급하는 우체국 예금 같은 상품들은 수익률 하락으로 이어집니다. 우체국처럼 안전자산 투자 금융회사들은 수신고 방어를 위해 역으로 예금금리를 올려줘야 하는 상황으로 수익률은 더욱 악화됩니다.

미국이 기준금리를 인상하면서 환율 상승이 발생하게 되며 외국인 투자자의 환차손이 증가할 수 있습니다. 따라서 우리나라도 주식이나 채권에 투자한 외국인의 자금이 빠져나가지 않게 하고 우리 금융시장을 보호하기 위해 일정 수준의 기준금리 인상은 불가피한 상황입니다.

100문 100답으로 쉽게 이해하는

Q 040

미국의 기준금리 인상이 우리나라 기업에는 어떤 영향을 미치나요?

미국이 기준금리를 올리면 우리나라도 기준금리를 올릴 가능성이 큽니다. 기준금리를 올리면 수출입기업의 유동성도 빠르게 악화될 수 있습니다. 미국의 금리 인상이 원달러 환율 상승으로 이어져 달러결제 수입 비용을 증가시켜 수출 채산성이 악화될 수 있습니다. 최근 국제 원자재 가격 급등 현상은 환율 상승과 함께 기업의 수입 부담을 증가시킨 주요 원인입니다.

미국의 기준금리 인상은 신흥국의 경제와 수입 수요를 둔화시켜 우리의 대신흥국 수출에도 부정적 영향을 미칩니다. 또한 신흥국의 자본 유출과 환율 약세로 신흥국과의 교역에 부정적 영향을 미칩니다.

미국의 금리 인상 과정에서 엔화의 가치가 빠르게 약화되고 있어 일본의 달러표시 상품 가격이 인하되고 있습니다. 물론 과거와 달리 최근에는 일본과의 수출제품 경쟁상황이 많이 달라졌지만 그렇다 하더라도 일본과의 가격경쟁은 심화될 것으로 예상됩니다.

미국 기준금리가 인상되면 신흥국에 투자된 자금이 빠져나가면서 긴축발작이 일어나고, 이는 신흥국에 경제위기 상황을 불러올 수 있어 신흥국에 대한 수출입이 모두 줄어들 수 있습니다. 우리나라도 기준금리를 따라 올리면서 국내 기업의 금융비용 증가로 생산 및 투자에 부정적 영향을 미칩니다. 기준금리 인상에 따른 소비 감소로 시설 확장이나 설비 증설에도 부정적이며, 신용 스프레드가 축소되어 한계기업의 재정상황은 더욱 악화됩니다.

미국의 기준금리 인상으로
중국 경제의 취약성이 확대될 수 있나요?

2022년 중국은 강력한 제로코로나 정책과 봉쇄정책으로 경제상황이 많이 약화되었습니다. 봉쇄와 대량 검사, 격리에 의존하는 제로코로나 정책은 서비스와 소매업, 생산물류 전체에 압력을 가하고 있습니다. 세계은행은 9월에 2022년 중국의 경제성장률이 2.8%에 머물 것이라고 전망했습니다. 미국의 금리 인상으로 중국 경제의 구조적인 문제점인 막대한 기업부채와 부동산시장 버블에 대한 우려가 커지면서 중국의 경기위축 가능성이 커지고 있습니다.

중국의 문제는 기업부채입니다. 선진 주요국과 비교하여 GDP 대비 기업부채 비율이 2020년에만 162%를 넘어 세계 최고 수준입니다. 중국은 코로나 팬데믹 이전까지 경제성장 둔화, 주식시장 부진, 실물경기 악화 등을 해결하기 위해 부동산 부양으로 부진한 경기를 살려왔습니다. 중국의 일부 은행들은 예금 부족으로 기업에 대한 대출자금을 은행 간 시장에서 차입에 의존하는 취약한 구조를 갖고 있습니다.

2022년 미 연준(Fed)의 기준금리 인상에 따라 중국정부도 위안화 환율 안정을 위해 통화정책을 긴축으로 전환해야 한다는 의견이 증가하고 있습니다. 하지만 중국기업의 부채 규모가 매우 큰 상황에서 소폭의 금리 상승으로도 기업활동 위축, 경기 위축 등의 가능성이 큰 상황입니다. 금리 인상에 따른 금융부담 증가는 가뜩이나 이익이 낮은 중국 기업들에게 직접적인 타격을 줄 수 있습니다.

2중국은 제로코로나 정책으로 경제성장률이 하락하고 수출 증가율도 둔화되어 경제가 매우 좋지 못한 상황입니다. 2022년 5월 중국의 소매판매 증가율은 전년동월보다 -6.7% 감소해서 내수경기가 침체되었고 이 때문에 글로벌 금리 인상 기조와 달리 경기 부양을 위해 오히려 금리를 인하했습니다. 2021년 12월, 2022년 1월 중국은 기준금리 역할을 하는 대출우대금리(LPR)를 0.15%를 인하해 3.7%를 유지했습니다. 2022년 8월 들어 0.05%를 인하해서 3.65%를 유지하고 있습니다.

중국은 전 세계적인 인플레이션 상황에서 조금 벗어난 상황입니다. 전 세계가 인플레이션 때문에 고통 받고 있지만 중국은 소비자물가 상승률이 오히려 하락하고 있습니다. 이는 한편으로 중국 경제가 그만큼 어려워졌다는 반증입니다. 소비가 살아나지 못하고 세계의 공장으로 그동안 쌓아둔 원자재 때문에 소비자물가가 크게 인상되지 않았습니다.

이러한 이유들이 작용하여 현재 중국은 금리 인상에 동참하지 않고 있습니다. 그러나 기축통화국인 미국이 금리를 올릴 때 이에 동참하지 못하면 상당한 위험이 따릅니다. 그 대표적인 사례가 2015년, 2016년에 있었던 중국에 대한 국제 환투기세력의 공격이 었습니다. 당시 중국 내 돈들이 해외로 유출되면서 일부 헤지펀드들이 중국정부의 외환시장에 대한 개입 노력을 포기하도록 환투기 공격을 진행했습니다. 1997년 한국처럼 환투기세력에 굴복해서 외환시장을 포기하도록 하는 게 목적이었습니다.

당시 중국은 막대한 외환보유고를 무기로 환투기 공격을 막아냈지만 그 과정에서 많은 외화를 써야 했고 환투기세력들은 막대한 이익을 챙겼습니다. 중국은 2014년 달러 보유액이 4조 달러에 달했으나 위안화 공격이 진행된 2년 동안 무려 8,000억 달러가 줄었습니다. 이 과정에서 국내에 투자되어 있던 돈들이 해외로 나가고 중국인들도 자기가 보유하던 위안화 자산을 달러로 환전하면서 중국 경제는 큰 충격을 받았고, 금융시장과 주식시장도 매우 어려운 시기를 보내야 했습니다.

2015년, 2016년 당시는 미국의 기준금리 인상 시기였습니다. 이런 상황에서 중국은 이중고를 겪었습니다. 환투기 공격이 가해지는 상황에서 중국은 경기가 나빠져서 금리를 인하해야 했습니다. 중국경제는 타격을 받고 환율도 급등했습니다. 그간 쌓아둔 외환보유고로 외환시장을 방어하는 데는 성공했을지 모르지만 달러에

▶ 중국 외환보유고 현황

년도	외환보유고(달러)	증감
2011년 2월	2조9천914억	
2014년 6월	3조9천932억	
2016년 1월	3조2천309억	
2017년 1월	2조9천982억	2014년 대비 1조 달러 감소

대한 중국의 위안화 환율이 6위안에서 7.2위안으로 거의 20% 폭등했습니다.

2022년도 마찬가지입니다. 중국이 내수경기 침체를 이유로 일본과 같이 미국의 금리 인상에 적극 동참하기 어려운 상황이 지속되면, 2015년처럼 고정환율제도의 허점을 이용한 국제 환투기세력의 중국 외환시장 공격이 반복될 수 있습니다. 이 경우 위안화 약세로 이어져 환율이 다시 불안해질 수 있습니다.

중국은 당시 국제 환투기세력의 공격을 경험 삼아 브릭스은행 등을 통해 위기상황에 대비하고 있습니다. 브릭스은행은 2015년 브라질, 러시아, 인도, 중국, 남아프리카공화국에 의해 설립되었습니다. 미국 주도의 IMF를 대체하기 위한 목적이었죠. 아직은 자본금이 500억 달러로 규모는 작지만 브릭스은행은 금융위기 시 회원국에 대한 지원도 가능합니다. 2021년에만 아랍에미리트, 우루과이, 방글라데시 등이 신규 회원으로 가입했습니다. 그러나 브릭스은행의 자본금과 여력은 IMF를 대체하기에는 역부족입니다. 중국의 외환시장이 불안해지면 우리나라 환율에도 부정적 영향을 미칠수 있습니다.

한국과 미국 간 소비자물가, 근원물가 차이가
왜 금리 인상 딜레마에 빠지게 할까요?

정부가 경기부양을 위해 막대한 돈을 풀면 자산 유동성이 영원할 것 같지만, 그리고 영원할 것처럼 투자하지만 이후 부작용이 발생합니다. 자산 유동성이 끊기는 때부터죠.

2020년 코로나 팬데믹 상황에서 그간 너무 악화된 경기를 살리려고 정부가 돈을 풀고 저금리로 유동성을 강제로 제공했습니다. 그러나 결국 빌린 돈이 떨어지고 갚아야 할 때가 오면 현실은 차가운 온도로 역습을 가해 옵니다. '현실은 참 냉정하고 냉철하구나' 생각될 수밖에 없습니다.

현재 우리나라뿐만 아니라 전 세계가 인플레이션 문제로 골머리를 앓고 있습니다. 이 문제를 해결하기 위해 미국은 양적긴축과 금리 인상을 동시에 진행하고, 영국도 십수 년 만에 최고 수준으로 금리를 올렸습니다. 전 세계가 모두 돈줄을 말려 물가를 잡는 방향으로 정책을 전환했습니다.

2022년 2월부터 시작된 러시아-우크라이나 전쟁은 예상을 뒤엎고 장기 국면으로 접어들었고, 갈수록 심각한 에너지 문제를 일으키고 있습니다. 이상기후로 인한 식량 공급문제, 중국 제로코로나 정책으로 인한 공산품 공급망 마비 등 물가에 부담을 주는 문제들이 해결 기미를 보이지 않고 있습니다.

인플레이션과 경기침체가 2023년, 2024년까지 계속될 것이라는 전망도 많습니다. 2022년의 인플레이션은 하나의 문제 때문에 발생한 것이 아니라 앞서 여러 번 이야기한 다양한 원인에 기인합니다.

일반적으로 물가를 평가할 때 소비자물가지수(CPI)를 떠올립니다. 소비자물가지수란 일상생활을 통해 소비되는 상품과 서비스의 가격변동을 측정한 것입니다. 미국의 소비자물가지수는 2022년 5월 8.6%, 6월 9.1%, 7월 8.5%, 8월 8.3%를 기록했고, 우리나라는 8월 기준 5.7%를 기록했습니다.

이외에 근원물가지수(Core CPI)가 있는데 소비자물가지수 중에 가격변동성이 큰 에너지, 농산물 부문을 제외한 측정치입니다. 근원물가지수는 소비자가 직접 느끼는 식량이나 에너지를 제외하기 때문에 현실과 차이가 있을 수 있습니다.

다만 통화정책을 집행하는 중앙은행 입장에서는 사소한 물가변동에 따라 기준금리를 신속히 변경하기 어려우니 실제로 이렇게 변동성이 큰 부분을 제외하고 긴 흐름 속에서 추세적 흐름을 파악할 수 있는 근원물가지수가 필요한 것입니다. 그래서 중앙은행이 기준금리를 인상할 때 근원물가지수를 중요한 지표로 사용합니다.

2022년 8월 미국과 우리나라의 차이를 보면 소비자물가는 미국 8.3%, 우리나라 5.7%이고 근원물가는 미국 6.3%, 우리나라 4.0%입니다. 실제 인플레이션의 원인이 됐던 러시아-우크라이나 전쟁

물가종류	의미	현황(2022년 8월 기준)
소비자물가(CPI)	일상생활을 통해 소비되는 상품과 서비스의 물가	미국 : 8.3% 한국 : 5.7%
근원물가(Core CPI)	근원물가 = 소비자물가 − 에너지, 농산물	미국 : 6.3% 한국 : 4.0%

이나 중국의 제로코로나 정책, 이상기후로 인한 식량공급 문제가 해결된다고 하더라도 근원물가와 관련된 부문은 저금리와 유동성 문제가 원인이라 긴축정책을 유지해야 하는 상황입니다. 혹여 러시아-우크라이나 전쟁이 종료되고 중국의 봉쇄가 풀리면서 농산물 작황이 좋아진다고 해도 근원물가는 쉽게 내려가지 않는다는 의미입니다. 본질적으로는 각 정부에서 풀어 놓은 유동성이 인플레이션의 원인이므로 유동성 축소와 긴축이 꼭 필요합니다.

근원물가와 관련하여 미국(6.3%)과 한국(4.0%)의 차이를 보면 미국이 우리나라보다 더욱 긴축을 해야 합니다. 미국은 근원물가를 잡지 못하는 한 지속적으로 금리를 올릴 것입니다. 우리나라도 미국 기준금리 인상에 맞추어 금리를 올릴 수밖에 없으므로 만약 이같은 상황이 지속된다면 우리의 가계부채 문제가 심각해지면서 경기침체에 빠질 수도 있습니다. 만약 우리나라 상황만을 보고 금리를 인상하지 않으면 외국자본이 빠져나가는 문제가 생깁니다. 이럴 경우 환율이 상승하여 수입물가가 오를 수 있습니다.

미국은 소비자물가가 어느 정도 안정된다고 해도 저금리와 유동성에 따라 발생한 근원물가가 잡히지 않는다면 양적긴축과 고금리

정책을 지속할 수밖에 없는 구조입니다.

2022년 10월 초 유엔 산하기구인 유엔무역개발기구(UNCTAD)는 미 연준이 기준금리를 1% 인상할 경우 다른 선진국의 국내총생산(GDP)은 0.5%, 개도국 GDP는 0.8% 감소할 것으로 발표했습니다. 미 연준의 금리 인상으로 개도국의 GDP는 3년간 3,600억 달러가 감소할 것으로 전망했습니다. 향후 연준의 긴축이 멈출 조짐이 보이지 않는다는 점에서 전 세계 경제에 미치는 충격은 더 커질 것이라고 우려합니다. 미국의 금리 인상은 개발도상국의 가장 취약한 사람들에게 피해를 주고, 전 세계를 경기침체로 몰아넣을 가능성이 크다는 것입니다. 미국은 기축통화국으로 많은 이점을 누리면서 세계 경제에 달러 통화를 공급하는 중요한 임무를 맡고 있습니다. 그런데도 높은 인플레이션으로 인한 긴축 시기에는 다른 나라의 경제상황을 고려하지 않는 이기적인 정책으로 각국의 비난을 받는 상황입니다.

환율 상승을 막고 투자금이 빠져나가는 것을 막기 위해 미국을 따라 금리를 올릴 것인지 가계부채 문제 등의 경기침체를 막기 위해 미국과의 금리 역전을 용인할 것인지, 우리 경제가 결정해야 할 딜레마입니다.

Q 043

제조업 구매관리자지수(PMI)로
어떻게 경기를 전망할 수 있나요?

제조업 구매관리자지수(PMI, Purchasing Management Index)는 기업의 구매관리자를 대상으로 설문한 결과입니다. 세계는 하나의 거대한 시장으로 연결되어 있는데 생산을 담당하고 있는 제조업 분야의 경기 동향을 제조업 구매관리자지수로 예측할 수 있습니다.

미국은 미국 구매자관리협회(NAPM)에서 약 300여 명의 회원에게 제조업 동향에 관한 설문을 실시하여 매달 발표합니다. 미국의 제조업 구매관리자지수(PMI)는 기업의 신규주문, 생산, 출하, 재고 및 고용 상태 등을 조사하여 각 항목별 계량화를 통해 점수를 부여합니다. 중국은 중국물류구매연합회에서 PMI지수를 발표하며, 우리나라는 PMI지수를 별도로 산출하지 않고 유사한 지표로 한국은행에서 기업경기실사지수(BSI, Business Survey Index)를 발표합니다.

기업경기실사지수는 실제 기업체를 운영하는 기업가들에게 경기동향 등에 대한 기업가 자신의 판단, 예측 등을 계량화한 지표로써 제조업뿐만 아니라 경기변동에 대한 중요한 예측 지표입니다. 긍정, 보통, 부정에 대한 3점 척도를 사용하여 긍정(증가, 호전)에 대한 응답 비중과 부정(감소, 약소)에 대한 응답 비중의 차이를 바탕으로 0~200 사이의 수치로 발표합니다. 일반적으로 100을 넘으면 긍정적으로 응답한 업체 수가 많은 것으로 경기호황, 경기확장으로 판단할 수 있습니다. 반면 100 미만일 경우는 경기위축, 경기수축으로 볼 수 있습니다.

반면 미국의 제조업 구매관리자지수의 경우, 기업들에게 "지난 달에 비해 개선되었는가?" 또는 "다음 달 개선될 것인가?"를 설문하여 절반이 나아지고 절반이 위축되면 50, 전체가 위축되면 0, 전체가 나아지면 100으로 평가합니다. 따라서 50 이상이면 경기확장 국면이고 50 이하이면 경기위축으로 해석합니다. 통상 55 이상이면 강한 회복을, 45 미만이면 심각한 경기위축으로 봅니다. 50 위에서 증가할 때에는 확장 가속, 50 위에서 감소할 때에는 확장 둔화, 50 이하에서 하락할 때는 가속 위축, 50 이하에서 증가할 때에는 위축의 회복으로 해석합니다.

따라서 세계의 제조업 PMI를 보면 현재 제조업 경기는 어떤 수준이며 향후 어떻게 진행될지 전망할 수 있습니다. 향후 기업의 실적과 주가는 어떤 방향으로 전개할지도 전망 가능합니다. 제조업 PMI지수는 치열한 시장에서 제조업이 반응하는 경기 전망이므로 경기를 예측하는 중요한 지표입니다. 단순히 우리나라의 경제 상황과 이슈만 알면 경제 위기 상황에서 적시에 대응하지 못하는 어려움에 처할 수 있으니 다른 나라의 지수도 파악해야 합니다. 특히 제조업 수출 중심의 산업구조인 우리나라 입장에서 미국, 중국의 구매관리자지수는 향후 수출을 예측하는 매우 중요한 지표일 수밖에 없습니다.

100문 100답으로 쉽게 이해하는

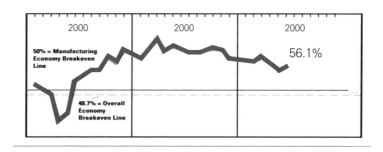

미국공급관리협회(ISM)는 2022년 9월 제조업 구매관리자지수가 52.8을 기록했다고 발표했습니다. 이는 5월 55.4, 6월 56.1, 7월 53.0, 8월 52.8을 기록하면서 계속 내려가고 있습니다. 이는 6월까지는 미국 제조업이 강한 성장을 유지하다가 2022년 3월부터 실시한 금리 인상 여파로 7월부터는 제조업 부문 성장이 다소 둔화되고 있음을 보여줍니다. 2022년 9월 들어서도 52로 확장 국면을 유지했습니다. 9월에도 여전히 50 이상을 기록해 28개월 연속 확장세를 유지했습니다. 따라서 우리나라 대미 수출도 당분간 확장세를 유지하며 서서히 둔화될 것입니다.

중국 국가통계국에 따르면 2022년 중국의 제조업 구매관리자지수는 5월 49.6, 6월 50.2, 7월 49.0, 8월 49.5, 9월에는 50.1로 중국 제조업이 그간 위축에서 벗어나 9월에는 회복되는 것으로 발표했습니다. 9월 들어서는 석 달 만에 기준선(50)을 넘어서 위축세를 벗어났습니다. 하지만 여전히 다른 부문의 경기지표는 불안정해 보입니다. 경제매체 '차이신'이 조사한 결과에서는 9월 PMI가 48.1로 8월보다 1.4포인트 하락한 것으로 나타났습니다. 국가 통계국에

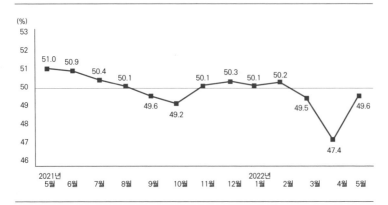

서 조사한 PMI는 대형 국유기업을 위주인 반면 차이신 PMI는 민간 중소기업 대상입니다. 조사 결과를 보면 아직도 중국은 코로나19로 인한 공급망 마비로 제조업 생산에 부정적 영향을 미쳐 제조업 경기 회복이 더디게 진행되는 것으로 확인되었습니다.

미국의 금리인상과 양적축소에 따른
세계경제의 영향은 어떤 게 있나요?

코로나 팬데믹 이후 글로벌 유동성이 급격히 팽창했고 주식, 부동산 등 자산가격은 크게 상승했습니다. 이러한 자산가격의 상승은 또 다른 신용팽창으로 이어졌습니다. 가계와 기업의 부채는 급속히 커졌고 상황이 악화된다면 은행들이 감당해야 할 부담도 그만큼 커질 것입니다.

인플레이션을 잡기 위한 각국의 금리 인상은 자산가격 하락으로 이어질 수밖에 없습니다. 채무자들이 빚을 갚아야 하는 상황에 내몰리면 연쇄 도산으로 이어지면서 소위 '대차대조표 불황'이 발생할 수도 있습니다. 이제는 금리가 오르고 있고 어느 정도의 자산가격 조정은 불가피한 상황입니다. 이런 맥락에서 부동산이나 주식, 가상자산(코인)으로 흘러 들어가는 자금에 대해서는 주의를 기울여야 합니다. 이러한 현상이 동시다발적으로 발생할 경우 나타날 영향에도 대비해야 합니다.

미국의 금리 인상으로 글로벌 유동성이 미국으로 되돌아가는 움직임이 가시화되는 가운데 세계경제의 리스크가 증가하고 있습니다.

간접금융 의존도가 높은 중국은 그림자 금융을 통한 대출 확대와 높은 기업부채로 성장했으나 최근 제로코로나 정책으로 인한 생산 중단, 공급망 마비와 연계되어 잠재된 위험요인이 언제든지 등장할 수 있는 상황입니다.

일본도 아베노믹스의 영향으로 저금리와 높은 유동성 정책으로 인해 전 세계에서 가장 높은 국가부채 규모를 유지하고 있습니다. 이에 따라 소폭의 기준금리 인상에도 정부가 부채를 메우기 위해 발행한 채권 이자의 상승으로 이어져 금리 인상 흐름에 제대로 동참하지도 못하는 상황입니다. 일본을 지금까지 뒷받침한 세계 1위 규모의 해외자산 구조도 바뀌고 있어, 그간은 무역적자를 해외자산의 수익을 통해 보전했으나 이마저도 어려워지고 있습니다.

유럽도 러시아-우크라이나 전쟁으로 인해 물가 폭등과 성장산업과 디지털 경쟁력 미비로 불황의 그림자가 서서히 다가오고 있습니다.

우리나라도 전반적인 경제체질이나 기업경쟁력은 많이 좋아졌다고 하나 자산가격 폭등에 따라 발생한 세계 1위 규모의 가계부채 문제는 언제든지 뇌관으로 작용할 수 있습니다. 2021년말 기준으로 1,862조에 달하는 가계부채는 GDP 대비 104%로 세계 1위 규모입니다. 결코 가볍게 여겨서는 안 됩니다.

글로벌 유동성 축소로 가장 우려되는 부분은 신흥국의 경제위기 확대 가능성입니다. 부채가 많거나 경제체질이 허약한 국가들에서부터 먼저 위기가 발생하고 전염병처럼 확산될 가능성도 있습니다. 과도한 부채가 경제위기로 연결된다는 점에서 신흥국 기업의 부채 문제도 주목해야 합니다.

2008년 글로벌 금융위기와 코로나19 팬데믹을 거치면서 선진국들은 오랜 기간 양적완화 정책을 실시해 왔고 그 결과 세계적인 유동성 과잉이 장기간 지속됐습니다. 신흥국들도 적극적으로 해외에서 자금을 조달했습니다. 이 과정에서 신흥국 기업을 중심으로 부채가 경제 규모에 비해 빠른 속도로 확대되었습니다. 팽창된 글로벌 유동성은 다수 신흥국의 경제성장을 견인했고, 신흥국 기업은 차입 확대를 통해 부동산이나 자원에 집중 투자했습니다.

유동성이 풍부할 때에는 부채 문제가 수면 위로 떠오르지 않습니다. 전 세계적인 자산가격의 지속적인 상승으로 2021년까지만 해도 큰 문제가 되지 않았습니다. 하지만 2022년부터 유동성 흐름이 반전되면서 자산을 매각해 부채를 축소하는 부채의 디레버리징 압력이 커지고 있습니다. 최근 수년간 급격하게 증가한 부채가 글로벌 경기둔화 과정에서 금융불안과 실물경기 악화의 악순환을 심화시킬 수 있습니다. 원리금 상환 부담 가중이 불가피하기 때문입니다.

한국 경제는 다른 신흥국에 비해서는 기초경제 여건이 건전해 글로벌 유동성 전환에 따른 부정적 영향은 크지 않지만 가계부채 문제는 언제든지 위기의 뇌관으로 작용할 수 있어 시장 상황을 예의 주시하면서 대응할 필요가 있습니다.

기준금리를 올렸지만 장기 채권금리가
하락하는 '그린스펀 수수께끼'란 무엇인가요?

2004년 미 연준(Fed)이 기준금리를 공격적으로 인상했으나, 2년물 채권금리만 상승했고 10년물 국채금리는 오히려 하락했습니다. 이 것을 '앨런 그린스펀의 수수께끼'라고 합니다. 당시는 2001년 닷컴 버블 붕괴 이후 침체된 경기를 살리기 위해 미 연준은 금리를 1% 까지 인하하고 돈을 풀어 자산거품이 일어나던 시기였습니다.

이후 미 연준은 자산거품과 물가를 잡기 위해 2004년부터 짧은 기간(약 26개월) 동안 기준금리를 1%에서 5.25%까지 인상했습니다. 특히 2004년 6월에서 2006년 3월까지 기준금리를 3.75% 올리 는 조치를 취했지만, 10년만기 미국채 수익률은 연 4.62%에서 연 4.85%로 겨우 0.23%포인트 오르는 데 그쳤습니다.

그린스펀 수수께끼란 기준금리를 올렸지만 시장금리는 하락하 거나 반응하지 않는 현상을 말합니다. 2000년대 중반 앨런 그린스 펀 중앙은행(Fed) 의장 시절, 미국이 물가를 잡기 위해 정책금리를 올렸지만 시장금리는 오히려 떨어지는 기현상이 벌어졌습니다. 기 준금리 인상으로 2년물 채권금리만 상승하고 10년물 국채 금리는 오히려 하락했습니다. 기준금리가 인상되면 단기채권금리는 기준

▶ 2004년 그린스펀 수수께끼 시절 10년물 국채금리와 기준금리

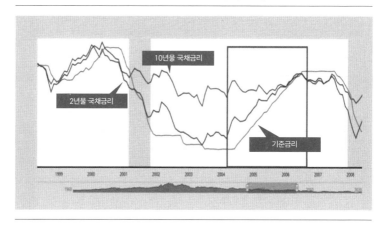

출처: FRED

금리와 연동되어 움직이나 장기채권은 기준금리 이외의 요소들에 의해도 영향을 받다 보니 단기채권만큼은 영향을 받지 않는 경우도 많습니다. 물론 기준금리가 인상되면 장기채권금리도 비슷하게 올라야 정상입니다.

채권의 특성상 장기채권금리는 단기채권금리보다 높을 수밖에 없습니다. 장기채권에는 기간프리미엄이 있어 해당 기간만큼의 금리가 추가됩니다. 하지만 당시 10년물 국채 금리는 오히려 하락하여 그린스펀도 이유를 알 수 없어 곤혹스럽다고 밝혔습니다. 이 현상을 월스트리트에서는 '그린스펀 수수께끼(Greenspan's Conundrum)'로 이름 붙였습니다.

당시 중국 등 아시아 국가들이 막대한 외환보유액을 바탕으로 미국 국채를 사들였다는 사실이 밝혀지면서 수수께끼가 풀렸습니다. 미국은 기축통화국으로서 그 지위를 유지하기 위해 적자를 보면서 달러를 찍어내고 아시아 무역흑자국은 기축통화의 위치를 인정하면서 흑자를 통해 미국 채권을 구입하면서 관계가 유지됩니다. 이 당시 중국은 엄청난 규모의 무역 흑자로 미 달러를 많이 보유하자 위안화 강세 기조가 나타납니다. 이에 무역수지에 영향을 주는 환율 하락을 방어하기 위해 달러를 이용해 미국 채권을 다시 매입하게 됩니다. 이런 이유로 미국 10년물 채권금리가 오르지 않은 것입니다.

하지만 다른 관점도 존재합니다. 당시는 자산 버블을 잡기 위한 금리 인상 시기였습니다. 전 세계적인 경기둔화로 이미 경기침체를 예견하고 안전자산인 장기채권에 돈이 몰려 장단기 금리역전 현상이 나타난 것으로 보기도 합니다. 2006년 이후 2007년에는 기준금리 및 2년물과 10년물 금리 역전현상이 발생해서 글로벌 금융위기에 따른 경기침체를 예견한 바 있습니다. 역사적으로 장단기 국채 금리 역전 현상은 경기침체를 예상하는 지표로 많이 활용됩니다.

미 연준(Fed)이 양적긴축(QT)을 할 때 고민되는 딜레마는 무엇인가요?

2022년 6월부터 미 연준(Fed)이 시작한 양적긴축(QT)은 대차대조표의 보유자산을 축소한다는 의미입니다. 이전에 양적완화 정책을 시행할 때는 채권을 매입하면서 시장에 돈을 풀었습니다. 채권을 매입하기 위해 돈을 찍어내서 매입하므로, 미 연준의 재무상태표에서 자산은 증가합니다. 반대로 양적긴축은 연준이 보유한 자산 규모를 축소하는 정책입니다.

과거에도 2017년 하반기부터 2019년 하반기까지 양적긴축 정책을 추진했습니다. 이 때 미 연준은 은행의 지급준비금을 축소해서 자산 규모를 줄이는 방식을 사용했습니다.

원래 은행은 예금을 받고 대출을 해주는데 예금으로 받은 모든 금액을 대출하게 되면 고객이 예금을 찾고 싶을 때 돈을 돌려줄 수 없으므로 이를 위해 일정 금액의 지급준비금을 현금 상태로 보관합니다. 그리고 은행의 지급준비금이 부족할 경우 연준이 도와주도록 되어 있습니다. 연준이 지급준비금을 축소하면, 은행에게 지급준비금을 지원하는 기준이 올라가기 때문에 은행은 스스로 지급준비금을 준비해야 합니다. 따라서 은행들이 유동성 위기를 예방하기 위해 개인이나 기업에 나가는 대출을 축소시켜 시장의 유동성이 줄어드는 효과가 발생합니다.

또한 은행은 유동성 문제가 발생하면 보유한 국채를 팔아서 유동성을 확보해야 합니다. 만약 은행에 유동성 문제가 발생하여 보유 중인 국채를 매도하면 국채가격이 하락하고 국채금리가 상승합니다. 국채금리 상승은 국채가격이 떨어지는 것으로 미 연준이 싫어하고 막아야 하는 현상입니다. 따라서 연준은 은행들을 위해 스탠딩레포 창구를 열어 은행들이 미 연준에게 국채를 담보로 단기자금을 빌릴 수 있게 만들었습니다.

2021년 말 완료된 600억 규모의 한미 통화스와프도 미 연준이 은행들에게 스탠딩레포 창구를 열어주는 것처럼 우리나라에 레포 창구를 열어 한국은행이 보유한 미국 국채를 담보로 단기자금을 빌릴 수 있게 한 제도입니다.

미국은 재정적자를 메우기 위해 연 1조 달러 규모로 국채를 꾸준히 발행해야 합니다. 미 연준은 미국 채권이 시장에 나와 매도하게 되면 국채가격이 하락하고 국채금리가 상승하는 현상을 민감하게 생각하고 있습니다. 따라서 연준은 우리나라 은행들이 보유한 미 채권을 팔지 않기를 바라고, 이를 담보로 단기자금을 융통해주겠다는 것입니다.

양적긴축이란 중앙은행이 은행권에서 돈을 흡수하는 정책으로 금리 인상을 통한 긴축 효과가 크지 않을 때 쓰는 방식입니다. 통화 공급을 늘리는 양적완화(QE)의 반대 개념으로. 글로벌 금융위기 이후에 도입한 양적완화가 중앙은행이 채권을 구매해 시장에 돈을 푸는 정책이라면 양적긴축은 반대로 시장에 풀었던 돈을 회수하는 정책입니다.

연준은 보유한 자산(주로 채권)을 줄여나가는 대차대조표 축소를 통해 양적긴축을 진행합니다. 보유 채권의 만기가 도래하면 재투자하지 않는 방식으로 자산을 줄입니다. 양적완화와 양적긴축의 중간 단계가 바로 테이퍼링입니다. 중앙은행이 채권 구매를 통해 시중에 유동성을 공급하는 것이 양적완화이고, 구매량을 차츰 줄여나가는 것이 테이퍼링입니다. 테이퍼링은 공급량은 줄지만 어쨌든 시중에 유동성을 계속 공급하는 것입니다.

코로나 팬데믹이 시작된 지난 2020년 3월 말 4조 달러 수준이었던 연준의 총자산은 2021년 말 8조 8천억 달러 수준까지 무려 두 배 이상 늘어났습니다. 거의 2년 사이에 5조 달러가 증가했습니다. 양적완화를 통해 돈을 풀면서 구입한 채권 때문입니다. 이에 시장에 넘치는 유동성으로 인플레이션이 심화되었습니다. 인플레이션이 심해지면 경제에 부담이 되기 때문에 연준은 금리 인상과 양적긴축을 통해 유동성을 흡수하고 인위적으로 풀었던 돈을 회수하는 것입니다. 인플레이션 억제를 위한 긴축정책은 테이퍼링, 금리 인상, 양적긴축 순서로 진행됩니다.

미 연준의 양적긴축에 따라 전 세계 금융시장은 충격을 받을 수밖에 없습니다. 그간, 미 연준의 역대급 유동성 확대로 신흥국과 세계경제에 달러가 공급되어 코로나 상황에서 어려운 경제가 회복되는 데 도움이 되었습니다. 넘치는 유동성은 주식, 부동산, 코인시장으로 흘러가서 자산가격 폭등과 인플레이션을 일으켰습니다.

하지만 양적긴축을 지속하면 경제성장률도 하락하며, 글로벌경제의 성장 둔화로 이어져 수출주도 신흥국 경제가 위험해집니다. 양적긴축으로 인한 유동성 감소는 주가 하락으로 이어집니다. 주가 하락에 따른 자산가치 하락으로 소비가 줄어드는 역자산 효과로 구조적인 장기 침체에 빠질 수 있다는 경고도 있습니다. 인플레이션을 잡기 위한 각국의 금리 인상은 전 세계적인 자산가격 하락으로 이어질 수밖에 없는 상황입니다.

2022년 6월 말 미 연준의 파월 의장은 그간 계획 중인 양적긴축 규모를 줄일 수 있다고 오락가락하는 갈지자 발언을 했습니다. 의장도 양적긴축에 따른 미국경제의 부정적 파급효과를 고민하는 것입니다. 파월 의장은 처음으로 양적축소(QT) 규모를 2조~3조 달러로 줄이겠다고 언급했습니다. 이 발표는 시장에서 생각하는 예상 금액보다 적어 추락하던 증시의 반등 계기가 되었습니다. 파월의 발표로 미 10년물 국채금리와 달러인덱스가 잠시 동반 하락하여 채권시장과 외환시장에도 긍정적 영향을 미쳤습니다. 이후 우리나라 환율도 하락했습니다. 물론 파월 의장의 말이 희석되면서 이후 다시 증시는 하락했지만, 그만큼 양적긴축이 전 세계 금융시장에 미치는 영향은 엄청납니다.

코로나 팬데믹으로 늘어난 미 연준의 총자산을 코로나 이전으로 되돌리려면 양적축소를 통해 4.8조 달러를 줄여야 합니다. 조사에 따르면 일반적으로 1조 달러의 양적긴축에 0.5% 금리 인상의 효과를 보인다고 합니다. 4.8조 달러를 줄이면 총 2.4% 금리 인상 효과가 나타납니다. 만약 파월의 말대로 2조에서 3조 달러로 양적긴축

100문 100답으로 쉽게 이해하는

을 축소한다고 해도 0.9%에서 1.4%의 기준금리 인상 효과를 가져올 것입니다.

양적긴축은 시장의 유동성을 확실히 줄여주는 효과를 가지고 있습니다. 일반적으로 양적긴축이 금리 인상보다 약 3배 정도의 영향력이 있는 것으로 간주됩니다. 2022년 6월 들어 미 연준이 양적긴축을 처음 진행하자 증시 등 금융시장이 크게 하락하며 흔들렸습니다.

미 연준은 그간 미국의 주가도 과대평가되었다고 평가합니다. 대규모 부양책에 의한 '부의 효과', '자산효과'로 지탱하고 있다는 것입니다. 대규모 양적완화와 초저금리로 주식, 부동산 등 자산가치가 올라가자 그 영향으로 소비도 늘었다는 것입니다.

2022년 6월부터 실시하는 양적긴축이 미국과 전 세계경제에 미칠 충격은 의외로 클 수 있습니다. 코로나 경기회복을 위해 풀었던 4.8조 달러를 모두 양적긴축을 통해 회수하면 '역자산 효과'로 경기침체에 빠질 수 있다는 일부 우려도 있습니다.

미국은 2008년 글로벌 금융위기 이후 부동산과 자산가격 하락이 소비 감소로 이어지는 역자산 효과를 경험한 적이 있습니다. 미 연준은 인플레이션을 잡기 위해 금리 인상과 양적긴축(QT)이 진행되는 상황에서도 매년 정부 재정적자를 보전해야 하는 1조 달러 규모의 국채를 발행해야 하는 상황입니다. 그러면 시장에 적자국채가 풀려 시장금리 상승과 국채가격 하락이 불가피합니다.

미국도 가계부채가 사상 최대치인 4,000억 달러에 육박하고 그중 주택담보대출이 90%를 차지하고 있습니다. 미국 역시 저소득층의 고통이 가중되고 있습니다. 제2의 서브프라임 모기지 사태도 우려되는 상황입니다. 이런 상황에서 경기침체 없이 인플레이션을 잡기 위한 선택이 무엇일지 미 연준의 고민은 점점 커지고 있습니다.

2022년 6월 말 들어 미국 2년물, 5년물 국채가 발행 시 금리보다 실제 낙찰 금리가 올라갔습니다. 미국 국채 인기가 떨어져 경쟁률이 많이 낮아지는 바람에 국채금리가 계속 오른 것입니다. 미국 국채금리가 오르면 국채가격은 반대로 낮아집니다.

물론 미국 경기의 불확실성이 증가해서 인플레이션과 경기침체 가능성이 높아진 것도 하나의 원인입니다. 국채의 인기 하락은 기축통화의 위치가 흔들리는 현상으로 미국이 가장 우려하는 일입니다. 기본적으로 미국은 소비에 의존하는 경제로 매년 1조 달러 이상의 적자를 국채를 발행해서 메워야 하는데, 국채 인기의 하락과 국채금리의 상승은 당연히 두려울 수밖에 없습니다.

그렇기 때문에 인플레이션을 잡기 위한 양적긴축 기조를 인플레이션을 잡기도 전에 바꾸어야 합니다. 적자를 메우기 위해 발행한 국채의 인기가 없어지면 연준이 매입해야 하는 양적완화로 또다시 정책기조를 바꾸어야 하는 상황이 올 수도 있습니다. 이것이 미 연준의 양적긴축 딜레마입니다.

100문 100답으로 쉽게 이해하는

전 세계적인 인플레이션이 왜 일어났나요?

2022년 인플레이션의 원인은 기축통화국인 미국이 코로나 팬데믹 사태로 돈을 너무 많이 풀어 유동성이 늘어났기 때문입니다. 여기에 유럽, 일본 등 선진국을 중심으로 한 대부분의 나라들이 팬데믹 기간에 엄청난 돈을 풀었던 것도 전 세계 인플레이션을 자극하는 요인으로 작용했습니다.

2020년부터 2021년까지 2년간 미 연준(Fed)은 4조 8천억 달러를 자산매입을 통해 달러를 풀었습니다. 2020년 6월부터 매달 1,200억 달러씩 채권을 매입했습니다. 2022년 미 연준이 보유한 자산은 거의 8조 9천억 달러 정도입니다. 불과 2년 만에 약 5조 달러가 늘어났습니다. 그 밖에도 미 정부가 재정정책을 통해 미국 의회에서 통과시킨 예산으로 직접 사람들 손에 쥐여준 돈이 5조 달러 정도입니다. 합쳐서 약 10조 달러를 시장에 공급한 것입니다. 미국은 미취학 아동들까지도 3,200달러씩 일괄 제공했습니다.

이렇게 너무 많은 돈을 푼 것이 인플레이션의 직접적인 원인입니다. 하물며 워런 버핏이 자선단체 기부를 위해 이벤트로 진행하는 '버핏과의 점심'마저도 2022년에는 한 번 식사에 1,900만 달러로 올랐습니다. 직전 456만 달러에서 4배 정도 인상되었죠. 역대급으로 풀린 달러는 더 높은 금리를 찾아 전 세계 신흥국의 자산시장으로 흘러 들어갔습니다. 신흥국 자산시장의 부동산, 주식 등도 동반 상승했습니다.

공급부문에도 문제가 생겼습니다. 러시아-우크라이나 전쟁으로 인해 석유 및 원자재 가격이 급등하고 중국의 제로코로나 정책으로 인한 공급망 마비, 이상기후로 인한 식량위기가 맞물려 이처럼 심각한 전 세계 인플레이션이 일어난 것입니다.

Q. 048

인플레이션은 왜 우리 생활에
부정적 영향을 미치나요?

케인즈는 레닌의 말을 빌려 "자본주의 사회의 기반을 뿌리째 흔들어 놓고자 할 때 가장 교묘하고도 확실한 방법은 인플레이션을 유발하는 것"이라고 했습니다. 프리드먼은 그의 저서에서 "인플레이션은 치명적인 질병으로 제때 치유하지 못하면 심할 경우 사회 전체를 붕괴시킬 수 있다"고 경고했습니다.

인플레이션은 화폐의 실질가치를 감소시켜 화폐에 부과된 일종의 조세로 볼 수 있습니다. 이러한 인플레이션 세로 인해 은행에서 받을 수 있는 실질 금리가 하락하게 되어 다른 조세와 마찬가지로 자원의 배분을 왜곡시켜 사람들의 삶을 어렵게 합니다.

인플레이션은 화폐를 통해 재화가 교환되고 유통되는 화폐경제의 모든 참여자에게 부정적 영향을 미칩니다. 일반 조세와 달리 인플레이션은 특정인에게만 차등을 두어 부과할 수도 없는 구조입니다. 이러한 이유로 과도한 인플레이션은 사회적인 혼란을 초래합니다. 따라서 사회 갈등을 미연에 방지하는 측면에서 인플레이션을 적정 수준에서 통제하는 것이 무엇보다 중요합니다.

일반적으로 인플레이션과 실업률은 상충관계로 보고 있습니다.

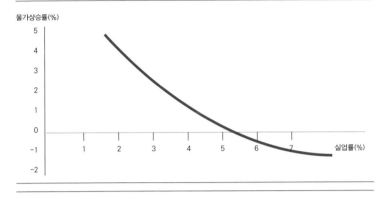

이를 발표한 뉴질랜드 태생인 경제학자 필립스의 이름을 따서 '필립스 곡선'이라고 합니다. 인플레이션을 낮게 유지하려면 높은 실업률을 유지해야 하고 실업률을 낮추려면 높은 인플레이션을 유지해야 하는, 상충관계라는 것입니다.

최근에는 필립스 곡선이 단기 인플레이션에는 잘 맞지 않고 장기 인플레이션에 잘 맞는다는 주장이 있습니다. 하지만 필립스 곡선은 인플레이션과 실업률 관계를 비교적 잘 설명하고 있습니다. 2022년 6월 미국의 실업률은 3.6%로 완전 고용에 가깝지만 인플레이션은 9%를 넘어 40년 만에 가장 높은 수치입니다. 필립스 곡선의 인플레이션과 실업률의 상충관계를 2022년 6월 미국이 단적으로 잘 보여줍니다.

일반적으로 인플레이션 상황에서 돈을 가진 사람은 실질적으로 금리가 떨어지는 현상을 막기 위해 올라가는 인플레이션 기대가 반영된 높은 금리를 요구합니다. 이렇게 은행의 실질금리에서 예금자의 인플레이션 기대가 반영된 것을 명목금리라고 합니다. 예금자는 명목금리를 은행에 요구하고 돈을 빌리는 사람은 이에 순순히 응하게 된다는 이런 상황을 가리켜 '피셔효과'라고 합니다. 사람들의 인플레이션 기대심리를 자극하지 않도록 신축적 통화정책을 운용해야만 실질금리 하락을 통한 명목금리의 하락을 가져올 수 있다는 것입니다.

명목금리 ＝ 실질금리 ＋ 기대인플레이션
* 명목금리: 인플레이션이 반영된 금리
** 실질금리: 인플레이션이 제외된 금리

은행에 100만 원을 예금해서 10%를 받아도 인플레이션이 10%라면 이자를 안 받은 것과 같습니다. 따라서 장기적으로 돈을 가진 사람의 요구에 의해 기대 인플레이션이 실질금리에 합쳐져 명목금리에 반영됩니다. 인플레이션이 높은 상황일 때 돈을 가진 사람은 명목금리가 낮으면 인플레이션으로 인해 실질금리가 하락할 수 있기 때문에 명목금리를 높게 설정한다는 것입니다. 피셔효과를 근거로 금리의 움직임을 보면 향후 인플레이션의 움직임을 예측할 수 있습니다.

인플레이션이 발생하면 땅이나 건물, 상품 같은 실물가치는 상승하는 경향이 있지만 화폐가치는 하락합니다. 주택이나 건물을 가지고 있지 않은 서민들이나 봉급생활자들은 화폐가치 하락으로 실질소득이 감소하게 됩니다. 인플레이션이 빈부격차를 심화시키는 이유입니다. 그래서 인플레이션이 발생하면 사람들은 열심히 일하고 아껴 저축하기보다는 토지나 기존에 만들어진 건물 구입 등 비생산적인 투기에 관심을 갖게 됩니다. 이는 사회 전반적인 근로의욕 저하나 생산을 위한 투자활동을 위축시켜 경제의 건전한 성장을 저해합니다.

아울러 인플레이션이 심화되면 국제수지 악화를 가져옵니다. 인플레이션이 발생하면 외국 상품에 비해 상대적으로 자국 상품의 가격이 비싸지기 때문에 상대적으로 가격이 싼 수입품을 더 많이 찾게 되어 수입이 증가합니다. 반면 국내 물가의 상승은 수출품의 가격 상승으로 이어져 외국 소비자의 수요가 감소하여 수출이 줄어들게 합니다. 결국 수출은 감소하고 수입은 증가함으로써 국제수지가 악화됩니다.

또한 외국보다 인플레이션이 높아지면 환율에 부정적 영향을 줍니다. 원화의 가치가 떨어지기 때문에 환율이 오르고 원자재 수입비용도 올라갑니다. 이런 상황에서 일부 수출업계(반도체, 자동차, 조선 등)는 유리하지만 원자재 수업업계(석유, 천연가스, 밀, 철광석 등)는 불리한 위치에 놓이게 됩니다.

인플레이션이 심화되면 이를 완화하기 위한 조치로 기준금리가 인상되고, 이로 인해 시중 유동성이 줄어들게 됩니다. 기준금리를 인상하면 대출이자가 늘어납니다. 이는 개인과 기업의 금융비용을 증가시켜 생산과 소비가 줄어드는 효과가 발생할 수 있습니다. 기업은 금융비용이 증가하여 생산설비 증설이나 투자도 감소하게 되어 고용에도 부정적인 영향을 미칩니다.

기준금리 인상은 금융회사의 대출 여력을 줄이고 대출 시 신용스프레드가 커지는 효과를 가져옵니다. 대출이나 대출연장 시 좀

100문 100답으로 쉽게 이해하는

더 까다롭게 심사하게 된다는 의미입니다. 이익을 못 내는 기업들은 추가 대출이나 연장이 어려워지면서 부도 위험이 커집니다.

Q 049

인플레이션이 왜 기업투자를 어렵게 하나요?

인간은 아동기에 신체나 정신적으로 급속히 발달하는 결정적 시기를 놓치게 되면 이후에는 이를 보완하거나 교정하기가 매우 어렵습니다. 이를 가역성이라 합니다. 기업이 계획된 투자를 일단 실행에 옮기면 의사결정에 오류가 밝혀져도 투자 중단에 따른 손실로 인해 투자를 철회하지 못하는 경향이 있습니다. 이를 '투자의 비가역성'이라고 합니다. 그래서 기업들은 항상 조심하면서 신중하게 투자합니다.

인플레이션으로 인한 소비 감소로 미래에 설비과잉 상황이 발생할 수도 있습니다. 이는 과다로 비용을 지불하는 위험을 감수하는 것으로 기업이 투자결정 시 인플레이션 불확실성에 민감하게 반응하게 하는 원인입니다. 인플레이션 시기, 기업은 불확실성을 제거할 수 있는 정확한 정보를 얻을 때까지 투자를 보류할 가능성이 큽니다. 이처럼 인플레이션으로 인해 경제의 불확실성이 증가하면 기업투자가 위축됩니다.

인플레이션 불확실성이 기업의 투자를 위축시키는 요인은 3가지로 알려져 있습니다.

100문 100답으로 쉽게 이해하는

첫째, 인플레이션의 불확실성이 높아지면 리스크 프리미엄이 증가하여 시장 대출금리가 동반 상승함으로써 기업투자가 위축됩니다. 둘째, 인플레이션은 미래 투자에 들어가는 자본 가격과 재화들의 가격에 대한 정확한 비용 산정을 어렵게 합니다. 셋째, 기업들은 인플레이션 시기에 비용이 증가하고 순이익은 줄어드는 경기후퇴 등에 대비하여 신규 투자를 줄이고 재무구조를 신중하게 운영하려합니다.

Q 050

적당한 인플레이션은 경제에 긍정적인 신호를 준다는데, 어떤 의미인가요?

인플레이션이 발생하면 돈의 가치가 떨어지는 효과가 나타납니다. 따라서 사람들은 현금 보유량을 줄이고 현물, 부동산, 주식 등 투자 시장으로 몰려갑니다. 신흥국에서 많이 발생하는 현상으로, 인플레이션으로 인해 국가에서 지속적으로 화폐를 발행합니다. 화폐 발행 증가에 따라 인플레이션이 발생하면 돈을 저축이나 보관하기보다는 자산투자에 사용합니다.

통화의 가치가 떨어지기 시작하면 사람들은 돈을 현물로 바꾸려 하므로 부동산이나 금, 원자재 같은 상품에 투자금이 몰립니다. 물가상승에 따라 소비는 줄었지만 투자 지출은 크게 늘어나고 결과적으로 더 많은 돈이 시장에 쏟아져 나오며 이로 인해 시장에 유통되는 통화량은 더욱 늘어납니다. 늘어난 통화량으로 물가는 더욱 빠르게 상승합니다.

투자의 증가는 경제성장률을 견인할 수 있습니다. 더 많이 투자하고 더 많이 소비하면 결과적으로 경제성장률이 상승합니다. 우리나라 고도성장기에도 인플레이션이 높은 편이었습니다. 당시 산업생산 설비와 공장을 건설하기 위해 투자가 많이 필요했고 이 과정에서 적당한 인플레이션이 투자에 긍정적인 역할을 했습니다. 튀르키예의 에르도안 대통령은 돈을 풀어 인플레이션을 통해 투자를 활성화하겠다는 전략을 사용하고 있습니다.

하루가 다르게 가치가 떨어지는 돈이 투자에 몰릴 수는 있으나 문제는 실생활에 엄청난 고통이 뒤따른다는 것입니다. 인플레이션이 발생하면 하루가 다르게 급등하는 생필품 가격으로 많은 국민들의 삶이 어려워집니다. 이런 문제로 선진국에서는 경제성장을 견인하기 위해 인플레이션 정책을 펴기에는 무리수가 따릅니다.

Q 051

인플레이션 대책에는 어떤 게 있나요?

인플레이션 대책으로 정부는 재정지출을 줄여 수요를 억제하고 공공요금 인상도 억제하여 물가 상승을 방어합니다. 한국은행은 기준금리를 올리고 통화량을 줄이는 정책을 통해 인플레이션을 억제할 수 있습니다. 중앙은행은 통화량을 줄이기 위해 공개시장에서 채권을 매각해서 현금을 흡수하거나 은행의 지급준비율을 인상합니다.

기업은 효율적인 기업경영과 기술개발을 통해 생산성을 향상시키려는 노력을 해야 합니다. 생산성 향상은 노동자들의 임금이나 원자재 가격 상승에 따른 상품가격 인상 요인을 흡수할 수 있습니다.

근로자는 노동생산성을 초과하지 않는 범위 내에서 임금 인상을 요구하고 기술력 향상과 생산성 향상을 위해 노력해야 합니다.

소비자들이 자기 이익만을 위해 사재기를 한다면 물가 상승을 더욱 부추길 수 있습니다. 사재기보다는 건전하고 합리적인 소비생활을 해야 합니다. 아울러 인플레이션의 근본 원인을 찾아 직접 해결해 나아가야 합니다.

2022년 발생한 전 세계적인 인플레이션은 공급부문에서 출발한 요인이 더 많습니다. 1970년대 경험했듯이 금리 인상만으로는 석유파동에서 온 공급부문의 인플레이션을 완전히 해결할 수 없습니다. 당시 1970년대 중동전쟁으로 인한 오일쇼크로 석유가 제대로 공급되지 못해 발생한 인플레이션이 지금의 공급난에서 생긴 문제와 유사합니다. 현재의 인플레이션은 그간 코로나로 인한 양적완화, 공급망 마비, 전쟁 등 다양한 요인이 결합되어 발생했습니다. 이러한 원인에 따라 각각의 해결 방법이 달라져야 합니다. 인플레이션을 잡기 위해 금리 인상이나 양적긴축(QT)도 중요하지만 공급망 마비를 해결하고 러시아 전쟁 종식을 통한 에너지 및 원자재 가격 안정화가 무엇보다 중요합니다.

게다가 친환경을 강조하면서 구 경제(Old Economy) 관련 기업들의 투자가 줄었고 이는 공급 감소에 따른 가격 상승효과를 만들었습니다. 미래의 신재생 에너지 전환을 계획하고 있지만 현실은 화석연료가 더 중요합니다. 따라서 ESG(Environment, Social, Governance 환경, 사회적 책임, 기업지배구조)에 대한 투자 이외에 셰일가스, 천연가스, 석유 등 구 경제의 필수 에너지에 대한 적극적인 투자도 장기적으로 인플레이션을 잡는 방법입니다.

Q 052

기준금리를 얼마나 올려야
인플레이션을 잡을 수 있나요?

인플레이션을 잡으려면 중립금리보다는 기준금리가 더 높아야 합니다. 중립금리란 일하고 싶은 사람은 정상적으로 모두 일을 하고 경기가 과열이나 침체가 되지 않는 적정 수준의 경제성장률, 잠재성장률을 달성하는 데 적합한 금리 수준을 말합니다.

중립금리는 경제 상황에 따라 매번 바뀌는 수치입니다. 그래서 각국 중앙은행은 2022년 들어 인플레이션을 잡기 위해 기준금리를 빠르게 중립금리보다 높은 수준으로 인상하겠다는 의지를 보이고 있습니다. 2022년 6월 미 연방공개시장위원회(FOMC)에서는 점도표를 통해서 중립금리가 2.5%에서 2.75% 사이라고 발표했습니다. 기준금리가 2.5%에서 2.75% 정도면 경기가 과열도 침체도 아닌 상태이고 물가를 잡으려면 이보다 높아야 한다고 보고 있습니다.

2022년 8월 미국의 기준금리는 2.50% 수준으로 중립금리 이상으로 올리면 실제 3% 이상 되어야 하는 상황입니다. 미 연방공개시장위원회는 물가상승률을 2% 수준으로 끌어내리려면 연준의 통화정책이 경기나 물가에 영향을 주지 않는 '중립' 수준을 넘어서야 한다는 의견을 제시했습니다. 일부 연준위원들은 물가를 잡으려면 기준금리가 중립금리보다 훨씬 높아야 하므로 2022년 말까지 4~7% 인상을 주장하기도 했습니다. 강한 충격을 줘서 물가를 빨리 내려야 한다는 의미입니다. 우리나라의 중립금리는 2022년 6월 말 기준으로 2% 후반으로 예상합니다.

연방공개시장위원회(FOMC)는 2022년 9월 점도표상에서 예상 기준금리를 2022년 말 4.4%, 2023년 말 4.6%, 2024년 말 3.9%로 발표했습니다. 여기에 맞추어 아마도 연준은 인플레이션을 잡기 위해 2022년 말까지 기준금리를 4% 중반까지 인상할 것입니다. 이 경우 우리나라도 한미 간 금리 차를 고려해 2022년 말 4% 중반 가깝게 올려야 합니다.

2023년 말에는 미 연준의 점도표와 같이 인플레이션이 정점에 이를 것으로 예상, 미국은 2023년 말 기준금리를 4.6% 가깝게 올리고 우리나라는 한미 간 금리 차를 고려해서 4% 중반 이상으로 올릴 것으로 보입니다.

이후 2024년부터는 서서히 인플레이션이 안정화되면서 2024년 말 미국의 기준금리는 3% 후반으로 하락하며, 우리나라는 한미 간 금리 차를 고려해도 3% 후반에서 4% 사이로 하락이 예상됩니다. 다만 우리나라의 경우, 외국으로 투자금이 빠져나가지 않게 하려면 미국의 금리 인상 수준보다 같거나 조금 높아야 합니다. 하지만 세계 1위 규모의 가계부채가 자칫 부동산 폭락과 경기침체로 이어질 가능성이 있어 당시의 경제 여건을 고려해서 금리 인상 수위를 조절할 것으로 판단됩니다.

지난 70년간 미국의 금리 인상 시기를 보면 2022년 9월 미 연방

주기	기준금리(고점)	CPI(소비자물가지수)	실질금리
1957-1959	2%→4%	4%	
1973	11%	7.40%	3.60%
1976-1980	20%	14.80%	5.20%
1983-1984	11.75%	4.30%	7.45%
1986-1989	9.75%	4.80%	4.95%
1994-1995	6%	2.90%	3.10%
1999-2000	6.50%	3.20%	3.30%
2004-2006	5.25%	4.30%	0.95%
2015-2018	2.50%	1.90%	0.60%
2022(9월)	3.25%	8.3%	-5.05%

공개시장위원회에서 발표한 점도표상 기준금리는 실질금리를 고려하지 않고 있습니다. 실제 실질금리가 플러스를 유지해야 인플레이션이 안정될 수 있어 앞으로도 상당 부분 추가 금리 인상을 해야만 인플레이션을 잡을 수 있다는 의견입니다. 지난 70년간 미국의 금리 인상 시기에 기준금리에서 소비자물가지수(CPI)를 뺀 실질금리가 최소 0보다 큰 플러스 수준을 유지해야 물가가 잡혔습니다. 2022년 9월 기준으로 실질금리는 마이너스 5.05%로 아직도 물가를 잡기에는 기준금리가 많이 낮은 상황입니다.

미 연방공개시장위원회에서 9월 발표한 점도표상 예상 기준금리는 22년 말 4.4%, 23년 말 4.6%로 실제 소비자물가지수(CPI)와 상당히 차이가 나고 있습니다. 이런 이유로 기준금리를 소비자물가지 수 수준으로 더 올려야만 물가가 잡힐 것으로 우려하고 있습니다. 기준금리와 물가의 차이를 보면 앞으로도 상당 부분 추가 금리 인상을 해야만 인플레이션을 잡을 수 있는 상황입니다.

3부

환율을 알아야
경제가 보인다

환율이란 무엇인가요?

환율이란 외국환의 국내 통화가격 즉, 자국 통화에 대한 제3국의 통화 교환가치를 의미합니다. 우리나라는 외국 통화 1단위에 대한 원화의 가치를 표시하는 제도를 시행하는데 외화라면 보통 달러(USD)를 의미하며 원칙적으로 달러가 모든 환율의 기준이 됩니다. 달러 환율을 기준환율로 설정하고 미국달러 및 중국 위안화 이외의 통화에 대한 원화의 환율은 달러 환율을 기준으로 재산정하는데 이를 재정환율이라고 합니다.

기준환율은 통상 자국 통화와 여러 외국 통화 간의 환율 결정에서 다른 외국 통화 환율 결정의 기준이 되는 환율로 우리나라는 원달러 환율이 기준환율입니다.

기준환율은 외국환 취급 은행이 고객과 원화를 대가로 미 달러화를 매매할 때 기준이 되는 환율입니다. 환율(매매 기준율)은 매일 영업 개시 30분 전에 금융결제원 산하 서울외국환중개(주)에서 전 영업일 거래된 은행 간 원/달러 현물거래 중 익일물(Value Spot) 즉, 다음날 거래환율을 거래량으로 가중평균하여 계산합니다. 현재 서울외국환중개(주)가 원달러 및 원위안화 기준환율과 41개 재정환율을 매일 집계하여 아침 영업개시 30분 전 기획재정부, 한국은행에 통보하면서 고시합니다.

재정환율이란 미 달러화 이외의 모든 통화에 적용되는 환율로 기준환율을 통해서 간접적으로 계산된 원화와 기타 통화 사이의 환율입니다. 우리나라에는 원화와 엔화, 원화와 유로화 등 여러 나라 화폐를 서로 바꾸는 외환시장이 없기 때문에 원화를 엔화로 바꾸려면 먼저 원화를 달러로 바꾼 다음 엔화로 환전합니다. 원/엔 환율이나 원/유로 환율처럼 우리 외환시장에서 직접 거래되지 않는 통화의 환율을 표시할 때, 우리 외환시장의 원/달러 환율과 국제금융시장에서 형성되는 외국 통화 간 환율을 이용(예: 엔/달러, 달러/유로 환율)해 환산하여 산출한 환율입니다.

이렇게 재정환율을 사용하는 이유는 세계적으로 각국 외환시장의 거래는 대부분 미 달러를 중심으로 이루어지기 때문에 기타 통화 간에는 시장을 통한 직접적인 환율의 형성이 어려운 경우가 많아서입니다.

환율 상승은 외국 통화 가치의 상승, 즉 원화 가치의 하락을 의미합니다. 반대로 환율 하락은 외국 통화 가치의 하락, 즉 원화 가치의 상승을 의미합니다. 환율은 외환시장의 통화 수요와 공급에 의해 자율적으로 결정되어야 하지만 각국의 정책에 따라 약간의 차이가 있습니다.

우리나라의 경우 1990년에는 시장평균환율제도를 활용했지만 IMF 외환위기 이후에는 자유변동환율제도를 시행하고 있습니다. 시장평균환율제도는 외환환중개회사를 통해 외국환은행 간 실제

거래된 환율을 거래량으로 가중평균하여 다음 영업일 기준환율로 정하고, 동 기준환율을 상하 일정 범위에서만 환율 변동제한 폭을 설정한 것입니다. 통상 제한 폭은 0.4%에서 10%입니다. 이후 IMF 외환위기를 맞이하면서 1997년 12월 환율 변동제한 폭을 철폐한 제도가 자유변동환율제도입니다.

다만 자유변동환율제도를 채택했더라도 환율의 결정을 시장에만 완전히 맡길 수는 없습니다. 무역 의존도가 높은 우리나라 입장에서는 급격한 환율 변동을 방치했다가는 국내 산업이 심각한 영향을 받을 수 있기 때문입니다. 환율의 결정 요인으로는 통화량, 기준금리, 정부지출 규모, 정부부채, 국가부채, 경제성장률 등 매우 다양합니다. 따라서 환율은 금융정책의 핵심입니다.

수출기업은 대체로 환율 상승을 선호합니다. 반면 수입기업이나 소비자 입장에서는 원유 등 수입품 가격하락이 물가 등에 유리하게 작용하는 환율 하락이 유리합니다.

외국환은 대외 지급을 위한 수단입니다. 외국환의 수요와 공급은 통화 간의 교환 비율인 환율을 매개로 이루어집니다. 우리처럼 대외무역 의존도가 매우 높은 나라에서 환율의 수준과 변동성은 매우 중요한 관심 대상입니다.

자본시장의 세계화로 인해 환율은 주식시장과 채권시장과도 밀접한 연관성을 가지고 있습니다. 환율은 자본시장에서 외국인들이 투자를 결정하는 중요한 투자지표 중 하나입니다. 만약 한 나라의 환율이 급하게 오르거나 내리는 등 불안정한 모습을 보인다면 외국 투자자들의 관심도 줄어들 것입니다. 한 나라의 환율 변동성은

100문 100답으로 쉽게 이해하는

그 나라의 경제 불확실성을 평가하는 주요 수단이기도 합니다. 환율 불안정성은 수출과 수입, 국내 물가 등에 영향을 미치며 그 과정에서 기업과 투자자는 환차손을 입을 수 있습니다.

자본시장의 세계화가 진전됨에 따라 한 국가의 위험은 더는 그 나라만의 위험으로 국한되지 않습니다. 2008년 미국에서 발생한 서브프라임 모기지사태로 촉발된 리스크는 전 세계로 확산되어 전 세계경제를 둔화시켰습니다. 2022년 중국의 제로코로나 정책은 공급망 마비를 가져와 전 세계경제에 영향을 미쳐 인플레이션을 촉발했습니다. 2022년 러시아-우크라이나 전쟁으로 인해 전 세계적인 유가 폭등과 원자재 가격 상승을 불러 왔습니다.

2022년 미국은 극심한 인플레이션을 잡기 위해 기준금리 인상을 진행하고 있습니다. 이에 그동안 신흥국에 투자됐던 자금이 미국으로 되돌아가면서 각국의 환율도 상승하는 등 미국의 금리 인상과 유동성 축소에 몸살을 앓고 있습니다. 각국 중앙은행들은 달러 유출과 수입물가 상승을 막기 위해 기준금리를 함께 올리고 있습니다.

Q 054

어떤 요인이 환율 변동에 영향을 주나요?

환율 결정에 영향을 주는 요인은 다양합니다.

단기 요인으로는 외환시장의 수급입니다. 지금처럼 미국이 기준금리를 인상하면 우리나라에 투자되었던 자금이 더 높은 금리를 찾아 미국으로 빠져나가면서 갑자기 국내 외환시장에 달러 수요가 몰리고, 이는 곧 환율 상승으로 이어집니다. 미 연준의 금리가 상승하는 시기에는 주식보다는 안전자산인 미 달러나 채권 등에 대한 수요가 많아 국내 투자됐던 주식자금이 빠져나가면서 환율이 상승합니다. 즉, 주식 및 채권 등 국내 상장시장에서의 외국인 투자 동향도 환율 결정에 영향을 미칩니다.

이처럼 환율은 두 나라 통화 간의 상대적인 가격 혹은 양국 간화폐에 대한 상대적인 수요와 공급에 의해 결정됩니다. 일례로 2022년 2월 러시아-우크라이나 전쟁으로 인해 러시아가 석유결제를 루블화로만 받겠다고 선언하자 수요가 증가하여 루블화의 가치가 상승했습니다. 환율이 통화 간의 상대적인 수요와 공급에 의해 결정되는 대표 사례입니다.

또한 환율은 다양한 투자대상에 자금을 분산하여 투자하기 위해

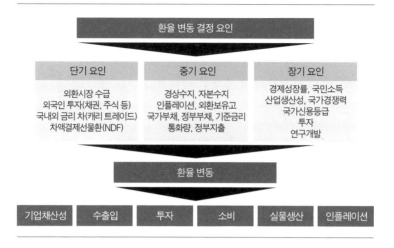

투자자들이 기대수익률에 의해 자산을 최적으로 분배하는 과정에서 국내외 증권의 상대적 공급에 의해 결정됩니다. 국제화에 따라 자본시장이 통합되어 있는 상황에서 글로벌 투자자들은 기대수익률을 좇아 자산을 분배하고 투자합니다. 일명 '서학 개미'들도 높은 수익률을 기대하며 미국시장에 투자합니다. 이러한 국내외 증권의 분산투자 과정에서 환율이 결정됩니다. 한 나라 증권시장의 기대수익률이 높다면 그 나라에 돈이 몰리고 해당국 돈의 가치가 오르고 환율은 하락할 것입니다.

미국의 기준금리 추가 인상이 지속된다면 한국과 미국의 금리 차이가 확대되면서 외국인 투자자금 유출이 가속화되어 환율 상승 압력으로 작용할 것입니다. 주요국 통화 대비 원화와의 금리 차에 따른 캐리트레이드 요인 상승은 환율 상승을 가속화시키는 요인으로 작용합니다. 캐리트레이드란 약세가 예상되는 통화 및 낮은 금리 통화를 차입하여 강세 예상 및 높은 금리의 통화에 투자하는 거래를 의미합니다.

국내 비거주자의 차액결제선물환거래(NDF)의 일평균 거래 규모 및 상장시장 외국인 투자 수준도 크게 확대되고 있어 환율 결정에 영향을 미칩니다. 차액결제선물환거래는 만기 시 계약원금 상호 교환 없이 계약한 선물환율과 만기 때 현물환율의 차액만을 계약 당시 약정환율로 정산하는 선물환 계약입니다. 환헤지용으로 환율 변동성이 심할 경우 등을 대비하여 실제 외화를 보유하지 않고도 미래에 특정 환율로 거래를 약속하는 방식입니다. 우리나라의 차액결제선물환거래 규모는 주요 신흥국 중 가장 높은 수준으로 단기 환차익을 목표로 활용되며 환율 변동성을 높이는 요인으로 작용합니다.

우리나라의 금융시장 개방도는 높은 반면 여전히 외국환 거래에 대한 규제가 남아 있다 보니 외국인들이 달러 선물환 거래보다는 차액결제선물환거래를 통해 간접적으로 환헤지 또는 환선물 투기 거래를 합니다. 차액결제선물환거래를 취급하는 국내 은행들이 외화를 현금으로 가지고 있지 않기 때문에 해외 금융회사나 국내 외은지점(외국은행 국내 지점)에 만기 시 차액 결제 수요가 한꺼번에 몰려 국내 원, 달러 환율에 영향을 미치고 있습니다. 수출기업들도 환율 변동성에 대한 위험을 헤지하기 위해 차액결제선물환거래를 많이 사용합니다.

중기 요인에 의한 환율 변동은 외환시장에서 중기적인 외화의 수요와 공급에 의해 결정됩니다. 외환시장의 수요와 공급은 국가

100문 100답으로 쉽게 이해하는

간 상품과 서비스의 수입과 지급을 종합적으로 나타낸 경상수지와 자본거래를 통해 생기는 수입과 지출을 나타내는 자본수지의 움직임으로 결정됩니다. 수출입 무역에 따른 경상수지 흑자도 환율에 영향을 미칩니다. 자본수지 및 금융계정의 흑자도 환율 변화에 영향을 미칩니다. 즉, 한 나라의 환율은 경상수지와 자본수지의 각각 차이에 의해 결정되는 것입니다. 경상수지, 자본수지가 흑자면 환율이 하락합니다. 2022년 들어 국제유가 및 원자재 가격 상승으로 무역수지가 악화되면서 환율이 상승하고 있습니다.

또한 환율은 각국의 물가 수준이나 물가변동률이 반영되어 결정됩니다. 예를 들어 한국과 미국의 기준금리가 비슷한 상황에서 미국의 물가상승률이 한국보다 매우 높다면 한국의 원화 가치가 올라가서 환율이 하락합니다. 각국의 금리 차이도 영향을 줍니다. 물가상승률이 비슷한 상황에서 미국의 기준금리가 한국보다 훨씬 높다면 한국에 투자한 돈이 빠져나가면서 환율이 상승합니다. 반대로 기준금리가 비슷한 상황에서 만약 인플레이션이 한 나라에서 상승한다면 인플레이션이 높은 국가에서 낮은 국가로 돈이 빠져나가면서 낮은 국가의 환율은 하락합니다.

또한 외환보유고가 부족하면 국제무역에서 필요한 외환 부족 사태가 발생하여 환율이 상승합니다. 이럴 경우 국제 환투기 세력의 공격에도 취약하게 됩니다. 우리나라도 1997년 IMF 외환위기 시에 외환보유고 부족이 환율의 급격한 상승으로 이어졌고 경제위기의 직접적인 원인이 되었습니다. 이후 헤지펀드 등 투기세력의 공격과 엔캐리트레이로 갑자기 돈이 일시에 빠져나가면서 외환위기가 증폭했습니다.

국가부채, 정부부채도 환율 결정에 영향을 주는 요인으로 작용합니다. 국가부채, 정부부채가 많을 경우 해당국의 투자환경과 경제안정성이 좋지 않다고 판단하여 해외 투자자들은 투자에 소극적인 입장을 취할 것입니다. 뿐만 아니라 국가부채가 급격하게 증가할 경우에도 해당국의 경제 불안정성이 증가했다고 판단해서 투자금을 회수할 가능성이 커져 환율이 상승할 수 있습니다.

기준금리도 환율을 결정하는 요인입니다. 금리 상승 시기에 기준금리를 다른 나라와 보조를 맞추어 올리지 않을 경우, 기존에 투자했던 자금은 더 높은 금리를 좇아 외국으로 빠져나갈 확률이 높습니다. 2022년 각국 중앙은행은 높은 인플레이션을 잡기 위해 기준금리 인상을 진행하고 있으나 경기부양을 위해 금리 인상에 동참하지 않는 일본은 엔화 가치가 급격히 하락하고 있는 상황입니다.

통화량과 정부지출도 환율 결정에 영향을 미칩니다. 한 국가의 중앙은행이 경기를 살리기 위해 유동성을 공급해서 통화량을 늘리고 정부지출도 증가시킨다면 해당국의 돈의 가치는 떨어지고 환율은 오릅니다. 통화량 증가와 정부지출 증가는 해당국의 돈의 가치를 떨어뜨리고 이에 비해 통화량을 늘리지 않는 상대국 통화의 가치는 상승합니다. 중앙은행의 통화정책 기조 변화에 따라 국내 금리 및 상대국과의 금리 차가 벌어질 경우도 해당국의 돈의 가치에 영향을 미쳐 환율 변동 요인으로 작용합니다. 또한 다른 나라에 비해 미 달러의 통화량을 감소시키면 상대적 공급이 줄어들어 달러를 절상시키는 요인으로 작용합니다.

환율을 결정하는 장기요인으로 경제성장률, 국민소득, 산업생산성, 국가경쟁력, 국가신용등급, 투자, 연구개발 등이 있습니다. 건실한 경제성장률은 해외투자자에게 투자유인으로 작용해서 환율 결정에 영향을 미칩니다. 자국의 소득이 상승하면 소득이 낮은 상대국에 비해 환율이 절상하는 영향으로 작용합니다. 소득이 상승했다는 것은 기업의 이익이 증가하고 해당국의 경제가 더 좋아졌다는 의미이므로 환율 절상 압력으로 작용합니다. 산업생산의 증가도 환율 절상 압력으로 작용할 수 있습니다. 국가신용등급이 하락한다면 해당 국가의 신용수준을 평가하는 국제수지, 경제 제반여건이 하락한 것으로 판단하여 국제 투자자들의 투자가 적어지고 이것은 환율 상승으로 이어질 수 있습니다. 투자 및 연구개발도 해당국의 장기적인 경제 상황을 평가할 수 있는 지표로써 환율을 결정하는 요인입니다.

지금까지 조사에 따르면, 우리나라 통화량이 1% 증가하면 원달러 환율은 0.23% 상승합니다. 국내 통화량 증가는 원화의 상대적인 공급을 늘려 달러 대비 원화 가치를 하락시킵니다. 우리나라 기준금리를 미국에 비해 1% 올리면 원달러 환율은 1.34% 하락하는 것으로 조사되었습니다. 한미 금리 차에 따라 달러 공급이 늘어 달러 대비 원화 가치를 상승시킵니다. 우리나라 GDP 대비 자본수지 흑자가 1% 상승하면 원달러 환율은 0.61% 하락합니다. 자본수지 흑자로 달러 공급이 늘어 달러 대비 원화 가치를 상승시킵니다. 우리나라 산업생산 증가율이 1% 상승하면 원달러 환율은 0.14% 하락합니다. 산업생산이 증가하게 되면 수출주도형 경제인 우리나라의 수출이 늘어납니다. 이에 따라 경상수지 흑자로 달러 공급이 늘어 달러 대비 원화 가치가 상승합니다.

환율은 시장 상황에 따라 자연스럽게 변동되는 자유변동환율제가 원칙이지만 정부의 개입을 완전히 배제할 수는 없습니다. 정부의 환율 개입은 국제통화기금(IMF)에 의해 금지되어 있지만 간접 조절방법인 통화량 조절, 주식시장 개입, 물가정책이 모두 정부 역할이라는 관점에서 환율도 정부의 정책의지에 영향을 받을 수밖에 없습니다.

환율 변동에 따라 영향을 받는
경제 파급효과에는 어떤 게 있나요?

환율 변동에 따라 기업 순이익이나 채산성이 올라가거나 내려갑니다. 환율 상승 시기에는 원자재를 해외에서 조달하지 않는 수출기업의 경우는 순이익이 급격히 증가합니다. 반면 수입업체들은 환율 상승으로 원가 부담이 증가하여 채산성이 악화됩니다. 환율 변동에 따라 수출입기업의 명암이 갈립니다. 환율 변동은 수입물가와 인플레이션, 금리와 주가 변동에도 영향을 미칩니다.

환율 변동성이 증가하면 위험에 민감한 기업은 동일한 시장가격 하에서 생산을 줄이는 경향이 있습니다. 이에 따라 수출 물량이 감소합니다. 환율 변동이 심화되면 기업 이윤에 대한 불확실성이 확대되어 수입물량 감소도 초래할 수 있습니다.

수출업자가 환위험을 부담할 경우, 수출업자의 위험프리미엄 요구로 수출 가격이 상승하는 반면 수입업자가 환위험을 부담할 경우에는 수입 수요 자체가 하락합니다. 환율이 상승하는 시기에는 수출기업에 유리한 반면 수입비용이 증가해 수입이 감소합니다. 환율 변동성이 커질 경우 거래비용이 상승하면서 기업의 설비투자도 위축됩니다. 투자자본 형성, 건설투자, 설비투자, 기계류투자, 운

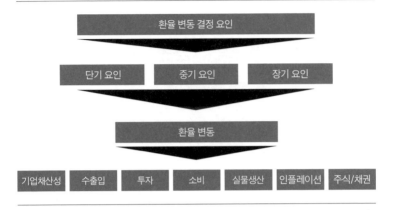

수장비투자 전반에 부정적 영향을 미친다는 의미입니다.

환율 변동성이 커지면 인플레이션 불확실성이 높아지고 금리 및 주가에도 영향을 미칩니다. 환율 변동성은 실질임금, 실질원자재 가격, 실질제품 가격, 제품 수요의 불확실성을 높여 투자의 현재 가치를 불확실하게 하고 투자 위축을 일으킵니다.

우리나라의 주식시장 또는 채권시장에 투자하려는 외국인들은 현재의 환율 수준보다 앞으로의 환율 변동에 더 민감합니다. 어느 정도의 투자 수익을 얻었더라도 환율 변동 때문에 손해를 볼 수 있기 때문입니다.

환율 변동성 증가는 수출입, 투자, 생산, 소비 모두에 영향을 미칩니다. 환율 변동성이 커지면 수입자본재 가격, 투자의 기대 수익, 기존 외채 상환부담 예측 등이 어려워지고 금리, 주가, 채권가격 및 물가의 불확실성도 덩달아 높아집니다. 수출뿐 아니라 수입도 위축됩니다. 수출입 계약과 결제 시점이 다르고 수출입의 결제가 타국 통화인 달러로 이루어지기 때문입니다. 특히 환율 변동성이 지속되면 수입가격 예상이 어려워져 수입이 지연될 경우 원자재, 자본재 같은 투자재에 대한 수입의존도가 높은 수출기업들은 결국 생산과 투자를 줄이게 됩니다.

적정 환율에 대한 국가 간 분쟁은
왜 일어나나요?

환율은 원칙적으로 외환시장의 수요와 공급에 따라 결정됩니다. 외환의 공급이 많으면 환율은 하락하고 수요가 많으면 환율은 상승합니다. 하지만 현재의 환율이 반드시 한 국가의 경제 운용에 적정한 수준이라고 평가할 수는 없습니다. 환율은 다른 국가의 돈에 대한 상대적 가치를 나타낸 수치이기 때문입니다.

환율은 경제의 대외 부문과 대내 부문의 균형을 달성할 수 있는 수준에서 결정되어야 합니다. 즉, 외환 수급과 수출입, 금리와 물가 등의 운용에 적합해야 합니다. 한 나라의 경제 균형을 유지하는 수준에서 적절하게 결정되는 것이 이상적입니다. 그래서 각국은 경제 운용의 제반사정을 고려하여 적정환율을 유지하기 위해 노력을 기울이고 있습니다. 적정환율을 위해 많은 국가들은 해외투자를 유치하고 이자율을 낮춰 경제를 활성화하려고 노력합니다.

각국은 급격한 환율 변동을 피하기 위해 환율의 안정성, 금융의 독립성, 금융시장 개방성과 같은 세 가지 목표를 달성하려 하지만 현실에서는 불가능한 일입니다. 자본 이동이 자유로운 상황에서 안정적인 고정환율을 유지하려면 통화정책의 자율성을 포기해야 하며, 통화정책의 자율성을 유지하려면 환율의 안정성을 포기해야 합니다. 1997년부터 1999년에 발생한 아시아 금융위기 이후부터 아시아 신흥국에서는 고정환율제 또는 자유변동환율제 중에서 선택하는 것이 그나마 바람직한 환율제도이고, 실제 둘 중 하나를 사용하고 있습니다. 적정 환율을 계산하는 통일된 공식이나 기준을 제시하기란 불가능합니다.

수출주도형 경제를 운용하는 우리나라는 원화의 평가절하를 통해 수출을 증가시키려는 입장이며 우리나라와 교역 또는 경쟁하는 국가는 원화의 가치가 저평가되어 있기 때문에 평가절상되어야 한다는 입장입니다. 실제로 우리나라의 적정환율은 달러당 1,130원~1,170원으로 보고 있지만(2022, 현대경제연구소), 미국 주도 IMF 보고서에 의하면 우리의 적정환율은 상당히 저평가되어 있어 원화 평가절상이 필요하다고 보고되었습니다.

적정환율이 어느 수준인지 구체적인 파악이 불가능한데도 환율이 적정환율 아래로 하락하면 우리의 교역 상대국에서 크게 문제를 제기하지 않고 반기지만, 오히려 국내 수출기업은 수출채산성이 악화된다고 피해를 호소합니다. 적정환율보다 높으면 수출경쟁력 증가로 우리 수출기업들의 이익이 증가합니다. 반면 수입가격 상승으로 인해 수입물품과 경쟁하는 국내의 동종 산업 역시 경쟁력이 확보되어 내수 산업에도 도움이 됩니다.

환율 상승으로 인한 수출 증가는 교역 상대국 간 국제통상 문제로 비화되기도 합니다. 무역불균형 문제 때문입니다. 우리나라는 무역수지 흑자를 내는 대부분의 국가들과 특히 미국으로부터 원화 평가절상 압력을 받고 있습니다.

환율 평가절상의 문제가 국제적 합의에 의해 성사된 사례는 달러의 가치 상승에 대응하기 위한 1985년의 플라자 합의와 일본의 엔고에 대응하기 위한 역플라자 합의를 들 수 있습니다. 플라자 합의는 1985년 9월 프랑스, 독일, 영국, 미국, 일본의 재무장관들이 뉴욕 맨해튼의 플라자 호텔에서 모여 미국이 인위적으로 다른 나라(특히 일본)의 화폐 가치를 올림으로써 달러의 가치를 떨어뜨린 일종의 환율 조정사건입니다. 이를 통해 미국은 당시 경제적, 문화적으로 미국의 입지를 침범하던 일본을 성공적으로 저지했다는 평가를 받고 있습니다.

플라자 합의 이후 10년 동안 일본의 엔고가 지속되었고 미국의 달러 약세도 계속되었습니다. 이런 상황에서 1995년 G7 국가 간에 엔저 유도를 합의한 역플라자 합의가 이루어졌습니다. 엔—달러 환율을 100엔 선으로 회복하고 미국이 일본에 대한 통상압력을 보류하는 대신 일본은 저금리 정책을 유지하고 내수경기를 늘리기 위해 재정확대 정책을 편다는 것이 주요 내용입니다. 역플라자 합의에 의한 엔저 유도는 달러 가치의 상승을 의미합니다. 미국 경제정책 방향이 금융과 무역통상에서 금융우위 정책으로 전략을 선회했다는 뜻입니다. 이때 두 개의 주장이 부딪혔습니다. 역플라자 합의를 통한 달러 강세가 미국의 이익에 부합한다는 월가의 주장과 경상수지 적자를 감소시켜야 한다는 산업자본의 주장입니다. 결국 미국 내 이데올로기 경쟁에서 월가 금융자본이 승리했습니다. 산업통상 문제 해결 방식을 버리고 금융을 통해 세계의 주도권을 행사하겠다는 전략으로 정책을 전환한 것입니다.

이때부터 강달러를 무기로 월가 자본은 전 세계에 투자를 시작했으며, 이러한 금융자본 진출은 긴축발작 등을 통해 동아시아 외환위기와 우리나라 IMF 외환위기의 단초가 되었습니다. 하지만 플라자 합의가 일본의 잃어버린 30년의 원인이 되었듯, 상대국에 대한 통화의 평가절상 압력은 매우 신중히 접근해야 합니다.

정부의 환율 개입은 어떻게 이루어지나요?

자유변동환율제도에서는 외환시장의 수요와 공급에 의해 자연스럽게 환율이 변동되며 정부가 환율 변동에 개입할 여지가 없다고 규정하고 있습니다. 정부가 인위적으로 환율을 결정할 수는 없지만 간접적으로 원화 및 외화의 통화 공급을 조절하는 정책으로 환율의 변동을 유도할 수는 있습니다. 거의 모든 국가들이 이러한 형태로 환율에 개입합니다.

환율 변동을 조정할 수 있는 가장 대표적인 방법은 중앙은행과의 공조를 통한 통화정책 추진입니다. 일본은 아베노믹스 정책을 통해 일본 중앙은행이 시중은행에서 채권을 매입하고 시중은행은 채권 판매로 얻은 현금을 시중에 유통시킴으로써 엔화 유동성을 확장시켰습니다. 결과적으로 엔화에 대한 달러 환율이 올라가면서 일본의 수출경쟁력이 살아났습니다.

이렇게 외국에서 정부가 환율에 개입하면 우리도 맞대응하지 않을 수 없게 됩니다. 일본의 아베노믹스 정책에 의해 엔화의 가치 하락이 지속되면 우리나라의 경상수지 및 수출산업경쟁력에 좋지 않은 영향을 미친다고 우려하는 목소리도 있었습니다. 미국도

2001년 닷컴버블 붕괴 이후 침체에 빠진 경제를 살리기 위해 초저금리로 대표되는 확장적 통화정책을 통해 유례없는 호황기를 누렸습니다. 하지만 이 과정에서 팽창된 유동성이 자산 버블을 형성했고 지나친 모기지 채권 발행, 금융공학의 맹신과 금융회사의 도덕적 해이가 결합되어 2008년 글로벌 금융위기를 촉발했습니다. 금융위기가 발생하자마자 2008년 당시 미국은 침체를 벗어나기 위해 또다시 강력한 양적완화 정책을 실시했습니다. 금리 인하와 함께 장기국채와 주택저당증권(MBS), 채권 매입, 모기지채권을 매입하여 모기지 채권시장에 유동성을 공급함으로써 장기금리 하락을 유도했습니다.

2020년 코로나 팬데믹 상황에서 미국은 유사하게 양적완화 정책을 시작했으며 2022년 초까지 이어졌습니다. 이에 따라 달러의 높은 유동성으로 인해 타 국가 화폐에 비해 미 달러 환율이 상승했습니다. 이러한 양적완화 정책은 이례적인 비상상황을 극복하기에는 효과적일 수 있으나 신흥국 등 주변국의 실물경제 및 금융시장에 직간접적으로 부정적 영향을 미칩니다.

금융시장에서는 미국의 풍부한 유동성이 저금리에서 벗어나 수익률이 높은 신흥국에 대거 흘러감으로써 신흥국의 자산 버블 및 인플레이션을 자극합니다. 미 달러 환율 상승은 미국 제품의 경쟁력을 높이는 반면 신흥국에게는 수출품의 가격 경쟁력을 하락시켜 경상수지를 악화시키는 등 실물경제에 부정적인 영향을 미칠 수 있습니다.

미국이 양적완화를 적극적으로 실시한 이유는 경색된 국내 금융시장에 유동성을 공급하고 장기 실질금리를 낮추며 자산가격 상승을 유도하여 실물경제인 소비와 투자를 진작시키기 위해서입니다. 미국의 양적완화는 무역 상대국으로부터의 수입을 줄이는 대신 자국 수출량을 늘림으로써 경기 부흥 효과를 나타냅니다. 양적완화는 신흥국으로의 대규모 자본 유입으로 초기에는 급속한 성장에 도움을 주나 시간이 경과할수록 과잉 유동성 공급으로 인해 물가 상승과 성장률 하락으로 이어집니다.

게다가 기축 통화국인 미국의 양적완화는 전 세계적인 인플레이션을 일으킵니다. 이를 해결하기 위한 고금리정책과 양적축소(QT) 정책으로의 전환은 재정상태가 좋지 않은 신흥국들에서 급격히 달러가 빠지게 만들어 긴축발작 등의 경제위기로 전이될 수 있습니다. 이처럼 미국의 임의적인 양적완화 정책은 인플레이션을 일으키고 대외건전성이 나쁜 신흥국가들을 경제위기로 몰아넣는 등 심각한 후유증을 남길 수 있습니다.

환율 변동이 경제에 어떤 영향을 미치나요?

환율 변동은 다양한 형태로 수출입, 고용, 물가, 외채, 주가 등에 영향을 미칩니다. 환율이 상승하면 외화로 표시한 수출 상품의 가격이 낮아져 수출이 늘어나는 반면 원화로 표시한 수입 상품의 가격이 높아져 수입이 줄어들고 수입물가가 상승합니다. 수입물가 상승으로 수입은 줄고 수출은 늘어 경상수지가 개선되면서 국내 수출기업들의 생산이 늘어나 고용이 확대됩니다.

환율 상승은 수입상품 가격의 상승을 일으켜 물가 상승의 직접적 요인이 됩니다. 특히, 원자재 수입 의존도가 높은 우리나라의 경우, 제조원가 상승에 따른 부담이 더욱 커집니다. 또한 원화로 표시된 대외채무 상환 부담을 가중시킵니다.

환율 변동은 국가 경제뿐만 아니라 개인의 생활에도 영향을 미칩니다. 환율이 상승하면 원화로 환전할 수 있는 외화가 줄어들기 때문에 해외여행을 계획하거나 유학 중인 자녀에게 송금하는 사람들의 부담이 커집니다. 반면 해외에서 취업하여 달러로 소득을 얻거나 외화로 연봉계약을 체결한 사람들은 환율 상승으로 그만큼 이익을 얻습니다.

우리나라의 주식시장 또는 채권시장에 투자하려는 외국인의 경우에도 현재의 환율 수준보다 앞으로의 환율 변동에 더 민감합니다. 어느 정도 투자 이익을 얻었더라도 환율 변동으로 인해 손해를 볼 수 있기 때문입니다. 예를 들어 외국인 입장에서 보면 우리나라 주식시장에서 주가가 15% 상승하더라도 투자자금을 회수하는 시점까지 환율이 20% 상승할 경우, 실제로는 회수 시점에 −5%의 손실이 발생하여 달러로 평가한 금액이 원금에도 못 미치게 됩니다. 여기에 자국에서 얻을 수 있는 이자수입을 기회비용으로 간주한다면 우리나라 주식시장에서 입은 손실은 더욱 커집니다.

따라서 환율 상승이 예상되면 외국의 주식투자 자금 유입이 줄어듭니다. 현재 주식을 보유한 외국인들도 주가 상승으로 얻을 수 있는 수익률이 높지 않은 한 환율 상승에 따른 손실을 피하기 위해 서둘러 주식을 처분하여 투자자금을 회수하려 할 것입니다. 이와 같은 외국인 주식 매도의 증가는 주가 하락의 원인으로 작용합니다. 반면 환율 하락이 예상되면 환율 변동에 따른 추가 수익을 기대하는 외국인 주식 투자자금 유입이 늘어나 주가가 상승합니다.

이처럼 환율 변동은 수출입, 고용, 물가, 외채, 주가 등 경제변수에 많은 영향을 미칩니다. 그렇다고 환율과 주요 경제변수가 항상 일정한 관계로 움직이는 것은 아닙니다. 시간이 지남에 따라 시장의 조절 기능이 작동하여 반대 상황으로 역전되기도 합니다.

예를 들어 환율과 경상수지의 관계를 살펴봅시다. 다른 조건이 일정할 때는 환율이 상승하면 수출이 유리해져서 경상수지가 개선되지만, 경상수지가 개선되면서 다시 서서히 환율이 하락하게 됩

100문 100답으로 쉽게 이해하는

니다. 환율 상승이 경상수지 개선에 항상 긍정적인 양(+)의 효과만 주는 것은 아닙니다. 경상수지 개선효과가 누적되면서 외환보유액이 늘어나면서 반대로 다시 환율이 하락(-)하게 되는 겁니다. 이처럼 시장의 조절기능에 의해 환율과 경상수지는 서로 영향을 주고받으면서 균형에 도달합니다.

환율과 주가의 관계도 그런 사례입니다. 환율의 상승은 경상수지를 개선시키고 수출기업의 생산을 촉진하여 고용을 확대시킵니다. 이는 주가 상승 요인입니다. 하지만 환율의 상승은 물가 상승과 외채상환부담을 가중시킨다는 면에서 주가 하락 요인입니다. 환율 상승이 예상되면 외국인의 주식 매도가 늘어나 주가는 하락할 수 있습니다.

한편 주가의 변동이 역으로 환율에 영향을 미치기도 합니다. 주식시장이 침체되어 향후 주가 하락이 예상되면 외국인 투자자금이 빠져나가면서 환율이 상승할 수 있습니다. 연구에 따르면 우리나라는 대체로 환율과 주가는 반대 방향으로 움직였습니다. 환율 상승은 경상수지 적자에 영향을 미쳐 주가가 안 좋은 방향으로 움직이고 있습니다. 즉, 환율이 상승하면 주가가 빠지고 환율이 하락하면 주가가 상승하는 패턴을 보여 왔습니다.

역대 정권별 환율 변동을 알 수 있을까요?

현재까지 6개 민주정부의 환율 평균은 1,152원이었습니다. 모든 정권의 최대 환율과 최소 환율의 평균 변동 폭은 453원이나 되었습니다. 각 정권의 평균적인 최대 환율은 1,438원, 최소 환율은 984원이었습니다. 평균 환율이 가장 높은 정권은 김대중정부로 1,235원이었습니다. 노무현정부는 평균환율이 가장 낮은 1,040원이었습니다. 두 정부 모두 진보성향이었지만 환율 평균은 크게 달랐습니다.

보수성향의 이명박정부와 박근혜정부의 평균환율은 1,157원, 1,113원으로 중간에 위치했습니다. 진보성향인 문재인 정부의 평균환율도 1,149원으로 중간입니다. 각 정권 중 가장 낮은 최소 환율은 김영삼 정부가 809원, 노무현 정부가 915원을 기록했습니다.

환율 변동 폭이 가장 큰 정권은 IMF 외환위기를 겪은 김영삼정부 시절로 1,186원이 상승했고 다음은 이명박정부로 544원 상승했습니다. 박근혜정부는 가장 적은 197원 정도만 환율이 변동했습니다. 그 다음 변동 폭이 적은 정권은 문재인정부의 192원입니다. 지금까지 가장 낮은 저환율 정책을 유지한 경우는 노무현정부였습니다.

정부	환율평균	최소환율	최대환율	변동폭
김영삼	1,222	809	1,995	1,186
김대중	1,235	1,109	1,397	287
노무현	1,040	915	1,233	317
이명박	1,157	990	1,534	544
박근혜	1,113	1,019	1,217	197
문재인	1,149	1,063	1,255	192
전체	1,152	984	1,438	453

　　무역의존도가 높은 수출주도형 국가인 우리나라의 입장에서 무역수지에서 흑자가 발생해야 경제성장이 가능합니다. 다만 환율은 물가와 밀접한 관련이 있는데 환율이 오르면 무역수지 흑자가 발생하기도 하지만 수입품이나 원자재 가격 상승으로 그만큼 물가 상승이 일어납니다. 반대로 환율이 하락하면 무역수지에서는 적자가 발생하고 경제성장 지연이라는 문제는 생기지만 수입가격 하락으로 인해 물가는 안정됩니다.

　　수입이 늘어나면 수입대금 지급으로 인한 외화 부족으로 환율 상승 효과가 나타납니다. 따라서 성장을 추구하는 보수정부라고 해도 물가를 무시하고 환율을 무조건 올리는 데는 한계가 있습니다. 물가 안정을 추구하는 진보정부라도 경제성장을 무시하고 무조건 환율을 하락시키는 데도 한계가 존재합니다.

　　이렇게 정책적으로 환율 상승과 하락을 유도하더라도 결국 시장경제에 의해 환율이 원상태로 회복되는 경우가 많습니다. 따라서 정부의 정책의지에 따라 경제에 주는 충격이나 부작용 없이 환율을 특정 상태로 유지하기는 매우 어렵습니다. 물론 환율은 정부의 이념보다는 집권 기간에 발생하는 대외적인 경제상황, IMF 외환위기, 미국발 글로벌 금융위기, 코로나19 팬데믹, 미국의 고강도 긴축과 금리 인상 등과 같은 내외부 변수에 따라 많이 변동됩니다.

일반적으로 강달러 시기에는 세계경제가 좋지 않았습니다. 달러 강세로 환율이 높았던 김영삼정부, 김대중정부 시절에는 IMF 외환위기를 겪었고, 이명박정부 시절에는 글로벌 금융위기가 발생했습니다. 달러가 강세를 보이면 세계경제의 유동성이 마르면서 경기가 침체되어 각국의 소비가 줄어듭니다. 그러면 수출로 먹고사는 우리 기업이나 미국 기업들 모두 어려워집니다.

100문 100답으로 쉽게 이해하는

Q 060

환율 불확실성이 경제에 미치는 파급효과는 어떤 게 있나요?

환율 불확실성은 미래에 일어날 환율 변동을 제대로 인지하지 못하는 정도를 의미합니다. 환율 변동 예측 오차가 클수록 환율 불확실성도 높아지는데, 환율 자체의 변동성과는 다른 개념입니다. 쉽게 말하면 환율 불확실성은 미래 환율의 변동에 대한 예측이 어려운 정도를 말합니다.

특히 1990년대, 2000년대 들어 2008년 글로벌 금융위기를 정점으로 경제 주체들이 느끼는 환율 불확실성은 매우 큰 상황입니다. 글로벌 금융위기 이후 전 세계적인 저금리로 인해 환율 불확실성이 줄어들었지만 2022년 들어 물가와 금리가 오르면서 환율 불확실성이 재확산되는 상황입니다. 러시아-우크라이나 전쟁과 미국의 금리 인상, 중국의 공급망 봉쇄가 겹쳤기 때문입니다.

유가 및 원자재 가격 상승 등 인플레이션 압력으로 미국의 기준금리가 오르고 긴축정책도 진행되어 환율 상승에 따른 환율 불확실성은 지속적으로 증가하고 있습니다. 이에 한국경제의 불확실성도 같이 올라가는 상황입니다. 환율 불확실성이 증가하면 수출입에 부정적 영향을 미치고 기업의 설비증설이나 투자에도 부정적 영향을 미칩니다. 금리, 주가에도 부정적인 영향을 미치고 수입가격 예측이 어려워져 원자재, 자본재를 수입하는 기업은 수입을 줄입니다. 그러면 수입물가가 오릅니다. 결국 환율 불확실성이 확대되면 경제 전반이 부정적인 영향을 받을 수밖에 없습니다.

수·출입에 부정적 영향을 미칩니다

환율 불확실성이 증가할 경우, 위험에 민감한 수출기업들은 동일한 시장가격 하에서는 생산을 줄여 수출 물량이 감소하게 됩니다. 환율 변동으로 기업 이윤에 대한 불확실성을 확대시켜 수입 물량 역시 감소합니다. 수출업자가 환위험을 부담할 경우에는 수출업자에게 위험프리미엄을 요구하여 수출 가격이 상승합니다. 결국 환율 불확실성으로 환위험이 커져 미래 이윤이 불확실해지면 수출기업은 환위험에 따른 환차손을 최소화하기 위해 제한된 범위 내에서 수출 가격을 인상하거나 물량을 축소하게 됩니다.

반면 수입업자가 환위험을 부담할 경우, 수입수요 감소로 인해 수입 가격이 하락할 수 있습니다. 이렇듯 환율 불확실성이 확대되면 수출뿐만 아니라 수입을 위축시킬 수 있습니다. 특히 환율 불확실성으로 수입 가격의 예측이 어려워져 수입이 지연될 경우 원자재, 자본재를 수입하는 기업은 수입을 줄이게 됩니다. 수입업자가 대금을 상대국 통화로 결제하는 상황에서 상대국 환율 불확실성이 커지면 수입 가격도 불확실해져 물량을 줄이는 것입니다. 이로 인해 상대국 수출업자의 이윤도 불투명해지면서 공급을 줄일 것이므로 결국 수입 가격이 상승하고 상대국 수입 물량은 더욱 감소합니다. 결국 환율 불확실성이 증가하면 수출입 모두에 부정적인 영향을 미칩니다.

투자에 부정적 영향을 미칩니다

환율 불확실성이 증가하면 기업의 설비투자가 위축됩니다. 실질임금, 실질원자재 가격, 제품가격 및 제품 수요의 불확실성이 높아지기 때문입니다. 이는 다시 투자의 현재 가치를 불확실하게 하여 투자를 위축시킵니다. 환율 불확실성이 높아지면 수입 자본재 가격, 투자의 기대 수익, 기존 외채 상환부담 등의 예측이 어려워집니다. 결국 금리, 주가, 물가 등의 불확실성도 높아져 투자 활동을 위축시킵니다. 특히 환율 불확실성이 지속되면 수입 가격의 예상이 어려워져 원자재, 자본재 등의 수입의존도가 높은 우리나라 수출기업들은 결국 생산을 줄이고 투자도 감축하게 됩니다.

인플레이션에 부정적 영향을 미칩니다

환율 불확실성이 확대되면 인플레이션에 부정적 영향을 미칩니다. 환율 불확실성이 커지면 원자재 및 수입품의 수입이 줄어들어 수입물가에 부정적인 영향을 미칩니다. 즉, 환율 불확실성으로 수입 가격의 예측이 어려워져 수입이 지연될 경우 원자재, 자본재를 수입하는 기업은 수입을 줄이게 됩니다. 이는 수입물가를 상승시키는 부정적인 영향을 미칩니다. 특히 국민 생활에 필요한 석유 등 에너지, 밀 등의 수입 감소는 물가 상승에 부정적 영향을 미칩니다.

금리 및 주가에 부정적 영향을 미칩니다

환율 불확실성이 증가하면 기준금리는 상승하는 반면 주가는 하락합니다. 연구에 따르면 우리나라는 환율 불확실성이 증가하면 단기적으로 위험프리미엄 증가로 기준금리가 동반 상승합니다. 하지만 장기적으로 자금 수요가 서서히 줄어들면서 기준금리가 다시 하락하는 것으로 나타났습니다. 환율 불확실성이 증가하는 시기에는 주가는 대부분 하락하는 것으로 조사되었습니다.

Q. 061

환율 변동은 기업 생산성에 어떤 영향을 미치나요?

환율 변동은 제품의 수출가격뿐 아니라 부품, 원재료 가격에도 영향을 미쳐 제조원가의 변동 요인으로 작용합니다. 예를 들어 환율 상승은 해외에 파는 수출품의 생산을 증가시키는 반면 해외에서 사오는 원자재, 반제품 등의 가격 상승으로 소비를 감소시킵니다.

환율 변동 시 기업들은 수익성을 유지하기 위해 기술혁신 등 생산성 향상에 집중하게 됩니다. 실제로 환율 변화는 생산에 필요한 기계, 시설, 원료, 반제품, 완제품 등의 가격과 밀접하게 관련되어 있어 제품 생산성 향상에 상당한 영향을 미칩니다. 우리나라는 중공업 비중이 높고 특히 전자나 통신 등 IT제품은 해외 원자재 수입 의존도가 매우 높은 편입니다. 수입품에 대한 의존도가 높은 산업은 환율 변화 시 생산비용 변동성이 증가할 수밖에 없습니다.

수출 의존도가 높고 자원이 부족하여 원유 및 원자재를 대부분 해외 수입에 의존하기에 환율 변동이 국내 경제에 미치는 영향은 매우 큽니다. 특히, 제조업의 경우 원화가치 절상은 대외경쟁력을 약화시킬 수 있으므로 수출기업들은 단기적으로 수출가격의 조정, 장기적으로 생산 비용의 절감 등 다양한 대책 마련이 요구됩니다.

환율이 상승하면 원자재를 수입하여 제품을 만들어 수출하는 기업들은 원자재 가격이 상승하게 되어 공급이 감소하게 됩니다. 만약 수출이 증가하면서 생산규모를 늘려 수익도 같이 증가할 수 있다면 공급능력을 확대하고 공급을 늘릴 겁니다.

환율이 상승하면 수입자본재 및 기술도입 비용이 증가하게 됩니다. 이에 따라 수입, 기술도입에 따른 투자가 감소하고 신규 진입 기업에 대한 부담이 커질 확률이 높아집니다. 신규 기업의 진입장벽이 확대되면 별다른 경쟁자 없이 기존 기업은 안정적인 수익구조를 확보할 수 있습니다. 이렇게 되면 연구개발 투자 및 혁신 동기가 사라질 우려도 있습니다. 환율 상승으로 인한 진입장벽은 일시적인 수익성 호전으로 이어져 한계기업 퇴출이 지연되어 장기적으로 해당 산업의 생산성이 저하될 수 있습니다.

환율 상승은 수입원자재의 가격을 상승시켜 기업의 비용을 상승시킵니다. 원재료나 자본재 수입비용이 늘어 투자 및 생산의 감소요인으로 작용할 수도 있습니다. 반면 수출가격을 하락시켜 경쟁력을 제고하는 원인이 됩니다. 환율 상승은 수출 증가로 이어져 총수요를 증가시키고 생산 증가로 이어집니다. 또한 수출 수요 증가에 따른 생산 확대 과정에서 기술 향상으로 생산성이 증가할 수 있습니다. 반면 환율 하락 시에는 수출 비중이 높은 제조업체들은 채산성이 악화되어 생산성 향상을 통한 경쟁력 강화에 집중하고 노력해야 합니다.

이처럼 환율 상승은 수출 수요 증가에 따른 생산 확대 과정에서 기술 향상으로 생산성이 향상될 수 있습니다. 반면 환율 하락 시기,

100문 100답으로 쉽게 이해하는

기업들은 채산성이 악화되어 생산성 향상을 통한 경쟁력 강화에 노력해야 합니다. 기업은 환율의 변동을 생산성 향상의 기회로 활용해야 합니다.

Q 062

환율 변동은 제품가격과 생산에 어떤 영향을 미치나요?

환율은 각 산업의 수요와 공급은 물론 해당 산업의 생산과 가격에도 영향을 미칩니다. 환율이 각 산업의 공급에 미치는 영향에는 수입 가격과 수입 원자재를 사용하는 기업들의 생산비 변화에 영향을 줍니다. 그로 인해 최종적으로 해당 산업의 생산과 가격에도 영향을 미칩니다.

이러한 효과는 생산 면에서 수입 원자재에 대한 의존도가 높은 산업일수록 더욱 크게 나타납니다. 우리나라 석유산업은 원유를 수입하여 휘발유, 등유 등 14종의 석유제품을 만들어 국내뿐만 아니라 해외에도 판매합니다. 환율이 상승하면 수입원유 가격도 오르면서 생산비용이 올라가고 판매가격도 상승합니다. 따라서 석유산업이 경쟁력을 유지하려면 생산성 향상과 기술개발이 무엇보다 중요합니다. 이를 통해 우리나라 석유산업은 수입원유 가격이 오르는 상황에서도 경쟁력을 유지하는 것입니다.

환율은 제품의 가격 결정에 영향을 미쳐 국산품과 수입품 사이에 대체 효과를 유발합니다. 환율이 오르면 수입품 가격이 올라 국산품이 수입품을 대체하는 효과와 국산품에 대한 수요가 커집니다.

대체되는 국산품은 중간제일 수도 있고 완제품일 수도 있습니다. 예를 들어 발전소에 들어가는 가스터빈은 국산화가 되었으나 개발 이후 시간이 얼마 되지 않고 도입된 곳도 적어 많이 사용하지 않고 있었는데 환율 상승으로 외국 가스터빈 수입가격이 너무 많이 올라가자 국산 가스터빈 사용이 늘어나게 됩니다. 또한 환율 상승은 수출품의 가격을 인하시킬 수 있어 해외 수요를 증가시킵니다.

환율 변동이 가격에 미치는 영향은 국산품과 수입품 사이의 대체 정도에 따라 다르게 나타납니다. 상품의 차별화, 선호도, 기술 등에 따라 환율 변동에 따른 반응도 많이 달라집니다. 반면 환율이 올라도 명품 가방이나 명품 시계 등을 선호하는 수요는 여전히 존재해 전체 수요는 줄어들지만 쉽게 국산품으로 대체하기 어려운 경우도 있습니다. 또한 상품 가격에 비해 수송비가 많이 들면 환율 변동에 따른 가격 변화가 그다지 크게 나타나지 않습니다. 일례로 항공운송으로 수송비가 많이 드는 반도체 등 고가 IT제품이나 신선화물 등은 환율 변동에 그다지 영향을 받지 않습니다.

환율 변동 시에 제품의 수요와 공급에 미치는 영향은 시장경쟁 상황에 따라 달라집니다. 완전경쟁상품의 경우 환율 변동은 수입 가격에 즉시 반영될 것입니다. 그래서 환율 상승분만큼 수입가격도 상승 또는 하락할 것입니다. 그러나 독과점 상품의 경우, 시장 점유율 등을 감안하여 환율 변동을 수입업자가 일부 흡수함으로써 즉, 자체 이윤을 인하하여 환율 변동의 효과가 수입상품의 가격 상승이나 하락으로 즉시 나타나지 않을 수 있습니다.

수입 원자재를 사용하는 국산품도 시장의 특성에 따라 환율 변동으로 인한 영향이 각기 다를 수 있습니다. 차별화가 분명하고 독과점 성격을 가진 상품이라면 비록 수입상품의 가격이 환율 변동 효과를 반영한다고 해도 가격에 별로 영향을 받지 않을 확률이 높습니다. 독과점 기업은 수입원자재 가격이 올라가도 국산상품 가격은 별로 올리지 않을 가능성이 큽니다. 독점 제품가격의 급격한 변화는 고객의 충성도를 떨어뜨리고 대체재를 찾을 수 있다는 생각으로 독점기업은 적자가 심각하게 진전되지 않는 한 가격 변동에 나서지 않을 확률이 높습니다.

환율 상승이 생산에 미치는 영향은 수출품의 가격 하락으로 수요를 증가시킴으로써 생산 증가에 기여합니다. 반면 국내 생산비용 인상과 이윤 감소로 생산이 하락하기도 합니다. 생산비용 인상과 이윤 감소에도 초과수요가 발생한다면 기업은 선점효과를 누리기 위해 생산을 증가시킬 것입니다.

환율의 장기적인 추세 변동은 국제수지에도 영향을 미칩니다. 환율 상승은 외국 기업이 적은 돈으로도 투자할 수 있어 우리나라 투자를 더욱 매력적으로 만들어 장기적으로 국내 생산을 증가시키고 고용에도 긍정적 영향을 미칩니다. 또한 외국 기업이 국내에서 수출상품을 생산하는 경우, 우리나라의 수출 규모는 증가하게 됩니다. 수입대체 상품을 만든다면 우리나라의 수입 규모가 줄어들고 국내산업의 생산활동은 증가하게 됩니다.

하지만 생산기지, 투자에 대한 결정은 환율의 단기적인 움직임보다는 장기적인 변동 추세에 따라 결정됩니다. 환율 변동성이 높은 나라보다는 환율 안정성이 높은 나라에 대한 투자가 더욱 유리

100문 100답으로 쉽게 이해하는

합니다. 단기적인 환율 변동이 상품의 수요와 공급에 영향을 미침으로써 기업의 생산비, 제품가격 및 생산량에 영향을 미치는 반면, 투자나 생산시설 건설 등은 장기적 환율 변동, 환율의 안정성에 더 큰 영향을 받습니다. 따라서 장기 투자는 환율이 안정적인 국가를 더욱 선호하게 됩니다.

환율 변동은 수출입 제품 가격전가에
어떠한 영향을 미치나요?

2022년부터 발생하기 시작한 전 세계적인 인플레이션 심화를 완화시키기 위해, 미국은 양적긴축과 기준금리 인상을 단행하고, 이에 따라 전 세계 환율 변동성이 증가하고 있습니다. 환율이 변동되면 대외 무역 비중이 높은 우리나라의 수출입과 경제 전반에 영향을 미칩니다. 환율 변화는 수출입 제품의 비용을 변화시켜 적정이윤을 유지하기 위해 이를 제품가격에 반영하는 가격전가가 발생합니다.

일반적으로 환율 변동에 따른 제품의 가격전가는 환율이 하락하는 시기보다 상승할 때 더 민감하게 반응합니다. 최근 연구에 따르면 우리나라는 보통 환율이 하락해도(원화가치 상승) 수출은 안정적으로 유지되어 환율 변화에 따른 가격보다는 수출품의 품질이나 해외 경기에 더 큰 영향을 받습니다. 우리나라 수출품은 반도체, IT제품 위주로 환율 변화에 따른 영향이 적은, 즉 환율전가가 낮은 제품이 주를 이룹니다. 환율이 하락하는 추세에는 수입이 증가하게 되어 수입물가의 환율전가가 증가합니다.

만약 생산능력에 제약이 있는 수출기업이라면 수입국 통화 가치가 상승할 때 환율전가가 이루어지지 않습니다. 생산능력 제약으로 수입국 통화 가치 상승으로 증가된 이익을 흡수하기 위해 수출을 원하는 만큼 늘릴 수 없어 수출품에 대한 환율전가가 쉽게 이루어지기 어렵습니다.

수출기업이 전략적으로 특정시장 점유율을 높이려는 목적이 있다면 해당 기업의 환율전가의 상대적 크기가 달라질 수 있습니다. 수입국 통화의 가치가 하락할 때 수출업자가 시장점유율을 높이려는 의도가 있다면 이윤을 축소하여 잠재적 가격 상승 요인을 반영하지 않을 것입니다. 시장점유율 유지를 위해 환율 변화가 적을 때는 일반적으로 기업이 환율 가격전가를 흡수하려 하고, 환율 변화가 클 경우에만 환율 가격전가를 반영하려 합니다.

환율 변동이 일시적이냐 항구적이냐에 따라서도 그에 따른 수출가격 전가의 크기뿐만 아니라 방향도 달라집니다. 수출기업은 환율 상승이 일시적일 때 수출가격을 인하하면 향후 환율 하락에 따른 이윤 감소 가능성이 발생하기 때문에 자국통화표시 수출가격을 유지하면서 일시적으로 이윤이 증가하도록 대응합니다. 하지만 향후에도 환율 상승이 예상된다면 시장점유율 확대를 위해 가격 인하를 선택할 확률이 높습니다. 예를 들어 프랑스와 독일의 수출기업들은 미국과 일본으로 수출할 때 시장점유율을 유지하기 위해 일시적인 환율 변동에 대해서는 차별전략을 채택하지 않고 수출가격을 유지하는 것으로 알려져 있습니다.

한 국가의 금융시장이 안정적으로 운영되고 인플레이션이 낮게 유지되면, 기업들은 환율 변화를 제품가격에 반영하는 데 소극적인 태도를 취함으로써 환율전가가 낮아집니다. 예를 들어 오랫동안 저성장, 저물가를 유지했던 일본은 최근 전 세계적인 인플레이션 상황에서도 환율전가가 낮아 상대적으로 물가 상승이 더딘 것으로 알려져 있습니다.

반대로 한 국가의 인플레이션이 높은 상태를 유지하는 상황에서는 가격 조정의 여건이 비교적 용이하기 때문에 환율전가도 높아집니다. 시장 개방이 가속화되면 기업들이 시장점유율에 민감해지고 가격 경쟁도 심화되어 환율의 변화를 제품가격에 신속히 반영하기 어려워져 환율전가가 감소합니다. 기업들이 시장 개방과 경쟁 상황을 어떻게 인식하는지에 따라 제품의 가격책정 과정에 환율의 변화를 얼마만큼 반영할지 결정합니다.

2000년대 이후 미국, 일본 등 주요 선진국은 물론 일부 신흥국에서도 환가전가가 점차 감소하는 추세입니다. 이는 자유스러운 교역 제약, 운송비 증가, 시장 가격경쟁 심화, 유통 및 물류비용 증가와 관련 있다고 알려져 있습니다. 1990년대 이후 주요 선진국들의 물가 수준이 안정된 기조를 유지해서 인플레이션이 상대적으로 낮을 경우, 환가전가도 점차 감소하는 것으로 나타났습니다. 하지만 2022년 코로나 팬데믹 상황에 따른 공급망 마비, 러시아-우크라이나 사태로 인한 석유 및 원자재 폭등은 극심한 인플레이션을 유발했고 전 세계적으로 환가전가가 매우 높아져 물가 상승의 직접적인 원인이 되고 있습니다.

Q 064

현재 우리나라 환율이 적정한 수준인지 어떻게 알 수 있나요?

환율이란 한 나라의 화폐가 상대국 화폐에 비해 실질적으로 어느 정도의 구매력을 갖고 있는지를 나타냅니다. 즉, 환율은 한 나라의 화폐와 다른 나라 화폐 간 교환비율로써 두 나라 통화의 상대적 가치를 나타냅니다.

환율은 어느 국가 통화를 기준으로 표시하느냐에 따라 두 가지로 구분됩니다. 먼저 외국 통화 단위당 자국 통화 단위를 나타내는 방법을 자국통화표시법 또는 직접표시법이라고 합니다. 우리나라는 자국통화표시법을 사용하며 'US 1달러=1,290원'과 같은 형식으로 표시합니다.

반면 자국 통화 1단위당 외국 통화단위를 표현하는 경우를 외국통화표시법 또는 간접표시법이라고 합니다. 유로화는 '1유로=US 1.2달러'로 표시합니다.

보통 우리가 사용하는 환율은 수요와 공급에 따라 결정되는 명목환율(Nominal Exchange Rate)이라고 부릅니다. 명목환율은 한 나라의 화폐가 외국의 화폐와 교환되는 비율, 즉 자국 화폐로 표시한 외국 화폐의 상대적 가치입니다. 명목환율의 상승은 자국 화폐의 가치가 외국 화폐보다 상대적으로 떨어진다는 의미입니다. 명목환율은 두 통화 간 비교만 가능할 뿐 주요 교역 상대국 전체의 환율 변동과 비교하여 원화 가치의 변동을 종합적으로 파악하지는 못합니다.

실질환율(Real Exchange Rate)은 한 나라 상품이 외국의 상품과 교환되는 비율, 즉 자국 화폐로 측정한 외국 상품의 상대적 가치라고 할 수 있습니다. 실질환율의 상승은 자국 상품의 가격이 외국 상품보다 상대적으로 싸서 수출 경쟁력이 향상된다는 의미입니다.

이를 위해 환율에 상대국과의 물가 변화를 반영했는가에 따라 명목환율과 실질환율이 구분됩니다. 우리가 일반적으로 부르는 명목환율은 물가 변화를 반영하지 않은 수치입니다. 반면 자국 화폐로 측정한 외국 상품의 상대적 가치를 알 수 있는 실질환율은 상대국과의 물가 변화를 감안한 환율입니다. 실질환율은 우리나라와 미국의 물가 변동을 반영해서 조정함으로써 구할 수 있습니다. 사실 우리 경제나 상품의 수출과 수입에 직접적인 영향을 미치는 것은 명목환율이 아닌 실질환율입니다.

수출의존도가 매우 높은 우리나라는 수출 경쟁력에 영향을 미치는 환율 변동에 민감할 수밖에 없습니다. 하지만 보통 사용되는 명목환율은 수출 경쟁력을 정확히 반영하지 못하는 부분이 있습니다. 반면 실질환율은 양국 간의 물가 변동을 반영하기 때문에 외국 화폐에 대한 우리나라 화폐의 구매력을 더 잘 반영합니다. 실질환율과 명목환율의 관계를 자국 통화 방식으로 나타내면 다음과 같습니다.

100문 100답으로 쉽게 이해하는

$$\varepsilon = \frac{c}{p/p^*} \qquad \text{또는} \qquad \varepsilon = c \times \frac{p^*}{p}$$

ε = 실질환율, e= 명목환율, ρ = 우리나라 물가 수준, ρ* = 외국 물가 수준

달러에 대한 원화의 명목환율이 변하지 않더라도 우리나라 물가가 미국보다 상승하면, 원화 구매력이 떨어져 실질환율이 하락합니다. 실질환율이 하락하면 해외시장에서 우리나라 상품의 가격이 상대적으로 올라 가격 경쟁력이 떨어지고 반대로 실질환율이 상승하면 가격 경쟁력이 높아집니다.

또 다른 개념으로 실효환율(Effective Exchange Rate)이 있습니다. 명목환율이나 실질환율은 두 나라 간의 교환비율을 나타내지만, 실상 한 나라는 여러 다른 나라와 교역하기 때문에 양국 간 환율만으로는 그 나라 통화의 가치를 정확히 평가하기에는 한계가 있습니다. 예를 들어 원달러 환율과 엔화 대비 원화의 가치가 변화가 없을 때, 갑자기 엔달러 환율이 100엔 상승했다면 반대로 엔화 가치가 100엔 하락한 것입니다. 엔화 대비 원화의 가치에도 영향을 미쳐 떨어진 것이므로 미 달러와 엔화를 종합하면 원화의 가치가 하락한 것입니다.

실효환율은 이런 점을 고려해 자국 통화와 주요 상대국의 명목환율을 무역비중으로 가중평균하여 산출한 지수입니다. 이에 따라 한 나라의 통화가치를 교역 상대국 통화들과 비교하여 더욱 종합적으로 나타낸 것입니다. 여기에 실질환율과 실효환율을 결합하면

실질실효환율(REER:Real Effective Exchange Rate)이 됩니다. 즉, 실질실효환율은 자국과 주요 교역 상대국들 간의 무역비중에 물가상승률 차이를 반영해서 산출한 실효환율입니다.

실질실효환율은 장기적인 균형환율 수준을 판단하는 지표로 활용됩니다. 실질환율과 실효환율이 합쳐진 개념으로 교역 상대국과의 물가 변동과 교역량이 반영된 실질실효환율은 주요 교역 상대국에 대한 자국 통화의 평균적인 대외 실질가치를 측정하는 데 이용됩니다. 실질적으로 자국 통화의 대외구매력 및 자국 상품의 가격 경쟁력을 파악하는 데 활용됩니다.

실질실효환율은 세계 60개국 물가와 교역비중을 고려해 각국 통화의 실질적 가치를 보여주는 지표입니다. 각국의 물가지수 변동까지 반영되어 주요 교역 상대국에 대한 자국 통화의 대외가치를 측정하는 데 이용됩니다. 실질적으로 자국 통화의 구매력이 어느 정도인지, 자국 상품의 가격 경쟁력은 어떤지 파악하는 지표로 활용됩니다. 통상 절대치가 아니라 기준연도에 대한 상대적 지수 형태로 표시됩니다.

기준연도(2010년)의 기준점을 100이라 할 때 일반적으로 100을 상회하면 그 나라의 통화가 다른 교역국에 비해 고평가되어 있어 통화가치가 상대적으로 높고, 100 미만이면 저평가되어 통화가치가 상대적으로 낮다고 해석할 수 있습니다. 여러 국제기구에서 발표하는데 기준연도, 물가지수, 국가별 가중치에 따라 조금씩 다릅니다.

원달러 환율은 단순히 달러에 대한 명목환율일 뿐입니다. 원화

국가	2018	2019	2020	2021	2022
한국	102.4	97.9	96.0	88.10	83.8
중국	94.5	94.5	96.5	153.7	155.8
인도	101.5	103.5	103.9	113.8	115.3
일본	106.4	109.5	110.7	74.1	61.01
튀르키예	74	73.2		57.6	49.3
캐나다	98.6	97.5	96.2	91.9	95.4
멕시코	89.3	92.0	84.9	122.8	112.1
미국	103.0	105.7	107.4	113.0	114.4
영국	86.6	86.4	86.5	81.3	84.0
프랑스	102.0	100.8	101.5	93.5	88.9
독일	103.0	101.8	102.7	94.6	91.9

와 달러가 서로 교환될 수 있는 비율이죠. 한국은 미국뿐 아니라 중국, 유럽, 일본 등에도 수출합니다. 그렇다면 원달러 못지않게 원/위안, 원/유로, 원/엔 환율도 중요하고 이를 종합하는 환율이 필요합니다. 각국별로 수출 비중을 감안해서 가중치를 주고 환율을 계산할 필요가 있습니다. 대미 수출 비중은 20% 정도에 불과합니다. 따라서 원달러만 중요한 것이 아니라 우리나라와 무역을 하는 국가들을 고려한 종합적인 환율이 필요합니다.

물가도 환율에서 매우 중요합니다. 원달러 명목환율은 물가를 감안하지 않기 때문에 물가를 감안한 실질환율이 더욱 중요합니다. 물가가 낮은 나라는 환율이 상승하더라도 괜찮습니다. 즉 물가를 차감한 실질환율이 명목환율보다 훨씬 중요합니다.

이처럼 환율의 적정성을 평가할 때 물가와 수출 국가별 비중을 가중해서 계산한 실질실효환율이 명목환율보다 중요합니다. 환율 등락의 적정성을 평가할 때 실질실효환율을 봐야 합니다. 원달러 명목환율이 급하게 등락하더라도 환율의 적정성은 실질실효환율의 흐름으로 파악할 수 있습니다.

최근 우리나라 수출은 원화 약세 시기보다 원화 강세 시기에 더 많이 증가하는 경향이 있습니다. 이는 높은 수출 증가율에 따라 원화 강세로 다시 이어진 원인도 있습니다. 글로벌 경제가 확장 국면에 있을 때 원화 강세가 동반되는 경우가 많아 실제 수출이 증가하는 것으로 나타났습니다.

수출에는 달러/원도 중요하지만, 실질실효환율도 매우 중요합니다. 한국 전체 수출에 대한 영향은 달러/원뿐 아니라 유로/원, 위안/원 등을 종합한 실효환율이 더욱 중요합니다. 그간 대중국 수출이 지속적으로 증가한 것은 한국 실효환율 중 가장 큰 비중을 차지하는 위안의 강세가 원화보다 컸기 때문입니다. 이처럼 국제 간 거래에 있어 실질실효환율의 움직임은 상대 교역국과의 무역에 상당한 영향을 미칩니다.

2022년 6월 들어 우리나라 명목환율이 상승하는 이유는 환율 결정의 단기 요인인 외환시장 수급과 관련 있습니다. 그간 주식 등에 투자한 해외투자자들이 빠져나가면서 환율 상승에 영향을 준 것입니다.

우리나라 실질실효환율은 큰 변동 없이 상대적 가치를 유지하고 있습니다. 다만 명목환율의 하락 시기인 원화 강세 시기에 우리나라 수출이 오히려 더 많이 증가한 경향이 있어, 향후 환율 상승에 따라 수출 증가가 약화될 가능성이 큰 상황입니다.

100문 100답으로 쉽게 이해하는

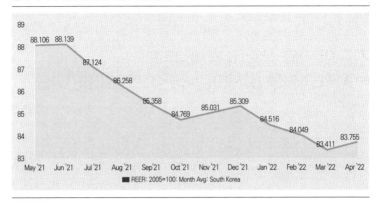

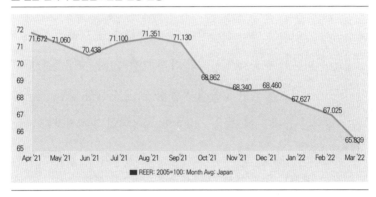

일본은 세계적인 경제위기가 올 때마다 안전자산으로 엔고를 고민했는데 최근에는 러시아-우크라이나 전쟁으로 세계경제가 불안한 상황에서도 엔저 기조가 지속되고 있습니다. 일본의 주요 교역 상대국과의 상대적 물가 수준의 변화를 고려한 실질실효환율로 보면 엔화의 가치는 2022년 3월 기준으로 1980년 이전 수준으로 하락했습니다.

최근의 환율 상승이 경제성장에
부정적 영향을 미친다는 것은 어떤 의미인가요?

환율 상승이 1970년대, 1980년대 산업화 단계의 성장에는 긍정적
인 영향을 미쳤던 것과는 달리, 경제자유화가 성숙된 시기에는 경
제성장을 견인하는 만능 처방이 될 수 없습니다. 최근에는 환율 상
승정책에 의존한 수출가격 인하와 가격 경쟁력만을 고집하는 것이
아니라 기술개발에 의한 고품질 제품의 생산, 생산성 향상, 연구개
발, 기술혁신 등에 더욱 힘을 기울여야 지속적인 경제성장이 가능
합니다.

일본은 아베노믹스 기간 저금리, 환율 상승에 의한 엔화가치 하
락을 무기로 수출 및 경제성장을 추진했습니다. 초기에는 어느 정
도 성과가 있는 듯했으나 이후에는 다시 저성장이 고착되었습니
다. 기술혁신과 생산성 향상 없이 환율 상승에 기반한 경제성장은
한계가 있는 것으로 확인되었습니다.

일반적으로 환율 상승은 수출을 증가시키고 투자 증가를 유발함
으로써 경제성장을 촉진한다고 알려져 있습니다. 한편 환율 상승
(원화 평가절하)이 수출을 증가시켜 투자가 일어나더라도 외자조달
비용과 자본재조달 비용이 증가하게 되면 해당 사업의 수익성이

악화될 것입니다. 이는 다시 투자 위축으로 이어질 수 있습니다.

이렇게 환율 상승이 투자유발 효과가 클지 투자위축 효과가 클지는 경제구조와 해외의존도에 따라 달라집니다. 환율 상승에 따라 수출이 크게 증가하고 이로 인해 국내산업 수요 파급효과가 큰 경제구조라면 환율 상승이 투자의 순 증가를 초래할 수 있습니다. 하지만 반대로 환율 상승에 따른 수출 증가가 발생하더라도 투자 비용 증가에 따른 투자 위축효과가 증대효과보다 크다면 투자의 순 증가 없이 성장이 오히려 위축될 것입니다.

특히 최근의 4차산업혁명과 지식의 축적은 결국 생산성 향상의 원천으로 작용하여 자본 증대를 지속적으로 유발하고 시간이 지남에 따라 생산능력이 줄어드는 한계생산체감을 극복할 수 있도록 만들고 있습니다.

경제발전단계에 따라 투자효과와 경제성장 효과가 달라질 수 있습니다. 즉 산업화 단계에서는 통화의 평가절하(환율 상승)가 수출 증대를 통해 투자를 유발하여 성장을 촉진시킬 수 있습니다.

그러나 경제자유화가 진행된 단계에서는 수출산업의 성숙에 따라 규모에 의한 수확체감현상이 작용할 수 있습니다. 이 단계에서는 제품을 더 많이 생산하기 위해 드는 단위당 비용이 점차 증가합니다. 이 때문에 환율 상승에 따른 수출 증대가 일어나더라도 생산성 향상이 저조하여, 즉 많이 만들수록 단가가 떨어지다가 일정 수준이 지나면 오히려 비용이 점점 증가하는 수확제감현상이 적용되어 소득유발 효과와 투자유발 효과가 저하될 수 있습니다. 따라서 산업화단계를 벗어나 경제자유화가 상당히 진행된 성숙기의 경제구조에서는 단순한 환율 상승만으로는 성장에 한계가 있습니다. 이 단계에서는 4차산업혁명과 지식의 축적, 디지털, 자동화 등을 이용해야만 성장이 가능합니다.

우리나라도 원달러 환율 상승이 우리나라 수출을 증가시킴으로써 설비투자의 확대를 가져오는 효과가 상대적으로 컸던 1970년대에서 1980년대에는 환율 상승이 설비투자에 긍정적인 영향을 미쳤습니다. 하지만 1990년대 이후에는 환율 상승이 오히려 수입자본재 비용 상승을 불러와 설비투자를 위축시키는 효과가 더 큰 것으로 밝혀졌습니다. 따라서 환율 상승에 의존한 경기진작, 생산증대 방안은 그 실효성이 의문시되므로 그 대신 장기적인 관점에서 기술개발, 연구개발 및 투자 확대, 디지털화를 통한 생산성 향상, 4차산업 혁명기술 확산 등으로 수출상품의 경쟁력제고에 더욱 노력해야 합니다.

100문 100답으로 쉽게 이해하는

Q 066

환율 변동성이 기업투자에는
어떤 영향을 미치나요?

기업의 투자는 경제의 성장잠재력을 결정하는 주요 요인으로, 경제가 지속 발전하려면 무엇보다도 중요합니다. 우리 경제는 수출 의존도가 높고 자원이 부족하여 원유 및 원자재를 대부분 해외에서 수입하기에 환율 변동이 국내 경제에 미치는 영향은 매우 큽니다. 따라서 우리 기업의 투자는 환율 변동성에 많은 영향을 받을 수밖에 없습니다.

경제의 불확실성이 높아지면 투자의 기대 수익이 불투명해져 기업은 투자를 하지 않게 됩니다. 특히 환율의 불확실성은 수출 재와 수입재의 현재 가치에 대한 불확실성을 증가시켜 투자에 부정적 영향을 미칩니다. 아울러 외국인 직접투자(FDI, Foreign Direct Investment)에도 부정적인 영향을 미칩니다. 환율 변동성은 수출 감소를 가져와 수출산업에 대한 투자를 위축시킵니다.

환율 변화는 외국통화표시 수출액을 국내통화표시 금액으로 평가하는 과정에서 발생하는 직접적인 변동효과를 가져옵니다. 또한 수출가격 조정과 그에 따른 수출물량 변동으로 발생하는 수출입 변동 효과를 통해 기업이 생각하는 기대이윤에 영향을 미칩니다.

수출 비중이 큰 기업일수록 환율 변화에 따라 기대이윤이 상대적으로 더 큰 영향을 받아 투자에 미치는 파급 효과가 커집니다.

국내 판매에도 환율 변화가 수입품의 국내 가격을 변동시켜 자국 경쟁상품의 판매가격과 판매량 변동을 일으켜 기대이윤에 영향을 미치게 됩니다. 기업은 수입이 수출에 비해 내수에 의존하는 정도가 높을수록 환율 변화에 대한 기대이윤의 변동이 상대적으로 더 크게 나타나 투자에 미치는 영향이 커집니다. 이는 수출기업은 수입비용 변동 부담을 수출을 통해 헤지할 수 있으나 수입이 많은 내수기업은 그렇지 못하기 때문입니다.

또한 환율이 변동되면 제품생산에 투입되는 수입 중간재의 국내가격을 변화시킴으로써 생산비용의 변동을 통해 기업의 기대이윤에 영향을 미칩니다. 수입중간재의 투입 비중이 높은 기업일수록 환율 변화에 따른 기대이윤 변동이 상대적으로 크게 나타나 투자에 미치는 영향이 커집니다. 결과적으로 환율 변동성이 투자에 미치는 영향은 수출 비중이 높은 수출기업이나, 수입 비중이 높은 국내 판매기업, 중간재 수입 의존도가 높은 생산기업 모두에게 기대이윤의 불확실성을 증가시켜 투자에 부정적인 영향을 미칩니다. 투자 증가세를 회복하고 유지하려면 경제불확실성, 특히 환율 불확실성, 변동성을 줄이는 것이 무엇보다 중요합니다. 지금처럼 환율 변동성이 높은 상황에서는 기업 투자가 위축될 수밖에 없습니다.

Q 067

환율 변동성이 우리나라 기업에 미치는 영향에는 무엇이 있나요?

전통적으로 환율 상승은 경제성장에 긍정적으로 받아들여져 왔습니다. 실제로 수출주도형 경제성장을 추진해온 동아시아 국가들에서는 그간 환율의 평가절하가 급속한 성장을 견인한 주요 요인으로 인정되었습니다. 즉, 동아시아 국가들의 성장 신화를 설명할 수 있는 주요 요인으로 수출 확대가 제시되어 왔고 환율의 평가절하가 수출 확대에 기여했다고 말입니다.

하지만 경제성장에 대한 환율의 기여는 경제발전 시기마다 다르게 나타난다는 게 일반적인 인식입니다. 예를 들어 산업화 초기 환율 상승은 수출 상품의 가격 인하로 나타나 수출 총액을 오히려 떨어뜨립니다. 이러한 가격효과로 단기적으로 수출이 감소한 것처럼 나타납니다. 하지만 장기적으로 해외에서 가격이 하락한 상품의 수요가 증가하는 효과가 서서히 나타나면서 중장기적으로는 수출의 증가 효과가 거대해집니다. 이러한 특성으로 환율 평가절하는 'J-커브 효과'가 나타난다고 설명합니다. 60년대, 70년대, 80년대 초 산업화 시기에 나타나는 현상입니다.

하지만 최근에는 국제화와 개방화로 인해 환율 상승 즉 환율 평가절하의 긍정적 효과가 거의 나타나지 않습니다. 국제화와 개방화로 인해 대부분의 상품 밸류체인의 길이가 늘어나 생산 과정에 참여하는 국가들의 수가 증가하여 환율의 평가절하 혹은 평가절상 효과가 상쇄되었기 때문입니다. 자국에서 생산된 상품의 부가가치가 얼마나 높은 비중을 차지하는지, 지역이 어디인지에 따라 평가절하의 영향이 달라지기 때문에 이전처럼 경제성장에 대한 영향을 일괄적으로 예단하기는 어렵습니다. 삼성전자에서 생산하는 반도체의 경우도, 제품생산을 위한 밸류체인이 전 세계에 널리 분포되어 있습니다. 원재료는 중국, 러시아, 남미에서 구입하고 중간재는 일본, 대만에서 구입해서 우리나라에서 최종적으로 완제품을 만들기 때문에 환율 평가절하(환율상승)에 그다지 영향을 받지 않습니다.

1980년대 후반 이후부터 우리나라 경제가 개방화되면서 환율 상승이 오히려 경제성장을 감소시키는 것으로 나타났습니다. 환율 상승은 수입품 가격을 끌어올려 수입을 감소시킬 뿐만 아니라 중간재, 원자재 가격을 상승시켜 국내 물가를 올리고 소비를 감소시킵니다.

과거 산업화 시기에는 환율 상승 효과가 수출 증가로 이어져 소비 감소와 투자 감소보다 훨씬 경제성장에 많이 기여했습니다. 하지만 우리 경제가 개방된 이후부터는 환율 상승에 따른 수출 증가 효과보다 소비 감소와 투자 감소 영향이 더 커져 경제성장률을 떨어뜨리는 것으로 나타났습니다. 최근의 환율 상승이 우리나라 경제에 미치는 영향을 조사한 결과 대부분 부정적인 효과로 밝혀졌습니다. 환율이 상승하며 국내 소비와 투자가 감소했기 때문입니다.

설비투자 시 대부분 해외로부터 투자장비를 수입해야 하는 기업들이 많아 환율 상승은 투자재의 가격을 상승시키므로 투자부담을 증가시킵니다. 그 결과 단기적으로 설비투자가 감소할 수밖에 없습니다. 건설투자는 환율 상승의 충격이 다른 부문의 설비투자보다 오래 지속해서 감소되고 더 많은 영향을 받습니다. 건설 공기가 길어서 투자 결정이 현실에 반영되거나 현실의 가격 변화가 투자에 반영되는 데 더 많은 시간이 필요하기 때문입니다.

환율 상승 시기에는 수입도 줄어듭니다. 수입 감소는 수입품의 가격 상승이 직접적 원인이며 소비나 투자 감소에 연계되어 나타납니다. 수출은 환율 상승에 따라 증가해야 하나, 명확하지 않고 오히려 줄어든다는 조사도 있습니다. 우리나라 수출제품은 글로벌 밸류체인으로 만들어진 것이 많고 수출제품에 포함된 해외 수입품 비중이 높기 때문입니다.

따라서 환율 상승이 더는 수출이나 산업생산 그리고 우리 경제에 도움이 된다고 말하기 어렵습니다. 우리나라 수출기업들이 국제적인 밸류체인에 연계되어 있고 국내 부가가치 비중도 50% 내외로 낮아졌기 때문입니다. 우리나라는 IMF 외환위기 이후 자본시장의 자유화와 변동환율제가 시행되면서 실물부문뿐만이 아니라 금융부문에서도 환율 변화 효과에 대한 대응이 신속히 이루어집니다. 일시적인 금융부문의 불균형이 일어나도 조속히 해소될 만큼 금융의 시장 기능이 잘 작동하고 있습니다.

상대적으로 대미 환율 상승에 기업가치가 긍정적인 영향을 받는 기업의 비중도 증가하는 것으로 나타났습니다. 특히 대외자산을 많이 보유한 기업, 대외부채가 적은 기업, 자기자본비율이 높은 기업, 현금보유 비율이 높은 기업, 수익률이 좋은 기업에게는 환율 상승이 긍정적 효과를 나타냅니다.

이러한 환경에서 환율을 상승시키거나 하락시키는 정책을 시행할 경우, 그 효과는 크지 않습니다. 따라서 임의적인 환율 변동은 더 이상 경제정책 수단으로써의 효용성이 크지 않습니다. 장기적인 기술혁신, 연구개발 확대, 생산성 향상, 지능화 및 디지털화, 4차 산업혁명 기술 도입을 통한 산업혁신 등 경제체질을 강화해야 장기적인 환율과 경제성장이 안정적으로 유지됩니다.

우리 경제의 기초체질이 안정되어 있고 산업구조가 고도화된 만큼 큰 폭의 환율 변동은 없으나 자본시장자유화로 외환시장의 작은 변동성은 높아 이에 대한 대응이 무엇보다 중요합니다. 수출입 기업들은 환헤지 상품이나 보험상품 등에 가입하여 환위험을 관리할 필요가 있습니다.

환율과 환율 변동성이 주가에는 어떤 영향을 미치나요?

환율은 기업의 현금흐름에 영향을 미쳐 주가를 변화시킵니다. 기업 실적은 신제품 개발이나 비용 감소 등 내부 경영혁신의 영향을 받지만 현재처럼 글로벌화된 세계에서는 외부 경제환경 변화에 더 많은 영향을 받습니다. 우리나라처럼 무역 의존도가 높을수록 기업실적은 환율 변화에 더욱 민감하게 반응합니다.

기업의 실적 변화는 주식 가격에 즉각 반영되기 때문에 주식가격은 환율과 매우 밀접한 관계입니다. 보통 환율이 오르면(원화 가치 절하) 수출기업의 가격경쟁력이 높아져 수출량이 증가하고 기업의 현금흐름에 긍정적 영향을 미쳐 주가는 상승합니다. 원자재 등 수입이 많은 기업은 원자재 가격 상승 압박으로 기업의 현금흐름에 부정적 영향을 미쳐 주가가 하락할 수 있습니다. 반대로 환율이 하락할 경우(원화 가치 절상) 수출기업은 가격경쟁력을 상실하고 수출이 감소하며, 기업실적 악화로 주가는 하락합니다. 반대로 원자재 수입이 많은 기업은 원자재 구입가격이 하락하고 기업의 현금흐름이 좋아져 주가가 상승합니다.

하지만 최근에는 앞서 언급한 대로 국제화와 개방화로 인해 환율 상승의 긍정적 효과가 거의 나타나지 않고 있습니다. 대부분 상품의 밸류체인 길이가 늘어나 생산 과정에 참여하는 국가들의 수가 증가하여 환율의 평가절하 혹은 평가절상 효과가 상쇄되었기 때문입니다. 따라서 최근 기업의 현금흐름은 단순히 환율의 상승과 하락에만 영향을 받을 뿐만 아니라 상승과 하락 폭인 변동성에 더 많은 영향을 받습니다. 우리나라도 1997년 외환위기 때 환율 폭의 급격한 상승과 하락을 경험했고, 글로벌 금융위기를 겪으면서 기업들이 환율 변동성에 따른 위험관리에 관심을 기울이고 있습니다.

우리나라는 자원부족과 제한적인 국내시장 규모로 기업들의 해외의존도가 높은 상황입니다. 많은 기업들이 원자재를 수입하여 제조 및 가공하여 상품을 생산한 이후 수출하는 과정을 거치고 있습니다. 이를 고려할 때 환율의 변동성은 기업의 이익에 많은 영향을 미칩니다.

제조업은 원재료를 수입하여 국내에서 생산 후 판매하는 경로를 거칩니다. 이러한 과정에 원재료 수입 비중이 높은 기업이 급격한 환율 상승 시 미처 원가 변화를 판매단가 변화로 전가시키지 못하면 수익성 악화로 이어질 수 있습니다. 원재료를 국내에서 조달하는 수출기업 역시 환율이 급락하면 판매단가를 끌어올리지 못하고 수익성 악화로 이어질 수 있습니다.

결국 환율 변동성은 기업의 이익 규모와 수익성 변화에 영향을 미칩니다. 수익성이 악화되면 기업의 가치가 하락할 테고 수익성이 향상되면 기업가치는 상승할 것입니다, 이처럼 주식시장에서 기업이익의 변동성이 높은 경우에는 주가에 부정적인 영향을 미칩니다.

환율 변동성이 기업의 현금흐름에 영향을 미치는 이유는 첫째, 환율의 변동이 국제 무역량을 변화시키기 때문입니다. 예를 들어 환율이 상승한 국가에서 환율이 낮은 국가로 수출이 증가합니다.

두 번째, 환율 변동이 커지면 기업들의 환위험 헤지가 필요해져 환위험 관리비용이 증가합니다. 그러므로 환율 변동이 커질수록 기업의 환위험 헤지 수요가 증가하며 헤징을 위한 선물환 등 외환파생상품 거래비용도 늘어납니다. 선물환거래란 기업이 장래의 환율 변동위험을 피해서 통상 현재 환율로 미래의 일정 기간 내에 일정 금액, 일정 종류의 외환을 일정 환율로 매매할 것을 약속하는 거래입니다. 환위험을 관리하기 위한 시스템 비용, 시스템을 운용하기 위한 직원채용에 따른 비용도 늘어나 기업의 가치 감소와 주가 하락에 영향을 미칩니다.

일반적으로 주가와 환율의 관계는 장기보다 단기로 확실하게 반응합니다. 따라서 주가와 환율의 움직임을 고려할 때는 환율 변화의 방향과 함께 환율의 변동성도 고려해야 합니다. 2022년 2분기 이후 환율의 급상승은 단기 변동요인인 우리나라 외환시장의 수급과 미국의 기준금리 인상 기대에 따른 달러 강세가 주요 요인입니다.

환율 상승은 우리 기업의 이익을 감소시키고 주가에 부정적 영향을 미칩니다. 이에 해외 투자자가 빠지면서 외환시장에서는 환율 상승으로 이어질 수 있습니다. 2022년 들어서 우리나라에 투자했던 주식자금이 빠지면서 환율 상승에 영향을 줬습니다.

2022년 5월에는 외국인이 우리나라 채권에 대한 투자 유입이 확대되어 순유입으로 전환되었습니다. 이는 외국인들이 장기적으로 우리 경제에 대한 기초체질을 안정적으로 보고 있다는 증거입니다.

환율 변동성이 높은 시기에는 우리 기업의 이익이 감소하고 주가에 부정적 영향을 미칩니다. 이런 영향으로 해외 투자자가 빠지면서 외환시장에 반영되어 다시 환율 상승으로 이어질 수 있습니다.

Q 069

환율 변동성이 국제무역에는
어떤 영향을 미치나요?

최근 국제화와 개방화로 인해 환율 상승이 수출에 긍정적 효과를 주지도 않고 오히려 환율 변동성이 국제무역에 더 많은 영향을 미치고 있습니다.

환율이 급격하게 변동하면 경제가 교란되고 불확실성이 증가하여 무역 규모가 축소될 수 있습니다. 수출·수입에 대한 대외의존도가 높은 우리나라는 환율 변동성이 무역에 부정적 영향을 미칩니다. 지금은 많이 달라졌지만 10년 전만 해도 우리나라는 소규모 개방경제로 외환시장이 협소하여 작은 대외 충격에도 원/달러 환율이 출렁거렸습니다. 당시에는 우리와 비슷한 다른 이머징 국가에 비해서도 크게 나타났습니다.

보통 환율 변동성이 확대되면 무역거래의 불확실성이 증가하여 수출업자는 환리스크 부담을 수출가격에 전가시켜 수출이 줄어듭니다.

기업은 수출대금을 외국 통화로 받고 시장에서 국내통화로 환전함에 따라 환위험에 노출됩니다. 일반적으로 기업은 시장환율이 결정되기 이전에 생산량을 결정합니다. 그렇기 때문에 환율 변동이 수익에 영향을 미쳐도 기업은 생산을 조절할 수 없으며 기업이익은 환율 변동성에 의존할 수밖에 없습니다. 환율 변동성이 커질수록 환위험을 줄이기 위해 기업은 생산량을 줄이고 결국 수출이 감소합니다.

선진국들은 선물환 시장이 잘 발달되어 헤지를 통해 환위험을 쉽게 제거할 수 있습니다. 예측이 어려운 미래의 환율 변동 위험 노출을 어느 정도 줄일 수 있다는 의미입니다.

여러 국가와 동시에 무역과 금융거래를 하는 다국적기업은 환율 변동성을 완화하는 다양한 수단을 가지고 있습니다. 예를 들어 수출국으로부터 중간재를 수입하고 있다면 환율 변동으로 수출을 통해 얻은 수입이 일부 감소하더라도 낮아진 중간재의 수입가격으로 상쇄됩니다. 한 기업이 여러 국가와 동시에 거래할 경우, 환율 가치가 서로 상쇄되는 방향으로 움직이는 경향이 있어 환위험의 노출로부터 보호됩니다.

우리나라에서는 환위험 헤지를 위해 차액결제선물환거래(NDF) 등을 많이 사용하며, 규모는 주요 신흥국 중 가장 높은 수준으로 단기 외환시장의 수급을 결정하는 요인으로도 작용합니다. 차액결제선물환거래란, 만기 시 계약원금 상호 교환 없이 계약한 선물환율과 만기 때 현물환율의 차액만을 계약 당시 약정환율로 정산하는 선물환 계약입니다. 쉽게 말하면 원금 교환 없이 계약하는데 만기 시에 계약한 선물환율과 만시 시점의 현물환율의 차이를 계약 당시에 약정한 환율로 정산하는 것입니다. 즉, 원금교환 없이 계약하고 만기 때 계약한 약정환율로 차액만 정산하는 선물거래입니다.

환율 변동성이 무역에 부정적인 영향을 미치는 또 다른 이유는 기업이 환율이 변동해도 원료나 반제품 등의 생산요소 가격을 즉각 조정할 수 없기 때문입니다.

환율 변동성은 환율의 불확실성을 증가시킵니다. 수익 불확실성으로 위험에 민감한 기업들은 무역거래를 줄여 무역수지에도 부정적 영향을 미칩니다.

환율 변동성이 외국인 직접투자(FDI)에는
어떻게 영향을 미치나요?

2022년 들어 국제정세의 급격한 변화로 인해 원달러 환율의 불확실성이 증가하고 있습니다. 환율 변동성이 커지면 수출입에 의존하는 우리나라의 경우, 수입원자재 가격에도 영향을 미칠 뿐만 아니라 주요 수출품의 채산성에도 영향을 미칩니다. 따라서 환율의 급격한 변동은 국가경제에 매우 중요한 변수입니다.

환율 변동성 확대는 국제자본의 투자 결정에도 중대한 영향을 미칩니다. 환율 변동성이 커지면 국제 투자자본의 투자전략에 영향을 미쳐 국제자본 이동의 변동 요인으로 작용합니다.

환율 변동성이란 환율의 절상이나 절하와 같은 움직임이 아니라 측정 시점의 변동을 의미합니다. 불확실성이라고도 표현합니다. 특정 시점에서 변동성이 증가하면 환율의 움직임에 대한 불확실성이 커져 투자 결정의 불확실성도 커질 수 있습니다.

환율 변동성이 극심한 일부 신흥국에 대해 다국적기업이 환손실을 줄이기 위한 방편으로 현지 국가에 직접투자를 늘리는 경우도 있습니다. 하지만 대부분은 국제 투자자 입장에서 환율 변동성이 높은 국가에는 투자를 기피하는 경향이 있습니다. 다국적기업들도 환율 변동성이 높은 국가에 대해서는 대부분 직접투자를 줄이기 마련입니다.

2008년 글로벌 금융위기 이후에는 원화가 강세를 보이는 가운데에도 우리나라에 대한 일본의 직접투자가 증가했습니다. 이는 2008년 글로벌 금융위기 이후 우리나라의 환율 변동성이 안정화되었다는 의미입니다.

한 국가에 대한 외국인 직접투자를 결정하는 요인 중 환율을 제외한 요인으로 경제성장률이 있습니다. 경제성장률이 높고 산업생산이 활발하다면 외국인 직접투자의 증가 요인이 됩니다.

외국인 직접투자를 결정하는 또 다른 요인으로 투자국과 유치국 간의 이자율 혹은 금리 차를 들 수 있습니다. 자본이동의 규제가 없다면 이자율 차이가 클수록, 즉 외국인 직접투자 유치국의 이자율이 높을수록 투자자본 유입이 늘어납니다. 그래서 멕시코, 튀르키예 같은 신흥국들은 외국인 직접투자를 늘려 경제를 활성화시키기 위해 고금리 정책을 유지하기도 합니다.

Q 071

환율 변동에 따라 수출입거래 시
환위험을 헷징하는 방법에는 어떤 게 있나요?

수출입기업들이 무역거래를 할 때 대금결제는 대부분 상품을 받은 후 이루어지기 때문에 대금지연으로 인한 환위험에 노출되기 마련입니다. 수출입 상품에 대한 주문과 계약 후에도 대금결제는 최소 3개월 혹은 6개월, 길게는 1년이 더 걸릴 수도 있습니다. 수출기업의 경우도 특정 외환가격으로 계약을 했을 때 수출상품을 주문, 생산, 선적, 배달하는 데 시간이 걸려 수출대금 결제일까지는 환위험에 노출되어 있습니다. 따라서 이를 해결하기 위해 선물환 등 외환파생금융거래 등의 환위험 헷징을 통해 환손익을 감소시키거나 환이익을 발생시키는 전략을 사용합니다. 최근 국내기업들은 환위험 헷징을 위한 파생상품 이용이 활발해지면서 장기파생상품의 이용도 증가하고 있습니다.

국내의 중소기업들도 다양한 환헷징 수단을 이용하여 외화 관련 위험을 관리하고 파생상품 사용을 꾸준히 늘려 왔습니다. 하지만 글로벌 금융위기 이후 키코사태로 막대한 평가손실을 입으면서 파생상품 사용이 줄어들기도 했습니다.

환헷징은 통화선도, 선물, 통화옵션, 통화스와프, 보험, 기타 금

100문 100답으로 쉽게 이해하는

융상품을 통해 가능합니다. 통화선도, 선물의 경우 사전에 정한 특정 시점에서 미리 정해 놓은 환율로 외화를 매수하거나 매도하는 거래입니다.

선도는 표준화(거래소 상장)되지 않았다는 의미이며 선물은 거래소에 상장된 표준화된 거래를 말합니다. 예를 들어, 2개월 후 받을 외화 수출 대금을 현재의 환율로 통화선도, 선물을 매도해 놓으면 향후 환율 변동에 따른 위험을 줄일 수 있습니다. 수출기업은 은행이나 금융회사와 협의하여 만기, 약정환율 등을 정한 뒤 맞춤형 선도, 선물환 거래를 할 수 있습니다. 또한 거래소 시장을 통해서 표준화된 약정환율, 만기 등으로 된 달러나 엔, 유로 선물거래를 할 수도 있습니다(https://www.krc.co.kr에서 선물통화상품 확인 가능).

통화옵션은 외화를 사전에 정해 놓은 시점에서 미리 정해 놓은 환율, 약정환율로 매도, 매수할 수 있는 권리를 사고파는 행위입니다. 옵션 종류로는 콜옵션으로 살 수 있는 권리와 풋옵션으로 팔 수 있는 권리가 있습니다. 앞서 설명한 선도, 선물환은 만기일에 의무적으로 이행해야 하는 거래이며 옵션 매수자는 옵션 행사 여부를 스스로 결정하는 권리를 갖는 것입니다. 그리고 옵션 매도자는 매수자의 권리행사에 응해야 하는 의무가 있습니다. 수출업자 입장에서 외화를 현재 환율이나 약정환율로 매도할 수 있는 권리인 풋옵션을 매입하면 대금 수취일에 환율이 하락하더라도 약정환율로 수출 대금을 회수할 수 있어 환율 하락에 따른 영향을 받지 않을 수 있습니다.

표준화된 달러 옵션은 거래소 시장을 통해 매입이 가능하며 은행 등의 금융회사와 협의하여 만기일, 행사환율 등을 약정한 뒤 맞춤형 옵션으로 매입할 수 있습니다. 옵션 매도는 손실 한도가 정해지지 않은 구조라서 큰 손실을 입을 수 있어 유의가 필요합니다 (https://www.krc.co.kr에서 옵션통화상품 확인 가능).

통화스와프는 거래 당사자 간에 약정된 환율로 이종 통화를 교환한 뒤에 기일에 통화를 재교환하는 거래로 볼 수 있습니다. 수출입 기업에서 수입금을 달러로 지불한 뒤 2개월 후에 수출 대금을 달러로 수취한다면 약정환율로 보유한 원화를 달러로 교환할 수 있습니다. 이를 통해 수입대금을 지불한 후 2개월 뒤에 수출대금을 달러로 받아서 약정환율로 원화를 재교환하는 거래를 하여 환율 변동을 관리할 수 있습니다. 통화스와프 상품의 경우 거래소 시장에 상장되지 않아 은행이나 금융회사를 통해 장외에서 맞춤형 거래로 할 수 있으며 은행의 이자 수수 과정이 수반될 수 있습니다.

환보험은 수출입기업에서 향후 환율 변동 손실에 대한 보험을 가입하면 환율 변동으로 인해 발생된 손실에 대해 보험금 수령을 통해 환율 손실을 보전하는 방법입니다. 환율 변동에 따른 이익이 발생하면 무역보험공사에 귀속됩니다. 수출입기업에서는 무역보험공사가 판매하는 수출환, 수입환 변동 보험에 가입하여 환위험을 관리할 수 있습니다(https://www.ksure.or.kr에서 환보험 확인 가능).

선물환 거래 능력이 취약한 중소기업은 환보험을 통해 수출계약 금액을 원화로 고정해 환율 등락에 따른 환차손익을 제거할 수 있습니다. 또한 수출기업뿐 아니라 수입, 외화차입, 해외투자 등에도 활용 가능한 환위험 보험도 있습니다.

우리나라의 국가 간 통화스와프 체결 현황이 궁금합니다

국가 간 통화스와프 협정은 두 나라가 자국 통화를 상대국 통화와 맞교환하는 방식으로 이루어집니다. 즉, 통화스와프 협정은 통화 교환의 형식을 이용하여 단기적인 자금융통을 행하기로 하는 계약, 통화협정입니다. 본질적으로 기축통화국과 비기축통화국이 협정을 맺지만, 경제적으로 거리가 가까운 비기축통화국끼리 서로 가지고 있는 범위 내에서 소액의 통화스와프를 맺기도 합니다. 다른 나라와 통화스와프를 맺어두면 외화가 필요할 때 해당하는 한도 내에서 자국 통화를 상대국 통화로 교환할 수 있습니다. 2022년 6월말 기준 우리나라는 9개국 1,168억 달러 수준으로 통화스와프를 체결하고 있습니다.

특히 한-캐나다 통화스와프는 최초로 무제한 무기한 상설 통화스와프입니다. 캐나다 달러는 준기축 통화로써 안정성이 높은 화폐이므로 우리나라와 맺은 스와프는 매우 의미가 크다고 하겠습니다.

하지만 미국과 맺었던 600억 달러 규모 통화스와프는 2021년 12월 종료되었고 이를 보완하기 위해 미국 채권을 담보로 달러를 언제든지 쓸 수 있는 600억 달러 규모의 FIMA 레포제도를 활용하기로 미 연준(Fed)과 협의했습니다.

FIMA 레포제도는 달러 유동성이 부족할 때 한국은행이 외환보유액의 일부로 보유하고 있는 미국채를 담보로 제공하면 미 연준이 달러를 공급하기로 합의한 것입니다. 미 국채를 시장에 매도하지 않고 달러를 조달할 수 있어 달러 유동성을 확보하는 창구 역할을 수행합니다. 2020년 3월 한시적으로 도입했다가 2021년부터 상설화되었습니다. 하지만 한국은행은 아직 단 한 차례도 FIMA 레포기구 자금을 사용하지 않았습니다.

한미 통화스와프는 2008년 글로벌 금융위기나 2020년 코로나19 등 위기 때마다 원화 급락을 막아주는 역할을 해왔지만 상설 통화스와프를 체결한 5개국(일본, 영국, EU, 스위스, 캐나다)들도 달러 강세 대비 자국 통화 약세가 크거나 비슷해 현재 환율 안정에 큰 도움이 안 된다는 지적도 있습니다.

2022년에는 코로나19, 라시아-우크라이나 전쟁, 미국의 금리 인상과 양적긴축으로 국제금융시장의 불확실성이 높아지고 안전자산 선호가 더욱 강화되기 시작했습니다. 중국의 제로코로나 정책과 공급망 마비로 전 세계적인 인플레이션이 확대되고 있습니다. 2022년 국내에서도 원달러 환율이 가파르게 상승하고 외화자금시장에서 원달러 환율이 급격히 상승했습니다.

실제로 우리가 2020년 3월 미국과의 통화스와프를 발표하자 그 영향으로 당시 환율이 3% 이상 하락했습니다. 그 이후에도 2주간 2%의 하락세가 유지되었습니다.

환율은 통화가치 및 안정성에 대한 미래기대 변화를 반영한 것

▶ 통화스와프 체결 현황

국가	규모	체결일자	만기
캐나다	무제한	2017년 11월 15일	무기한
중국	590억 달러	2008년 12월 12일	2025년 10월 8일
아세안	384억 달러	2014년 7월 17일	없음
스위스	106억 달러	2018년 2월 20일	2026년 3월 1일
인도네시아	100억 달러	2014년 3월 6일	2023년 3월 5일
호주	81억 달러	2014년 2월 23일	2023년 2월 6일
UAE	54억 달러	2013년 10월 13일	2027년 4월 12일
말레이시아	47억 달러	2013년 10월 20일	2023년 2월 3일
튀르키예	20억 달러	2021년 8월 12일	2024년 2월 12일
합계	1,382(+미REPO 600억 달러)		

이므로 최대 600억 달러에 달하는 통화스와프 자금이 준비된 점이 국내 외환시장 안정에 기여한 것으로 평가할 수 있습니다. 2022년 환율 상승이 금융불안이라고 말할 수는 없지만 향후에도 금융위기 시 국내 금융시장을 보호하고 환율을 안정화하는 데 통화스와프나 FIMA레포제도가 매우 유용할 것입니다.

이 두 가지 정책수단을 이용해 현재 우리 정부가 금융위기 시 가용할 수 있는 달러는 총 1,982억 달러 규모입니다. 향후, 미국과 FIMA레포제도 이외에 추가로 통화스와프를 체결하면 장기적인 금융안정에 기여하리라 생각합니다.

Q 073

우리나라 원달러 환율 흐름은
향후 어떻게 바뀌나요?

IMF 외환위기(1997~1998), 미국 서브프라임 모기지 사태(2007~2008)와 같은 경제위기일 때 원달러 환율은 크게 상승했습니다. IMF 외환위기 이전 원달러 환율은 900원 미만이었으나 IMF 외환위기 당시에는 1997년 12월 23일 1,995원까지 올랐습니다. 이후 제도적으로 자유변동환율제도를 채택하고 외환시장 규제완화, 자본시장 개방, 기업구조 선진화 등이 맞물리면서 원달러 환율의 변화는 더욱 커졌습니다.

IMF 외환위기로 급등한 환율은 2001년부터 안정화되면서 2007년 900원 수준으로 내려갔으나, 2008년 미국 서브프라임 모기지 사태가 전 세계로 확산되면서 2009년 3월 6일 환율이 1,597원까지 상승하기도 했습니다. 이후 미국의 기준금리 인하와 대규모의 양적완화가 지속되면서 원달러 환율은 점차 안정되었습니다.

2020년 코로나19가 확산되면서 원달러 환율이 소폭 상승했다가 미국과 유럽이 다시 한번 확장적 재정정책을 펼치면서 떨어졌습니다. 하지만 2022년 중국의 제로코로나 정책으로 인한 공급망 마비와 러시아-우크라이나 전쟁으로 인한 유가 및 원자재 폭등과

100문 100답으로 쉽게 이해하는

급격한 인플레이션으로 인해 미국이 기준금리를 인상하면서 유동성 축소가 진행되자 원달러 환율은 다시 급상승했습니다.

원달러 환율은 1997년 IMF 외환위기와 2008년 서브프라임 모기지 사태가 발생한 시기에 매우 큰 변동성을 나타냈습니다. IMF 외환위기로 인해 자유변동환율제도가 채택된 이후부터 변동성이 확대된 것으로 볼 수 있습니다.

2022년 환율 상승은 단기 요인인 외환시장에 달러 수요가 증가한 것이 직접적인 원인입니다. 국내시장에서 외국인의 지속적인 매도가 환율을 올리는 요인으로 작용하고 있습니다. 아울러 미국의 금리 인상과 양적축소로 인해 강달러가 지속되면서 안전자산 선호로 달러 구매가 늘면서 달러가 상승했습니다.

중기요인으로는 전 세계적인 경기침체 우려로 인해 우리나라 수출이 줄어들고 경제성장률도 하락하리라는 우려가 반영되어 있습니다. 따라서 우리나라 환율 상승은 미국의 극심한 인플레이션이 어느 정도 안정화 되면서 미국 금리 인상 요인이 줄어들 때, 이로 인해 강달러 국면이 경기를 살리기 위해 전환될 때 안정될 것으로 보입니다.

2022년 미국의 인플레이션은 공급 측면의 요인(러시아-우크라이나 전쟁과 중국의 제로코로나 정책)이 주요 원인이지만 수요 측면에서도 많은 영향을 주고 있습니다. 2022년 연준 자산은 9조 달러로 코로나 팬데믹 이후 엄청나게 증가했습니다. 팬데믹 직전인 2020년 2월 대차대조표를 보면 4조 2천억 달러였습니다. 2020년 3월부터 채권 매입을 본격화하면서 2020년 6월부터 매달 1,200억 달러씩 매

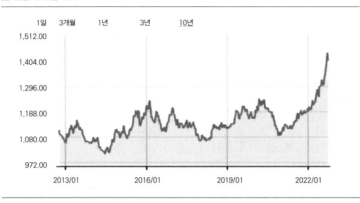

입했습니다. 이러한 원인들이 복합적으로 작용하여 2년간 5조 달러 정도의 엄청난 유동성이 풀렸습니다. 역대급 유동성이 공급 측면의 원인들과 결합하면서 극심한 인플레이션이 나타난 것입니다.

2022년 9월 연방공개시장위원회(FOMC)는 정책금리 전망 점도표를 대폭 상향하고 2022년 말 기준금리를 4.4%, 2023년 말에는 4.6%, 2024년 말 3.9%로 전망했습니다. 일부에서는 인플레이션 상승률을 볼 때 이보다 높은 4~7%까지는 올려야 한다는 의견도 있습니다. 아무리 금리 인상 폭을 넓혀나가도 인상 효과는 1~2년에 걸쳐 나타나는 만큼 당분간은 인플레이션이 지속될 것입니다. 특히 2022년의 인플레이션이 외부 공급요인에 기인한 바가 커서 기준금리 인상을 통한 수요억제 정책만으로 인플레이션을 잡기에는 한계가 있습니다.

코로나19 팬데믹 시기 불과 2년 동안 미 연준이 공급한 유동성은 그 이전 10년간 공급한 달러보다 많다고 합니다. 여기에 자산

버블 심화로 각국의 가계부채도 위험한 수준입니다.

따라서 우리나라 환율 상승은 미국 금리 인상 요인이 줄어들 때 진정국면에 들어갈 텐데, 최소 2024년은 되어야 할 것입니다. 다만 우리 경제가 과거보다 안정적이고 장기 경제전망을 반영한 채권금리를 볼 때, 과거 1999년 IMF 외환위기 시절처럼 환율이 저점 대비 146% 상승하거나, 2008년 글로벌 금융위기처럼 상승하진 않으리라 예상됩니다.

Q 074

우리나라 외화부채 규모는 적정한가요?

2000년 기준 우리나라 기업부문의 대외부채 규모는 약 1,000억 달러 규모였습니다. 약 20년에 걸쳐 그 규모가 2020년에는 3,000억 달러로 3배 확대되었습니다. 이러한 부채의 증가는 금융회사의 대외부채가 큰 부분을 차지하며, 전체 기업부문 대외부채의 60~75%를 차지합니다. 금융회사의 대외부채 규모는 약 594억 달러에서 2,235억 달러로 4배 정도 확대되었습니다. 비금융기업인 일반기업들의 대외부채는 2000년 378억 달러에서 2020년 722억 달러 규모로 성장하며 지난 20년간 약 2배 확대되었습니다.

그런데도 2020년 금융회사의 대외부채는 GDP 대비 5% 수준에서 비교적 안정적인 흐름을 보이고 있습니다. 우리나라 비금융기업의 대외부채 증가는 대부분 채권발행을 통해 이루어졌습니다. 비금융회사들이 지난 20년간 외국은행에서 차입을 통해 조달한 자금의 규모는 큰 변화가 없었습니다. 대부분 회사의 신용을 이용하여 외화채권을 발행해서 대외부채가 증가했습니다. 2000년에는 163억 달러에서 2020년 471억 달러로 증가하며 20년간 약 2.9배 확대되었습니다.

100문 100답으로 쉽게 이해하는

2020년 우리나라 비금융기업의 대외부채 규모는 채권 및 은행 차입 모두 각각 GDP 대비 10% 이하이며, 두 종류의 채무를 합해도 GDP 대비 10%를 초과하지 않은 것으로 나타났습니다. 우리나라 대외채무는 경제규모를 고려하면 비교적 낮은 상태입니다. 과거 IMF 외환위기 시절에는 높은 외화부채가 경제위기의 원인이었습니다. 2022년 들어서 외국인 투자자금이 빠져나가면서 환율이 상승해 우려가 나오고 있으나, 우리나라의 외화부채 규모는 이전보다 상당히 낮아 IMF 외환위기 당시와 같은 달러 유동성 부족 문제에 직면할 상황은 아닙니다.

Q 075

국제금융시장에서 외화채권 발행 중요성이
커진 이유는 무엇인가요?

지난 30년간 세계화는 세계경제의 가장 중요한 화두가 되었습니다. 비록 최근 몇 년간 정치적, 지역적 갈등으로 무역장벽이 다소 높아졌지만 말입니다. 2008년 글로벌 금융위기 이후 무역 규모의 상승세가 주춤하기도 했으나 WTO 체제의 출범과 함께 세계경제의 무역규모도 가파르게 성장하는 모습을 보입니다. 국제무역의 밸류체인을 통해 각국 경제가 모두 긴밀하게 연결되어, 국가 간 자본 유출입 규모가 확대되고 있습니다.

2000년대를 기점으로 신흥국 경제도 국제금융시장에 빠르게 통합되었습니다. 특히 신흥국 기업이 국제금융시장을 통해서 조달하는 외화자금 규모가 계속 상승하고 있습니다. 이러한 현상은 글로벌 금융 위기 이후 선진국 경제의 저금리 현상이 지속되면서 더욱 가속화되었습니다.

우리나라 또한 예외가 아니어서 외환위기 이후 자본시장을 개방했습니다. 지속적인 경제성장과 금융부문의 발전과 함께 우리 경제는 빠른 속도로 국제금융시장에 통합되었습니다. 이에 우리나라 기업들이 국제금융시장에서 외화채권 발행을 통해 자금을 조달하는 규모도 커져, 2019년 570억 달러로 2003년에 비해 3.4배나 성장했습니다. 무엇보다도 외화자금 조달 시 은행차입에 비해 외화채권 발행의 중요도가 갈수록 확대되고 있습니다. 이에 따라 외화채권 발행을 통한 외화자금 조달 규모가 꾸준히 상승하는 것은 다른 선진국, 신흥국 경제와 유사한 현상입니다. 우리 기업들이 영업활동, 투자에 필요한 자금을 주식이나 은행차입 등으로 이용할 수 있으나 외화채권을 발행하여 자금을 조달하는 이유는 은행대출에 비해 장기자금 조달에 유리하고 금융비용을 줄일 수 있기 때문입니다.

은행차입은 자금을 빌리는 기업의 담보자산 규모와 가치에 따라 대출할 수 있는 금액과 금리가 달라지기 때문에 차입 규모에 한계가 존재합니다. 따라서 기업은 은행대출을 통한 필요 자금 이외에 추가적인 자금조달을 위해 국제금융시장에서 외화채권을 발행합니다. 현재 우리나라 비금융기업의 대외부채 규모는 2000년 378억 달러에서 2020년 722억 달러로 성장하며 지난 20년간 약 2배로 확대되었습니다. GDP 대비 5% 수준에서 비교적 안정적인 흐름을 보입니다.

통상적으로 국제자본시장에서 채권발행을 통해 자금을 조달하려면 기업 규모가 일정 수준 이상이어야 하며, 기업정보가 충분히 공개되어 신용평가가 가능해야 합니다. 그런 이유에서 국제금융시장에서 회사채 발행 증가 현상은 대부분 대기업이 주도하고 있습니다. 국제금융시장을 통해서 조달하는 외화자금 규모가 지속적으로 상승하는 것은 우리 기업들의 성장성과 잠재력을 국제적으로 인정받고 있다는 반증이기도 합니다.

외화채권 발행이 어려워지는 것은
경기수축의 신호인가요?

기준금리가 오르고 경기수축이 예상되면 자금조달 시장이 얼어붙게 됩니다. 은행대출을 통한 필요 자금 이외에 추가적인 자금조달이 필요한 기업들의 회사채 발행이 어려워집니다. 신용등급에 따라 기업의 회사채 발행 금리가 차이가 나는 신용 스프레드도 확대됩니다. 특히 기준금리가 인상되고 통화가 줄어드는 유동성 긴축 시기에는 조건이 악화되어 회사채 발행을 보류하거나 지연하는 기업들이 늘어납니다. 실제 2022년 하반기 접어들면서 높은 금리 수준과 금리의 불확실성이 커지면서 기업들이 회사채 발행 시기를 연기하거나 취소하고 있습니다.

기준금리가 오르고 경기 불확실성이 증가하면 회사채 금리가 많이 오릅니다. 특히 비우량 기업들은 발등에 불 떨어진 상황입니다. 신용도가 낮아 이미 공모채 시장에서 자금조달이 어렵기 때문입니다.

기준금리가 상승하면 원달러 환율까지 급등해 외화채권 발행기업들의 상환 부담도 가중됩니다. 2022년에 만기가 도래하는 외화채권 규모는 332억 달러(2021년 12월 말 기준 42조 원) 규모로 전년 대비 10% 정도 증가했습니다. 하지만 2022년 4월까지 발행한 외화채권 규모가 180억 달러 정도로 소폭 증가했습니다.

최근 환율이 급격히 상승하자 우리나라 기업들도 외화채권 상환 부담이 많이 커졌습니다. 환율 상승에 따라 이들 기업의 채무부담도 같이 증가한 것입니다.

외화자금 조달비용이 상승하면 향후 경기는 하강하는 경향이 있습니다. 국제금융시장 여건이 변화하여 경기 하강으로 이어집니다. 국제금융시장 여건에는 큰 변화가 없지만 국내 경제의 공급 또는 수요 충격이나 북한문제로 인한 지정학적 리스크가 발생하면 우리 기업의 산업활동이 위축될 수 있습니다. 국내 경제문제가 발생했지만 국제금융 투자자는 향후 채권가격에 이런 요인을 반영하여 외화채권금리를 산정합니다. 국제금융시장에서 국제투자자의 투자심리 또는 위험회피 성향은 경제상황을 이해하는 신호등입니다. 이들이 위험회피 성향으로 자금을 회수하려고 할 경우는 부채가 많거나 경제상황이 좋지 않은 신흥국들의 주가 폭락과 환율 폭등이 일어나는 테이퍼텐트럼(긴축발작)이 일어날 수 있습니다.

Q 077

환율이 상승하면 어떤 기업이 어려워지나요?

외화부채가 외화자산보다 많은 기업들은 환율이 상승하면 채무부담 증가로 인해 투자에 제약이 생길 수 있습니다. 이러한 효과를 대차대조표 효과라고 합니다. 외화부채가 많은 기업은 환율 상승으로 갚아야 할 외화부채 금리가 상승해 오직 차입금 상환에만 집중하게 됩니다. 자국 통화의 평가절하로 인해 부정적 대차대조표 효과가 발생한 것입니다.

급격한 환율 상승과 이에 따른 대차대조표 효과로 인해 IMF 외환위기 당시 부채가 많은 우리 기업은 심각한 어려움을 경험했습니다. 대부분의 우리나라 기업들은 환율이 상승하는 시기에는 대차대조표 효과로 인해 투자가 위축됩니다. 또한 환율이 상승하면 기업이 국제자금 조달시장에서 자금조달 비용이 상승하여 추가적인 투자 및 생산 투입을 감축합니다. 이로 인해 실물경기도 동반 하락하게 됩니다.

Q 078

최근 환율전쟁은 사라지고
자국 통화가치 하락을 막는 역환율전쟁이
시작된 이유는 무엇인가요?

얼마 전까지 전 세계는 자국의 통화가치를 낮추는 환율전쟁을 진행했습니다. 자국 통화가치를 낮추면 수출경쟁력을 확보할 수 있고, 경제도 활성화할 수 있습니다. 대부분 경제개방화가 부족한 산업화 단계에 있는 나라들이 수출주도성장에서 시도한 방법입니다. 자국의 무역수지를 개선하기 위해 자국 통화가치를 경쟁적으로 떨어뜨리면서 수출을 늘려가는 정책을 펼친 결과입니다. 과거 트럼프 정권은 중국이 수출경쟁력을 높이기 위해 위안화 가치를 고의적으로 높이려 한다며 중국을 환율조작국으로 지정했습니다.

기본적으로 환율전쟁은 경제 불확실성이 높아가는 상황에서 자국의 화폐가치를 떨어뜨리면서 싸움이 시작됩니다. 일례로 우리나라와 일본은 수출에서 상당히 겹치는 부분이 많습니다. 이런 산업구조 때문에 한일 자유무역협정(FTA)은 실효성이 떨어진다는 얘기도 나오고 있습니다. 우리나라의 환율가치가 더 낮을수록 우리 제품이 국제사회에서 더 높은 가격경쟁력을 발휘할 수 있습니다. 그래서 경쟁국가 사이에는 금리 인하 등 다양한 방법을 통해 자국 화폐가치를 더욱 떨어뜨리면서 환율전쟁이 시작됩니다.

한국에서 먼저 기준금리를 낮추면 상대적으로 일본의 기준금리는 높은 상황이라 국제 투자자금은 높은 이자를 찾아 한국 시장에서 빠져나가 일본 자본시장으로 옮겨갑니다. 따라서 일본은 아무 액션을 취하지 않아도 상대적으로 돈의 가치가 높은 나라가 됩니다. 이런 상황에서 일본으로 돈을 옮기기 위해 한국 외환시장에서 원화를 팔아 달러를 구입해야 하므로 자동적으로 원화 가치가 떨어집니다. 따라서 한국이 금리를 낮추면 환율이 올라가서 고환율 정책을 시행하는 효과가 나타납니다. 일본은 의도하지 않게 한국으로 인해 저환율 정책을 펼친 결과가 나온 것입니다. 이런 상황은 한국에서 만든 제품이 국제시장에서 일본보다 더 높은 경쟁력을 유지하는 결과를 만듭니다. 우리나라를 따라 일본도 금리를 내리면 두 나라 간에 본격적으로 환율전쟁이 시작됩니다.

또 다른 방법으로 양적완화를 쓰면서 본격적으로 돈을 푸는 정책을 추진할 수도 있습니다. 양적완화를 통해 시장에 많은 돈을 풀면 자동적으로 그 나라의 통화가치가 떨어집니다. 마치 고환율정책을 펼치는 것과 유사한 결과가 나옵니다.

2008년 금융위기를 겪은 미국도 당시 달러 가치를 내리기 위해 3번에 걸쳐 4조 원이 넘는 달러를 시장에 풀었습니다. 유럽중앙은행(ECB)도 유럽 재정위기 당시 엄청난 돈을 풀었습니다. 경제위기를 맞은 미국과 유럽이 모두 경제를 살리기 위해 자국의 통화가치를 낮추어 최종적으로 환율전쟁의 양상을 보인 것입니다.

모두 경제가 안 좋은 상황에서 자국 경기를 살리는 부양책으로 금리 인하와 양적완화라는 통화정책을 이용해서 환율전쟁을 시도하는 것입니다. 보통 이러한 정책은 경기가 안 좋은 상태에서 진행되므로 환율전쟁의 양상은 더욱 치열해집니다.

만약 이 정책으로도 부족하면 정부가 외환시장에 적극 개입하게 됩니다. 한 국가의 외환보유고를 더 늘려서 자국통화 가치를 인위적으로 떨어뜨리는 것입니다. 정부가 외환시장에서 달러를 더 많이 사들이면서 그만큼 외환보유고를 늘릴 수 있습니다. 달러를 사면 외환시장에 원화 공급이 늘면서 원화 가치가 떨어지게 됩니다.

정부가 이런 정책을 펼치면 위기감을 느낀 상대국이 비슷한 정책으로 맞대응해 양국간 환율전쟁이 심화되기도 합니다. 상대국이 이해하기 어려울 정도로 외환보유고를 늘리는 것도 환율조작의 또다른 형태로 볼 수 있습니다. 금리 인하와 양적완화가 환율전쟁의 초기 패턴이라면 정부가 개입하여 외환보유고를 늘리는 정책은 심화 패턴으로 볼 수 있습니다.

환율전쟁의 마지막은 무역전쟁입니다. 환율전쟁의 연장 속에서 무역전쟁도 일어날 수 있습니다. 환율전쟁은 수출에서 유리한 위치를 점하고 침체된 경기를 살리기 위해 격화됐으나 인플레이션 등의 물가 급등 상황에서는 역환율전쟁이 시작됩니다. 환율전쟁의 목적이 경기를 살리고 기업이 수출을 통해 무역수지를 개선하려는 것이라면, 역환율전쟁은 수입물가를 낮추어서 물가 상승세를 진정시키려는 목적이 있습니다. 따라서 자국 화폐가치를 올려야 수입품 가격이 낮아지고 그 수단으로 금리 인상과 양적긴축을 사용합니다. 이러한 정책은 고물가에 대응하는 수단이 됩니다. 한국은행이나 미국, 유럽도 기준금리를 올리기 시작했는데 이는 역환율전쟁의 초입 단계로 볼 수 있습니다.

역환율전쟁에서 패하면 상대적으로 다른 나라에 비해 인플레이션을 잡는 데 뒤처질 수 있습니다. 수출기업에는 불리한 상황이 됩니다. 물가를 잡자니 경기가 죽고 경기를 살리자니 물가가 폭등하는 문제가 발생한 것입니다. 역환율전쟁은 일반적인 상황에서는 발생하지 않고, 전 세계적인 인플레이션 상황에서 수입물가를 낮추기 위해 자국 화폐가치를 높여 수입품의 가격을 낮추려는 상황에서 발생합니다.

2022년 2분기 들어 미국달러 강세 속에 인플레이션 억제가 지상과제가 된 각국 중앙은행은 자국 통화가치를 인위적으로 낮추는 환율전쟁 대신에 자국 통화가치 하락을 막기 위한 역환율전쟁을 시작했습니다. 각국 중앙은행은 그동안 수출 활성화를 위해 낮은 자국 통화가치를 추구하던 입장을 바꾸어, 인플레이션 주범인 수입물가 상승세를 잡기 위해 앞다퉈 자국의 통화가치를 끌어올리고 있습니다.

기존 각국 중앙은행의 통화정책은 경제활성화를 위해 자국 통화가치를 낮추는 데 초점을 맞추었습니다. 만약 자국 통화가치가 치솟게 되면 수입가격이 싸져서 수입이 대폭 늘어나고 수출제품은 가격이 올라 가격경쟁력을 잃어 자국의 생산이 줄어들기 때문입니다. 자국 생산량이 줄면 공장가동률이 떨어지고 실업도 증가하여 경제성장에 부정적 영향을 줄 수 있습니다. 얼마 전까지만 해도 이처럼 각국이 서로 통화가치를 떨어뜨리는 환율전쟁이 잦았습니다. 하지만 코로나 팬데믹 이후의 인플레이션 고공 행진은 각국 중앙

100문 100답으로 쉽게 이해하는

은행에 새로운 접근법을 요구합니다.

2022년 인플레이션 오름세가 지속되자 외환정책이 급격히 변화하고 있습니다. 2022년 각국 중앙은행의 최종 목표는 인플레이션 억제로 바뀌었습니다. 미 연준(Fed)은 앞으로도 금리를 계속 올리는 빅스텝, 자이언트스텝을 예고하면서 20년 만에 최고 수준으로 달러 가치가 오르고 있습니다.

기축통화인 달러를 기준으로 움직이는 외환시장에서 달러 가치의 상승은 다른 나라 통화의 약세를 의미합니다. 지금 각국 중앙은행은 경제성장률보다 인플레이션을 잡기 위해 자국 통화가치 하락을 막아야 한다고 생각합니다. 따라서 연준의 통화정책에 보조를 맞추어 금리를 올려야 합니다. 미 연준의 기준금리 인상 폭보다 높게 올려야 자국 통화가치의 하락을 막을 수 있습니다.

이렇게 역환율전쟁이 시작된 이유는 통화가치가 낮아지면 수입품 및 수입 서비스 가격이 올라 인플레이션 압박을 받기 때문입니다. 인플레이션 억제는 각국 중앙은행의 주요 정책목표입니다. 연구에 따르면 경제규모가 큰 선진국의 경우 자국 통화가치가 1% 하락하는 것을 막기 위해서는 기준금리를 평균적으로 추가로 0.1%를 올려야 한다고 합니다.

유럽중앙은행에서도 통화정책의 기조 변경이 시작되었습니다. 러시아—우크라이나 전쟁으로 1유로—1달러라는 유로 달러 패리티 시대를 지나 유로화가 달러보다 떨어지는 전망 속에 유로화 가치 하락을 막기 위한 움직임이 감지되고 있습니다.

영국은행(BOE)은 선행적으로 대대적인 금리 인상에 나서고 있습니다. 2022년에만 무려 4차례의 통화정책회의를 통해 매번 기준 금리를 올렸습니다. 그런데도 영국 파운드 가치는 2년 만에 최저 치로 떨어졌습니다. 2022년 2분기 스위스 중앙은행(SNB)도 입장을 바꾸어 금리 인상을 통해 인플레이션 억제를 추진하고 있습니다.

달러 강세로 피해를 보는 나라들은 선진국만이 아닙니다. 달러 표시 부채 비중이 높은 신흥국들도 심각한 타격을 받고 있습니다. 달러 강세로 환위험이 증가하기 때문입니다.

이런 국제상황을 맞아 지금과 유사한 상황이었던 1971년 석유 1 차 파동 시기 이탈리아 로마에서 열린 선진 10개국(G10) 회의에서 미 재무부장관이었던 존 코널리의 말이 떠오릅니다. 그는 당시 전 세계적으로 어려움을 겪는 상황에서 "달러는 우리 통화지만 그 문 제는 당신들 것"이라고 선언했습니다.

2022년 4월에만 달러 강세로 인해 전 세계 신흥국 주식시장에 서 무려 40억 달러가 유출됐습니다. 신흥시장 통화는 폭락했고 아 시아 신흥국 채권은 올해 7% 손실을 입었습니다. 2013년 긴축발 작(테이퍼테트럼) 시기보다 더 큰 타격입니다.

2022년 중국 위안화 가치 역시 하락하고 있습니다. 그러나 중국 당국은 아직 개입을 고려하지 않고 있습니다. 다른 국가들에 비해 낮은 인플레이션을 발판으로 아직은 성장에만 집중하겠다는 의미 입니다.

2022년 위안화 약세는 다른 아시아 통화 약세를 연쇄적으로 불 러오고 있습니다. 신흥국 통화들에게 일종의 방패막 역할을 해왔 던 위안화 가치가 하락하면서 신흥국 통화의 급격한 하락을 불러

100문 100답으로 쉽게 이해하는

왔다는 평가입니다. 2022년 그나마 증시 부양책으로 외국인 투자금이 중국 시장에 복귀하고 있으나 근본적인 기업경쟁력 회복으로 주가가 올라간 것이 아니어서 부양책이 끝날 때 위험은 더 증가할 수 있는 상황입니다.

2022년부터 시작된 달러화 강세 기조는 신흥국에서 달러 금융에 접근하기가 더욱 어려워졌음을 의미합니다. 미국이 인플레이션을 잡기 위해 달러 강세를 지속한다면 경제 체질이 나쁜, 부채 비중이 높은 스리랑카, 파키스탄 같은 신흥국들은 큰 위협을 받을 것입니다. 달러 강세로 신흥국에 투자된 돈이 빠지면서 재정적자와 부채가 많고 경제가 좋지 않은 신흥국에서부터 긴축발작의 경제위기가 시작될 가능성이 매우 큰 상황입니다.

Q 079

미국의 양적완화가 우리나라 경제에
어떤 영향을 미치나요?

미국은 지난 2000년 초 닷컴버블 이후 초저금리로 대표되는 확장적 통화정책을 통해 유례없는 호황을 누렸습니다. 하지만 이 과정에서 팽창된 유동성이 부동산 등 자산 버블을 형성했고 지나친 모기지 채권발행과 금융회사의 도덕적 해이가 결합되며 2008년 글로벌 금융위기가 발생했습니다. 2008년 당시 GDP 성장률은 −2.8%로 하락하고 부동산은 28% 하락했으며, 실업률은 2009년 10%까지 상승했습니다.

당시 미국은 침체를 벗어나기 위해 양적완화를 3차례에 걸쳐 실시했습니다. 금리 인하와 함께 장기국채와 주택저당증권(MBS), 채권 매입을 실시한 것입니다. 모기지채권을 매입하여 모기지 채권시장에 유동성을 공급하여 장기금리 하락을 유도했습니다. 양적완화를 통해 2014년에 주택가격은 다시 24% 상승하고 실업률은 5.6%로 하락했으며 GDP는 2.42% 성장하여 이전 수준으로 급속히 회복되었습니다.

2020년 들어서도 코로나 팬데믹 상황에서 미국은 유사하게 양적완화 정책을 시작했으며 2022년 초까지 이어졌습니다.

100문 100답으로 쉽게 이해하는

이러한 양적완화 정책은 이례적인 상황을 극복하기에는 효과적일 수 있으나 신흥국 등 주변국의 실물경제 및 금융시장에 직간접적으로 부정적인 영향을 미칩니다.

금융시장에서는 미국의 풍부한 유동성이 저금리에서 벗어나 수익률이 높은 신흥국에 대거 흘러감으로써 신흥국의 자산 버블 및 인플레이션을 자극합니다. 또한 미국의 금리 인하와 달러 유동성 확대가 달러 가치를 하락시켜 신흥국으로 돈이 흘러가서 금융여건을 완화시키는 효과도 가져옵니다. 하지만 신흥국에게는 수출품의 가격경쟁력을 하락시켜 경상수지를 악화시키는 등 실물경제에 부정적인 영향을 미칠 수 있습니다.

미국이 양적완화를 적극 실시한 이유는 경색된 국내 금융시장에 유동성을 공급하고 장기 실질금리를 낮추어 자산가격 상승과 실물경제인 소비와 투자를 높이기 위해서입니다. 하지만 이런 정책은 자국 기축통화의 힘을 앞세워 자칫 환율전쟁의 양상으로 전개될 수 있습니다. 특히 미국의 양적완화 정책은 기축통화국이 아닌 신흥국들에게는 경제상황이 더욱 악화되는 단초가 될 수 있습니다.

미국의 양적완화는 단기적으로는 무역상대국으로부터의 수입을 줄이고 대신 자국의 수출량을 늘림으로써 자국의 경기를 부흥시키는 효과를 가져옵니다. 이 정책을 실시한 결과 장기적으로는 무역상대국의 수출이 줄어들며 해당 국가의 소득도 감소하고, 이는 곧 수입 감소로 이어져 양적완화를 시행한 미국의 수출 감소로 이어질 수 있습니다. 이 정책은 단기적인 효과는 있으나 장기적으로는 미국과 무역상대국이 다 같이 경제여건 악화에 빠질 수 있습니다. 다시 말해 양적완화는 신흥국으로의 대규모 자본이 유입되는 초기에는 급속한 성장에 도움을 주나 시간이 경과할수록 과잉 유동성 공급으로 인해 물가 상승과 성장률 하락으로 이어집니다.

따라서 미국의 양적완화 정책은 대외건전성이 나쁜 신흥국가에 심각한 영향을 줄 수 있습니다. 특히, 대외건전성이 취약한 경상수지 적자 국가들에게는 더 큰 타격을 줄 수 있습니다.

IMF 보고서에 의하면 중국 및 우리나라 등은 외환보유고 및 기초경제여건이 건실하여 큰 충격이 없을 것으로 예상되나, 브라질, 남아공 등 경상수지 적자국들은 추후 양적긴축이 진행되면서 긴축발작 등 파급효과가 클 수 있다고 경고합니다.

미국의 양적완화가 우리나라 경제에 미치는 영향을 보면 약달러에 따른 원화절상으로 외국인 투자금이 유입되어 채권금리를 하락시킵니다. 이는 금융시장이 완전 개방된 한국의 원화 강세에 따른 추가 수익을 기대한 외국인 투자금이 유입되어 발생한 현상입니다. 미국의 양적완화는 우리나라 주식시장, 부동산시장, 채권시장에 모두 긍정적인 영향을 미칩니다. 하지만 지나친 미국의 유동성 확대는 자산시장의 거품을 만들고 인플레이션을 유발할 수 있습니다. 미국의 지나친 양적완화는 원화 강세로 인해 한국 수출품의 가격경쟁력을 하락시켜 경상수지를 감소시키고 산업생산에도 부정적 영향을 미치기도 합니다.

Q 080

선진국의 양적완화 축소가 신흥국의 긴축발작(통화가치 및 증시 급락) 원인이 되는 이유는 무엇인가요?

긴축발작(테이퍼텐트럼, Taper Tantrum)은 선진국의 양적완화 축소(QT) 정책이 신흥국의 통화가치와 증시 급락을 불러오는 현상을 말합니다. 주로 미국의 양적완화 종료로 인한 기준금리 인상을 우려한 투자자들이 자금을 급격히 회수함으로써 신흥국들의 통화가치가 하락하고 증시가 급락하는 사태를 일컫습니다.

1994년 멕시코 금융위기는 앨런 그린스펀 당시 미 연준(Fed) 의장이 기습적으로 금리를 올리면서 시작되었습니다. 1997년 IMF 외환위기 시절에도 우리나라에 투자된 선진국 자금과 엔화 자금이 급격히 빠져나가면서 긴축발작을 통해 통화가치 하락, 증시 급락, 외화 부족을 일으켜 경제위기로 전이되었던 것입니다.

2013년에도 벤 버냉키 의장이 양적완화 축소를 시사하면서 신흥국에 투자한 월가의 자본이 갑자기 빠지면서 신흥국의 통화, 채권, 주식이 급락하는 트리플 약세가 일어났습니다. 이번에도 미국의 금리 상승과 양적긴축으로 인해 신흥국들에서 긴축발작의 고통이 시작되었습니다.

2022년 러시아-우크라이나 전쟁으로 인한 원자재 가격 상승과 인플레이션 심화로 경제 약소국들의 경제가 크게 위협받고 있습니다. 파키스탄은 2022년 3월에만 물가가 12.7% 오르면서 달러 대비 루피화 가치가 급락해 경제적으로 큰 압박을 받고 있습니다. 스리랑카도 미국의 금리 인상과 양적긴축으로 자국통화 약세, 물가 급등, 송전 중단 및 시위, 내각사퇴 및 중앙은행 총재 사임이 겹치면서 엄청난 혼란에 빠져 있는 심각한 상황입니다.

이외에도 2022년 페루, 레바논 등 다수 국가에서 원유 및 식품 가격 급등으로 인한 시위가 발생하고 선진국의 금리 인상과 양적완화 축소 정책으로 긴축발작의 고통이 심화되고 있습니다.

Q 081

IMF 외환위기 시절, 우리도 선진국의
양적완화 축소에 따른 긴축발작에 당한 건가요?

1997년 IMF 외환위기 이전에 우리나라는 원화 가치를 낮게 유지하여 수출을 증가시키면서 경제성장을 견인하는 수출주도형 경제를 유지했습니다. 글로벌 경기가 호황기인 상황에서 우리나라는 10%를 웃도는 고금리를 유지했습니다. 당시 우리나라는 해외에서 외화를 차입하여 국내에 공장도 짓고 동남아시아, 동구권 투자도 진행했습니다. 일부는 국내 부동산 투기에도 사용되었습니다.

일본은 1991년부터 잃어버린 10년으로 인해 엔화 약세였는데 우리나라 대기업 계열사인 종금사들은 일본자금(엔캐리트레이드)을 많이 들여와 달러로 바꾸어 동남아시아 부동산에도 적극 투자했습니다. 하지만 당시 동남아시아 부동산시장 거품이 꺼지면서 갑자기 위기가 확산되었습니다. 저금리의 일본계 자금과 월가 자금이 우리 기업체들에 많이 투자되어 있던 상황이었습니다. 위기가 닥치자 우리나라에 투자되었던 일본 엔화 자본이 일시에 빠지면서 경제위기의 도화선이 되었습니다. 우리나라의 통화, 채권, 주식이 급락하는 트리플 약세가 일어나면서, 신흥국의 경제위기로 전이되는 전형적인 긴축발작이 일어났던 것입니다.

당시 조지 소로스 등 헤지펀드들은 우리나라 외환시장을 상대로 환투기 공격도 진행했습니다. 우리의 외환시장에서 원화를 팔고 달러를 사들여 달러 공급이 부족하도록 지속적인 공격을 시도했습니다. 조지 소로스는 1992년 영국에 대한 환투기 공격, 1997년 태국, 인도네시아 등 아시아 금융위기 시 환투기 공격에 나서는 등 위기상황을 이용해 이익을 챙겨온 인물입니다. 소로스는 이후 2015년, 2016년에도 중국의 부채위기 시 환투기 공격에 나서는 등 여전히 환투기 공격으로 막대한 이익을 챙기고 있습니다.

100문 100답으로 쉽게 이해하는

과거 국제 외환시장의 큰손
'와타나베 부인'은 누구인가요?

와타나베 부인은 우리나라 김, 이, 박 씨처럼 일본에서 흔한 성을 가진 외환 투자자를 부르는 용어입니다. 해외의 고금리 자산에 투자하는 가정주부를 가리키는 말로 일본의 개인 외환 투자자들을 통칭하는 용어로 사용됩니다. 1991년부터 2002년까지 일본은 잃어버린 10년을 겪으며 버블이 붕괴되고 장기불황이 온 시기였습니다. 은행의 장기 저금리가 겹쳐지면서 일본의 가정주부들은 눈을 해외로 돌립니다.

이들은 큰 규모의 국제 금융거래를 일으키면서 외환시장을 좌지우지하는 세력으로 성장했고, 글로벌 외환시장의 큰손으로 등장하기 시작했습니다. 엔화 캐리트레이드라는 방식인데, 이자율이 낮은 일본에서 빌린 엔화를 이자율 또는 수익률이 높은 국가에 투자해 높은 수익을 창출하는 투자 패턴입니다.

주로 사용하는 투자방식은 개인 외환 마진거래(FX 마진거래)였습니다. 일정액의 증거금을 국내 선물회사나 중개업체에 맡겨두고 특정 국가 통화의 변동성을 예측하고 두 종류의 통화를 사고파는 방식의 외환선물거래입니다. 흔히 가치가 오를 것으로 예상되는 달러를 사는 동시에 가치가 떨어지는 엔화를 매도하는 방식이었습니다.

그 규모는 전 세계 주식시장 거래량의 100배를 상회합니다, 예를 들어 'EUR/USD 매수' 하면 기준통화인 EUR을 매수하고 상대통화인 USD를 매도하는 것입니다. 환율이 계속 변하니까 그 차이를 이용해 통화를 쌍으로 거래하면서 차익을 남깁니다. 이들은 고위험, 고수익 구조의 차입거래 투자를 하는데 일정 규모의 증거금을 금융회사에 맡긴 뒤 그 금액의 최대 100배 이상에 달하는 외환거래를 하면서 환차익을 노리기 때문에 일종의 환투기 성향을 지니고 있습니다.

와타나베 부인은 다른 국가의 통화에도 투자했습니다. 저금리였던 일본은행에서 0.5%로 돈을 빌려서 이자율이 7~8%에 달했던 뉴질랜드은행으로 계좌이체를 하는 방법으로 고수익을 올렸습니다. 당시 미국 금리도 4.75%에 달했습니다. 엔화를 달러로 바꾸어 미국은행에 예치하는 것만으로도 4.25%의 수익을 얻을 수 있었습니다.

와타나베 부인으로 인해 2007년 뉴질랜드 달러는 미 달러 대비 22년 만에 최고치인 79센트까지 올랐으며 2000년대에 최후, 최저값의 두 배에 달할 정도로 올라갔습니다. 와타나베 부인이 2007년 한 해 동안 팔고 산 외환 규모는 200조 엔에 달하는데 이는 도쿄 외환시장의 30%를 차지하는 큰 규모였습니다.

제로금리의 일본에서는 평범한 가정주부나 일반 직장인들도 저금리를 이용한 해외투자에 나섰습니다. 특히 동네 아주머니들이

100문 100답으로 쉽게 이해하는

많이 투자했는데 오죽하면 '와타나베 부인'이라는 신조어까지 생겼겠습니까.

앤케리트레이드는 일본 투자자들에게는 좋은 투자 수단이었는지 모르지만 국제 금융시장에는 부정적 영향을 미쳤습니다. 싼 금리의 돈들이 전 세계를 돌아다니면서 유동성 과잉 현상을 일으켰기 때문입니다. 글로벌 금융위기 이후 미국이나, 유럽의 초저금리 시기에 스미스 부인이 등장한 것도 그런 원인입니다. 금리가 낮은 달러나 유로화를 빌려서 금리가 높은 다른 나라에 투자하면 가만히 앉아서 돈을 벌 수 있습니다.

이렇게 자본을 통해 손쉽게 돈을 버는 것은 기술개발이나 생산성 향상, 연구개발, 투자 등의 장기적인 국가 경쟁력 향상에는 부정적인 효과로 작용합니다. 기업가정신이나 신기술 창업 의지를 꺾어놓아 장기적인 국가경쟁력에는 부정적 요인으로 작용할 수 있습니다. 와타나베 부인은 일본이 왜 잃어버린 30년을 겪었는지 엿볼 수 있는 단초입니다.

Q 083

와타나베 부인의 재등장 가능성이 있나요?

2022년 다시 엔저 시대가 돌아왔습니다. 엔화 약세 속도나 기울기 모두 역대급입니다. 엔화 약세는 일본과 미국의 통화정책 차이 때문입니다. 미국은 금리를 올리고 양적긴축을 통해 돈줄을 죄고 있는데 일본은 저금리 기조를 유지 중입니다.

국제 금융시장에서 엔화 약세는 여러모로 파장을 일으키리라 예상됩니다. 과거 엔저 시기를 보면 엔캐리트레이드가 늘어났습니다. 금리가 싼 일본에서 자금을 조달해 비싼 곳에 투자하는 캐리트레이드가 늘어난 시기였습니다.

2005년부터 시작된 엔화 약세 시기엔 호주 달러와 뉴질랜드 달러 투자가 인기였습니다. 당시 일본은 제로금리였는데 호주와 뉴질랜드의 기준금리는 7~8%로 격차가 매우 컸습니다. 이를 이용해 일본의 개인 투자자들은 앞다퉈 호주 달러, 뉴질랜드 달러로 환전해 투자했습니다. 투기적인 FX 마진거래를 많이 하기도 했습니다.

당시 우리나라에서도 엔화 부채가 인기였습니다. 2007년 한국의 사업가들은 엔화 자금을 끌어들여 투자했고, 부동산 투기꾼들은 엔화로 빚을 내 아파트를 사기도 했습니다.

2022년 제로금리에 머물던 미국이 급격한 금리 인상을 진행하면서 엔캐리트레이드가 활성화될 최적의 환경이 조성됐습니다. 미국의 금리 인상 기조는 치솟는 물가를 잡기 위해 앞으로도 최소 2년간 지속될 것으로 예상됩니다. 그때까지 엔캐이트레이드가 동반된 엔저 현상도 계속될 가능성이 큽니다.

객관적으로 보면 최근 엔저 현상은 미국과 일본의 통화정책에 따라 유동성 흐름이 일본에서 미국으로 흘러간다는 신호로 볼 필요가 있습니다. 엔케리트레이드는 두 얼굴을 가지고 있습니다. 엔케리트레이드로 자금이 들어가는 나라에는 새로운 유동성이 공급되는 효과가 있습니다. 이 과정에서 환투기 세력들의 자금도 같이 흘러갑니다. 금리가 높은 신흥국이 그 대상이 될 수 있습니다. 그러나 금융시장의 불안과 위기가 생기면 캐리트레이드 포지션이 청산되면서 강력한 시장 변동성이 나타날 수 있습니다. 통상 미국의 금리 인상이 막바지에 도달할 때 생기는 현상입니다.

일부 국가나 시장에서 미국의 금리 인상으로 인해 감내할 수 없는 고통이 나타나면 자금 회수를 위해 엔케리트레이드가 청산될 것으로 전망됩니다. 그때 엔화 강세가 다시 시작되고 엔화에는 안전자산이라는 이름이 붙여질 겁니다. 이때 신흥국 경제위기가 증폭될 가능성이 매우 큽니다. 엔캐리트레이드가 청산되는 상황이 발생하면 세계 금융시장은 또 한 번 소용돌이에 말려들 수 있습니다.

하지만 일본의 저금리 기조가 오래 유지될 수 있을지는 지켜봐야 합니다. 과거에 비해 엔캐리트레이드에 적극 나서지 못할 것이라는 전망도 있습니다. 현재는 일본의 대외자산이 과거에 비해 현금화가 어려운 시설 등에 많이 투자되어 있어 외국에 투자하는 금융자산으로 활용하기에 한계가 있습니다. 아울러 저금리에 기반한 엔화 약세 기조는 수입품 가격을 올려 인플레이션 요인으로 작용하고 있다는 것입니다. 따라서 조만간 금리를 올려 엔화 강세로 돌아설 것이라는 전망도 있습니다.

반면 일본 정부부채가 세계 최고 수준인 상황에서 섣부른 금리 인상은 기존에 발행한 일본 국채의 이자지불 부담을 증가시킬 것입니다. 현재 일본은 1년 예산의 30%를 기존에 발행한 국채의 원금과 이자지급에 쓰고 있는 실정입니다. 따라서 과거에 비해 일본 은행들이 엔캐리트레이드에 사용할 외환이나 자금에 대한 여유가 적어 아마도 엔캐리트레이드에 적극 나서기는 어려워 보입니다.

달러 헷징 관련 키코사태와
역키코 사태는 무엇인가요?

러시아-우크라이나 전쟁, 공급망 마비, 미 연준 기준금리 인상 등으로 2022년 9월 현재 원달러 환율이 1,400원에 다가서고 있습니다. 그간 미국의 역대급 양적완화로 전 세계에 걸쳐 달러 유동성이 공급된 상황에서 미국의 금리 인상으로 외국인 투자자금이 빠지면서 외환시장에서 단기 달러 수요가 몰려 환율이 상승한 것입니다.

2022년 5월 말에 잠시 원달러 환율이 1,230원대로 하락하면서 역키코사태 얘기가 나오기도 했습니다. 2022년 6월 들어 잠시 환율이 1300원대로 상승하기도 하다가 다시 1280원대로 하락했고, 이후 다시 급등하는 등 환율 변동성이 매우 커지고 있습니다.

이럴 때마다 전문 자산투자 상담사들은 달러를 사라고 추천합니다. 외환위기를 경험한 우리 국민들은 다른 나라에 비해 달러 보유에 대한 욕구가 많은 편이고 이것이 환율을 올리는 요인으로 작용하기도 합니다. 하지만 환율에 대한 단기 변동요인은 국내 외환시장 수급에 많이 의존합니다. 거주자의 달러 예금은 작년보다 감소했습니다. 거주자 달러 예금 잔고가 2021년 말 기준 972억 달러였으나 최근 2022년 5월말 기준 891억 달러로 줄었습니다. 달러 수급에 영향을 주는 달러 예금은 많이 늘어나지 않았고 2022년 5월에는 전월 대비 약 22억 달러 늘었습니다.

키코사태를 보면, 2008년 미국 서브프라임 모기지 사태로 당시 원달러 환율이 800원대까지 내려갈 것이라는 전망이 우세했습니다. 하지만 갑자기 1,600원대까지 상승하면서 발생한 문제였습니다. 미국에서 서브프라임 모기지 관련 사고가 났으니 당연히 미국에서 이탈한 자금이 한국으로 들어와야 했습니다. 금융회사들은 환율이 떨어지자 키코상품을 만들어서 기업에 가입을 권유했습니다.

이런 추세에 따라 키코상품은 환율이 하락하면 수익이 발생하고 환율이 올라가면 환차손이 발생하는 상품이었습니다. 문제는 금융위기 당시 미국에서 위기가 발생했는데도 달러 자금이 우리 금융시장에 들어오기는커녕 오히려 한국 시장에서 달러를 팔아 미국으로 돌아갔다는 것입니다. 이유는 미국이 금융위기 당시 마진콜이 발생하자 마진콜 부족분을 한국·중국 시장에서 팔아 미국으로 돌아가는 과정에서 국내 외환시장에서 달러 수요가 몰려 환율이 1,600원대까지 급격히 올라간 것입니다.

그러다 보니 원달러 환율 하락을 예상하고 키코상품에 가입한 기업들이 많은 손해를 봤습니다. 반대로 역키코는 환율이 올라가면 수익이 나고 역으로 환율이 떨어지면 손실이 발생하는 상품입니다. 2022년 5월 초 사태처럼 환율이 올라가는 상황에서 역키코상품에 가입했는데 역으로 1,230원대까지 떨어지자 큰 손실이 발생했습니다.

2022년 5월 초 들어 외환시장에서 달러인덱스가 계속 떨어졌습니다. 당시 원달러 환율 하락의 원인은 미국의 소비자물가 상승률이 정점을 지났다는 신호와 미국의 10년물 국채금리 하락이었습니다. 인플레이션이 어느 정도 안정될 것이라는 기대로 안전자산인 국채가격이 올라간 것입니다. 미 연준의 0.75% 자이언트 금리 인상이 쉽지 않다는 판단도 있었습니다. 2022년 발생한 러시아-우크라이나 전쟁, 중국의 제로코로나 정책 등 공급부문에서도 문제가 서서히 풀릴 것이라는 긍정적 전망도 작용했습니다.

이처럼 환율이 안정될 가능성이 있다는 전망으로 2022년 5월 초에는 환율이 하락했고 역키코사태가 발생했습니다. 하지만 이것으로 끝이 아닙니다. 환율 변동성이 계속 확대되고 있기 때문입니다. 이런 상황에서 환율 변동에 대한 예측은 더욱 어려워지고 환헷징을 잘못했을 때 키코 및 역키코 사태와 같은 피해가 반복될 수 있습니다.

중국의 환율제도에 대해 알려주세요

중국은 2005년 환율제도를 개혁하면서 그전까지 사용하던 1달러당 8.2위안화로 고정하는 고정환율제도를 폐지하고 통화바스켓제도를 도입했습니다. 고정환율제에서 기준이 된 8.2위안은 현재도 매우 높은 환율입니다. 당시 중국은 고정환율제를 바탕으로 엄청난 대미 흑자를 기록했습니다. 이에 미국으로부터 위안화 가치를 절상하고 환율을 내리라는 압력을 계속 받아 왔습니다.

그 이후 2009년 글로벌 금융위기, 2014년, 2015년 중국 금융시장 붕괴 위기 당시 2차례에 걸쳐 달러 페그제를 도입한 적이 있습니다. 이는 위안화 가치를 달러에 묶어두는 것입니다. 2차례에 걸쳐 달러 페그제를 시행했던 이유는 위안화 가치의 급격한 하락, 환율의 급격한 상승을 방어하기 위해서였습니다.

달러 페그제는 일반적으로 정부가 보유한 달러를 시장에 풀어 사고팔면서 환율을 일정한 수준으로 유지하는 제도입니다. 대표적으로 홍콩이 1달러당 7.8홍콩달러를 유지하는 달러 페그제를 시행하고 있습니다. 참고로 달러 페그제는 외환보유액이 많아야 사용할 수 있습니다.

자본주의 시장경제 선진국에서는 대부분 외환시장에서 시장원리에 따라 수요와 공급에 의해 환율이 결정됩니다. 정부가 환율에 개입한다고 해도 보유한 달러를 시장에 풀거나 사면서 환율 방향을 유도하는 방식입니다.

하지만 중국은 특이한 환율제도를 운영하고 있습니다. 중국의 위안화 시장은 크게 2개가 존재합니다. 위안화를 거래하는 상하이 역내시장과 홍콩의 역외시장이 있습니다. 역외시장은 시장원리로 움직입니다. 홍콩 역외시장은 선진국 외환시장처럼 변동성도 크지만 상하이 역내시장의 환율이 있어서 변동환율제로 완전히 자유롭게 움직인다고 보기는 어렵습니다.

홍콩 역외시장은 다른 글로벌 외환시장처럼 24시간 운영됩니다. 상하이 역내시장은 9시 30분에 시작해서 오후 11시 30분에 마감합니다. 2015년까지는 오후 4시 30분에 마감하다가 2016년부터 위안화를 국제화하겠다는 목표로 7시간 연장했습니다. 사실 밤시간대 거래량은 많지 않습니다. 인민은행도 공식 종가를 아직 4시 30분에 공지하고 있습니다.

상하이 역내시장의 환율은 매일 장 시작 전에 인민은행이 고시하는 기준환율의 영향을 받습니다. 현지시간 9시 15분에 인민은행이 위안화/달러 환율을 고시합니다. 인민은행은 이를 중간값이라고 부릅니다. 상하이 역내시장의 환율은 기준환율에서 위아래로 2%씩 움직일 수 있습니다.

실제로 환율은 하루에 아래위로 1% 넘게 움직이면 폭등, 폭락이라고 부릅니다. 2%라는 범위는 상징적 의미라고 할 수 있습니다. 중요한 것은 인민은행이 기준환율을 결정하는 나름의 시스템입니다.

인민은행의 기준환율은 '전일종가+통화 바스켓 가중치'를 합쳐서 계산합니다. 과거에는 여기에 인민은행의 정책의지가 담긴 경기대응 요소까지 반영하여 결정했지만 현재는 제외되어 있습니다.

인민은행은 기준환율을 역내, 역외시장의 환율과 주요국 환율 통화가치의 묶음인 통화바스켓을 바탕으로 결정합니다. 전일 시장 종가는 오후 4시 30분의 가격을 반영합니다.

통화바스켓은 일정 규모 이상의 교역 상대국 환율 변동에 교역 비중에 따른 가중치를 주어 자국 환율을 결정합니다. 통화바스켓 가중치에는 해외직접투자(FDI)와 외채 등 여타 요소도 고려하여 결정됩니다. 여기서 사용하는 통화바스켓은 달러, 유로화, 원화 등 24개국 통화로 구성됩니다. 무역 규모에 따라 미리 가중치를 조정하여 인민은행은 바스켓 내 통화의 움직임을 고려하되 각 통화별 큰 변동이 있을 경우 바스켓 전체의 움직임을 고려합니다.

개별 통화의 움직임보다 전체 통화바스켓을 고려하기 때문에 위안화 환율 고시는 변동성이 상대적으로 적게 됩니다. 특히, 통화바스켓 구성 중 우리나라 원화의 비중이 4위 정도로 상당히 높은 편입니다. 또한 환율은 월평균 환율, 거래일 등 여러 요소를 반영해서 계산됩니다.

중국 당국은 전일 외환시장의 거래 종가와 기타 시장상황을 반영해 은행 등 마켓 메이커로 하여금 자신의 개장 전 환율을 보고토록 하고 있습니다. 이렇게 개장 전 취합된 호가 가운데 최고와 최저치를 제외한 나머지 호가들의 가중 평균이 위안화의 고시기준

100문 100답으로 쉽게 이해하는

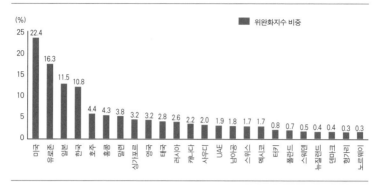

환율이 됩니다. 실제 마켓 메이커들이 제시하는 개장 전 호가는 복수통화바스켓으로 계산된 환율을 바탕으로 중국 외환시장의 수급을 일정 부분 반영한 호가입니다. 따라서 실제 환율 결정의 기본은 복수통화바스켓제도라고 봐야 할 것입니다.

환율 결정 방식을 정리하면 매일 아침 고시되는 위안화 환율에는 외화수급 현황과 전일 현물환율 종가(16:30), 전일 16:30~금일 07:30까지 바스켓통화 가치 변동이 반영됩니다.

최근 위안화 관련해서 의미 있는 정책이 나왔습니다. 인민은행이 은행들의 외화지급준비율을 2022년 5월 16일부터 9%에서 8%로 인하한다고 발표한 것입니다. 외화지준율을 내리면 시중에 달러가 더 많이 풀려서 달러를 사고 위안화를 팔려는 사람들이 많아져 위안화 가치가 떨어지는데, 이는 달러를 풀어서 위안화 가치를 조절하려는 시도라고 할 수 있습니다. 실제로 이런 발표가 나오자 환율 급등세가 다소 진정되기도 했습니다. 인민은행이 외환지준율을 내린 것은 처음입니다. 외환지준율은 2003년 3%로 결정했던 것을 2006년, 2007년 각각 1%씩 올리고 24년만인 2021년 7월과 12월에 각각 2%씩 올렸습니다.

중국 인민은행이 외화지급준비율을 인하하면서 외환시장에 간접 개입했다는 것은 시장기능을 활성화하겠다는 의미도 포함하고 있습니다. 예전에는 기준환율에 방향성을 조금 주는 방법으로 환율을 통제했는데 그런 인위적 조정을 축소하겠다는 뜻입니다. 과거에는 인민은행의 기준환율 결정방식을 기준환율에 통화바스켓, 경기대응 요소라는 변수를 추가해서 사용했습니다. 14개 시중은행으로부터 받은 자료를 바탕으로 경기대응 요소를 만들고 이것을 반영해서 기준환율을 결정하는 겁니다. 과거에는 정부의 정책의지가 경기대응 요소를 통해 반영되다 보니 시장의 예상 기준보다 환율이 높거나 낮게 나온 경우가 상당수 있었습니다. 인민은행은 2020년 하반기 정부정책의지를 담을 수 있는 경기대응 요소를 뺐습니다. 경기대응 요소가 언제나 있었던 것은 아니고 2017년 5월에 도입했다가 2018년에 폐기했습니다. 2018년 8월 다시 도입했다가 2020년 하반기에 다시 제외한 것입니다.

경기대응 요소를 추가한 당시 경제상황은 모두 위안화 절하, 환율 상승 국면에서 자금이 해외로 빠져나가는 시기였습니다. 경기대응 요소를 추가한 것은 시장에서 결정되는 환율이 아닌 인민은행이 자국 경기상황에 따라 어느 정도 인위적으로 환율을 결정하기 위해서였습니다. 과거 위안화가 약화되었던 시기에 도입하여 위안화 가치 상승을 위해 주로 사용되었습니다.

2022년 들어 경기대응 요소를 추가할 수도 있었는데, 그 대신 외화지급준비율 조정이라는 1회성 조치를 시행했습니다. 한동안 달러를 풀어 위안화 강세를 용인하는 것입니다.

하지만 24개국 통화바스켓 비중에 의해 위안화의 변동 방향과 변동 폭을 결정하는 현재 환율시스템에서는 큰 폭의 무역수지 흑자나 시장의 수요공급의 영향이 제한적으로 나타나게 됩니다. 이에 따라 미국은 중국 환율제도의 투명성을 지속적으로 요구하고 있습니다.

중국도 미국과의 갈등 때문에서라도 경제성장의 중심축을 수출에서 내수로 이동시키고 있습니다.

내수진작을 위해 소비를 확대하려면 수입을 늘려야 합니다. 그러려면 위안화 강세가 유리합니다. 위안화 강세를 유지하면 외국인 자본 유치에도 유리합니다. 중국 내에서도 환율을 시장에 맡겨야 한다는 목소리가 점점 커지고 있습니다.

Q 086

최근 중국의 채권시장 개방은
우리나라 외환시장에 긍정적 영향을 미칠까요?

중국은 2022년 6월 30일부터 중국 본토 ETF(주식시장에 상장된 주식인 덱스 펀드)와 채권시장 개방을 추진하고 있습니다. 중국은 ETF 상품 에 대해 상하이, 선전 등 중국 역내거래소와 홍콩의 역외거래소 간 상호 교차거래를 허용했습니다. 아울러 외국인도 중국 본토에 상 장된 ETF에 투자할 수 있고 중국 본토 주민은 홍콩에 상장된 ETF 에 투자할 수 있게 되었습니다.

중국은 2022년 6월 30일부터 상하이, 선전 역내 채권시장에서 외국인 투자자의 거래를 허용했습니다. 외국인은 그동안 중국의 은행 간 채권시장에서만 직접 거래할 수 있었습니다. 2022년 6월 30일부터는 중국은 사실상 자국의 138조 위안이 넘는 채권시장을 완전히 개방했습니다. 중국은 ETF 상품과 채권시장 개방이 외국 인의 중국 시장 투자에 활기를 불어넣으리라 기대하고 있습니다. 2022년 들어 중국 경기둔화 우려가 커지고 위안화 약세가 이어지 면서 외국인 투자자들이 중국 주식을 파는 분위기로 돌아선 가운 데 나온 조치입니다.

2022년 중국은 경기부양을 위해 미국과 달리 금리인하와 금리 유지 정책을 추진했습니다. 이 정책은 경기부양보다는 미국으로 자금이 이탈하는 효과를 낳았습니다. 주가 하락에 따른 역자산 효과로 소비가 줄어 경기 하락도 나타납니다. 이런 이유로 2022년 중국은 감세정책과 함께 채권 개방을 추진하여 외국자본 유입을 기대하고 있습니다.

중국의 국채는 미국 국채보다 금리가 높고 채권가격은 낮습니다. 향후 위안화 국제화 과정에서 달러에 비해 기축통화의 위치를 유지하려면 위안화 평가절상을 추진할 수밖에 없습니다. 중국정부는 미국에 비해 금리가 높고 향후 위안화 평가절상으로 환차익이 있기 때문에 중국 국채시장을 개방하면 해외 투자자들에게 매력이 있을 것으로 예상하고 있습니다.

반면 중국의 국가채무는 GDP 대비 300%를 넘는데, 대부분 지방정부의 채무입니다. 따라서 이번 국채시장 개방은 중앙정부의 국채시장으로 제한했습니다. 헝다그룹과 같은 지방정부의 부채는 이번 개방에서 제외되어 큰 문제가 되지 않습니다.

중국의 국채는 디폴트 우려가 없고 통제권이 강하기 때문에 채무불이행이 불가능합니다. 2022년 중국은 주식시장을 살리기 위해 각종 부양책을 내놓고 있습니다. 상장사들이 자사주 매입을 하도록 독려하고 있으며 기관 투자자들에게도 주식 매입을 유도하고 있습니다.

2022년 중국의 채권시장 개방은 외국자본 유입으로 위안화 가치가 올라가고 우리나라에도 영향을 미쳐 원화 가치가 올라갈 수 있습니다. 원달러 환율은 러시아-우크라이나 전쟁에도 영향을 받고 있습니다. 현재 러-우 전쟁의 피로감은 커지고 있습니다. 독일, 프랑스, 이탈리아 주도의 협상파는 협상을 모색하고 있으나, 영국, 폴란드, 발트 3국 등은 전쟁 지속을 주장하고 있습니다. 헨리 키신저나 조지 소로스 등 미국 지식인 층에서도 3차 대전은 피해야 한다며 협상파에 힘을 실어 주고 있습니다.

따라서 만약 지정학적 위험이 해소된다면 강달러 쏠림현상이 완화되면서 원달러 환율이 내려갈 가능성이 있습니다. 중국과 우리나라 자본시장은 동조현상이 강한 특성을 가지고 있습니다. 이에 중국 채권시장 개방으로 외국인 자금이 중국에 유입되면 원달러 환율도 평가절상될 확률이 높습니다.

하지만 중국의 지방정부 부채 문제나 제로코로나 정책으로 인한 봉쇄, 미국과의 갈등이 지속되는 상황에서 외국인 투자금이 정말 몰릴지는 두고봐야 합니다. 사실상 전망은 그리 밝지 않습니다. 향후 중국의 봉쇄가 풀리고 실물경제가 얼마나 빨리 회복되는가에 따라 외국 투자금 유입도 실현될 수 있을 것입니다. 이 시기가 되어야 중국 채권시장 개방 효과가 우리나라 주식시장에 긍정적 영향을 미쳐 외국자본이 유입될 것입니다.

중국 경제 상황과 향후 위안화 환율 전망은
어떻게 되나요?

2015년부터 10년간 중국정부는 인터넷플러스 발전 목표를 제시하고 네트워크, 스마트, 서비스화를 통해 인테넷플러스 산업 생태계를 완비하여 경제사회 발전의 원동력이 되도록 집중 지원했습니다. 이후 중국에서는 인터넷플러스 산업인 게임, 교육, 엔터테인먼트, 빅테크 분야가 일자리를 가장 많이 만들고 신흥 부자를 탄생시키는 분야였습니다. 하지만 2021년부터 정부의 규제가 시작되면서 교육분야 등에서 일하던 수십만 명의 사람들이 하루아침에 일자리를 잃고 말았습니다.

2020년 들어 중국은 경제발전 노선을 바꾸었습니다. 시진핑의 정책목표로 공동부유론이 새롭게 등장한 것입니다. 중국은 2020년 기준 GDP는 14.7조 달러, 1인당 GDP는 1만 달러 이상으로 성장했습니다. 하지만 아직도 국민소득은 주변국과 경제 대국에 걸맞지 않은 수준이며 빈부격차도 확대되는 상황입니다. 이에 기존 '중국몽'이라는 추상적인 키워드보다는 2021년 양회에서 제14차 5개년 계획에 '공동부유론'이 사회주의의 본질적 요구사항으로 등장했습니다. 그 내용은 2045년까지 전면적 사회주의 현대화 강국 건설과 2049년 경제력, 군사력 세계 1위 달성입니다.

따라서 중국은 공동부유 목표를 달성하기 위해 '데이터, 게임, 사교육' 등 민간기업에 대한 규제를 발표하면서 '분배 강화'를 위해 관련 산업을 압박하기 시작했습니다. 앞으로 중국정부는 국익과 인민에 도움이 되는 반도체, 전기차/수소차, 에너지, 방산, 우주산업, 농업에 대한 전방위적 지원을 강화하겠다는 계획을 세웠습니다.

2022년 중국정부의 봉쇄 조치로 민심이 나빠지자 일인 유튜브나 일인 전자상거래 등의 사업을 일시적으로 허용했습니다. 시진핑은 경제발전을 위해 자본의 역할은 필요하고 자본시장을 키워야하지만 자본의 역할이 너무 커져서 노동 역할을 모두 대체해서는 안 된다고 여깁니다. 노동을 통해 분배가 되고 돈을 벌어야지 자본이 소득 분배의 핵심이 되어서는 안 된다는 것입니다.

여기서 공동부유라는 시진핑의 이론이 나왔습니다. 자본이 스스로 자본을 증식하게 하거나 자본을 벌게 하는 분야가 빅테크, 게임, 교육, 엔터테인먼트라고 생각하고 있습니다. 시진핑은 중국 빈부격차를 만드는 가장 큰 원인이 자본이라는 인식을 가지고 있습니다. 하지만 2022년 제로 코로나 정책으로 민심이 안 좋고 살기가 어려워지자 어쩔 수 없이 다시 플랫폼 기업을 풀어주기 시작했습니다.

중국은 2020년까지 인터넷플러스 정책을 추진하면서 모든 자본이 빅테크 분야에 몰렸습니다. 짧은 시간에 돈을 벌 수 있는 방법이 주로 빅테크 분야, 플랫폼 분야였기 때문입니다.

중국은 2021년 전력난이 심각한 상황이었습니다. 중국이 2060

100문 100답으로 쉽게 이해하는

구분	내용	관련 산업
규제 산업	출산율에 부담을 주는 산업	사교육, 부동산 산업
	부채 의존, 고탄소배출로 사회적 비용이 큰 산업	부동산, 철강 산업
	데이터 불공정 및 안전성 저해 산업	데이터 산업
	반독점 위반 독과점 산업	플랫폼 산업
육성 산업	미국 기술제재 대응 및 기술 자립	반도체, 배터리, 첨단소재
	소득격차 및 불평등	식량 안전, 지역 균형발전, 농촌진흥
	국가안보 산업	보안, 방산, 우주항공 산업
	탄소중립 및 환경보호 산업	전기차, 수소차, 신재생 에너지 산업

탄소중립을 위해 석탄 채굴을 줄이고 호주산 석탄 수입을 중단하는 등 구조적으로 여러 문제가 겹쳤기 때문입니다.

중국은 서쪽은 산 동쪽은 평야입니다. 황하강, 장강 등이 서쪽에서 발원해서 동쪽으로 흘러갑니다. 황하강은 우리나라 서해안 쪽으로 흘러들어오며 끝납니다. 우리의 서해가 혼탁한 이유는 황하강의 퇴적물 때문입니다.

중국은 서쪽 수력발전에서 생산한 전기를 동쪽으로 보내주는 형태를 띠고 있습니다. 모든 대형 인프라 투자가 서쪽에서 생산한 것을 동쪽으로 보내는 데 초점이 맞추어져 있습니다. 중국이 고민하는 문제는 동서 간 격차입니다. 부유한 도시는 대부분 동쪽이나 남쪽 해안가에 몰려 있습니다. 서부와 동부의 소득 격차는 2배입니다.

서쪽에 건설한 대표적인 대규모 인프라 투자가 바로 데이터센터입니다. 앞서 일반적으로 서쪽에서 생산한 전력을 동쪽으로 보낸다고 했는데, 데이터센터 등이 들어서면서 서쪽에서 생산한 전력을 자기 지역에서 모두 사용하니 동쪽으로 보내줄 전기가 부족해 결국 전력난이 발생한 것입니다.

시진핑은 코로나가 한창인 2021년 '신인프라 건설(디지털 기반의 새로운 영역의 산업기반 건설, 국가가 장기적으로 모든 데이터를 소유해야 한다는 목표의 일환)'을 들고 나왔습니다. 도로나 건물 같은 기존 인프라가 아닌 5G, 인공지능, 빅데이터, 사물인터넷(IOT), 고속철도, 특고압 설비, 신에너지 자동차 등에 대규모 투자를 하는 것입니다. 이렇게 지은 데이터센터 사용률이 50%가 채 안 되는 상황입니다.

2022년 들어 중국 경제가 하강곡선을 그리고 부동산도 침체에 빠지자 돈을 푸는 부양책으로 돌아섰는데 도무지 부동산이 살아날 기미가 보이지 않습니다. 2022년 부동산 경기를 살리기 위해 지방정부를 통해 5.6조 위안에 달하는 채권을 발행하기도 했습니다. 전 세계 대부분의 나라들이 금리를 올리는 상황에서 중국은 기준금리를 내리고 은행을 통한 대출을 독려하고 있습니다. 하지만 부동산 매수자들이 자취를 감추었습니다. 그간 민간부동산 업자들도 헝다 사태 등으로 많이 어려워진 상황입니다. 상황이 이렇다 보니 정부의 여러 가지 노력에도 불구하고 중국의 부동산 대출은 계속 감소 중입니다. 미래가 불확실하고 부동산 가격도 계속 하락하고 있기 때문입니다. 우리나라도 부동산 가격이 하락하기 시작하면서 매수세가 확연히 줄고 있지요.

중국은 현재 중국식 유동성 함정에 빠졌다고 진단할 수 있습니다. 2022년 처음으로 중국의 채권발행액이 상환액보다 많아졌습니

100문 100답으로 쉽게 이해하는

다. 은행에는 돈이 넘치지만 일반 시민들은 대출에 관심이 없습니다. 제로코로나 정책으로 밖에 나올 수도 없고 노동자들도 구하기 어려워 기업들도 자금이 필요 없는 상황입니다. 2021년부터 이어진 상해 봉쇄를 풀어도 노동자들이 모두 고향으로 돌아간 터라 나중에라도 일할 수 있는 사람을 구하기가 어려울 것입니다. 2022년 중국에서는 매일 6억 명 정도가 PCR 검사를 계속하고 있습니다. 그럼에도 불구하고 중국인들은 중국공산당 정책을 아직 신뢰하고 있습니다.

향후 중국 기업들 중 이익을 내지 못하는 공기업이나 큰 기업들은 경쟁력을 잃을 가능성이 높습니다. 이제는 중국도 작지만 강한 기업, 세계적 기술력을 갖춘 기업만 살아남을 것입니다. 특히 코로나로 인해 기술경쟁력 없이 규모로만 성장한 기업들은 사라질 확률이 매우 높아졌습니다.

단기적인 경기는 경제의 펀더멘털보다는 통화 유동성이 좌우합니다. 2022년 2분기에 잠시 중국 증시가 좋아지기도 했습니다. 중국기업의 체질이 좋아졌다기보다는 유동성이 넘치고 중국정부도 증시부양책을 실시했기 때문입니다.

2022년 중국에서 소비 비중이 가장 높은 분야는 부동산과 자동차입니다. 중국정부는 이 두 산업을 살리기 위해 노력하지만 뜻대로 되지 않고 있습니다. 아직 자동차 소비 여력이 남아 있다고 판단한 농민들을 대상으로 자동차 구입 보조까지 실행하고 있습니다.

그간 중국 경제의 원동력은 대외무역을 통한 달러 확보에 있었습니다. 중국 경기침체의 원인은 2020년부터 진행된 코로나19입니다. 중국은 WTO 가입 후 무역흑자로 축적한 미 달러를 앞세워 신용을 쌓고 투자와 소비를 촉진해 경제를 발전시켜 왔지만, 미국과의 무역전쟁은 중국 경제가 하락하는 전환점이 되었습니다. 미국은 관세를 통해 중국을 압박하는 한편 자국 기업들을 중국에서 철수시켰습니다. 급기야 중국의 제로코로나 정책으로 공장 가동이 중단되고 수출길이 막히자 중국의 공급망에 의존하던 세계 여러 기업들이 어려움에 빠졌습니다. 중국기업 스스로 전 세계에 걸쳐 공급망 체계를 몰락하게 만든 원인을 제공했습니다. 서방국가들은 중국 이외 지역에서 공급망을 강화해야 한다는 새로운 과제를 떠안았습니다.

중국은 스스로 신용을 떨어뜨리는 계기를 만들었습니다. 이 과정에서 많은 해외 기업들이 본국으로 돌아갔고 일부 중국 기업들도 달러를 벌기 위해 해외로 이전했습니다. 중국 공산당의 제로코로나 정책은 경제를 더욱 어렵게 만드는 원인을 제공했습니다. 추락한 중국의 신용은 향후에도 쉽게 회복하기 어려울 것입니다.

러시아는 2022년 2월 우크라이나를 침공했습니다. 중국은 러시아에 동조하며 지원까지 하면서 국제사회의 신용을 다시금 잃었습니다.

2022년 중국이 가지고 있던 세계 공장으로서의 경쟁력과 지위는 중국 공산당이 민간부문에 부당한 개입을 하면서 스스로 떨어뜨렸습니다. 달러 유입이 줄어들면 중국의 인민은행은 부채 규모를 축소해야 합니다. 이는 신용위축으로 이어지고 경제성장을 둔화시킬 것입니다.

100문 100답으로 쉽게 이해하는

중국은 코로나로 인해 지역경제가 무력화되었고 각종 지역 산업이 큰 타격을 입었습니다. 제로코로나 정책으로 사실상 투자, 소비 등 모든 분야가 정상적으로 작동하지 않고 있습니다. 지역경제는 어려움에 빠졌고 수많은 중소기업은 파산했으며 대기업들은 살아남기 위해 기존 인력을 대폭 감축할 수밖에 없는 상황이었습니다. 실업률은 폭등하고 생계형 범죄도 증가했습니다.

대출금을 상환하지 못한 주택들이 시장에 대량 쏟아져 나오면서 부동산 가격은 폭락하고 있습니다. 부동산 개발업자나 부동산에 종사하는 사람까지 연쇄적으로 피해를 입으면서 부동산 관련 세금에 의존하던 지방정부의 세수도 줄어들었습니다. 경제가 어려워지자 결혼과 출산도 기피하는 경향이 커져 인구문제도 심각해지고 있습니다. 경기가 어려워지자 사람들은 본능적으로 투자를 중단하고 불필요한 소비를 줄여야만 살아남을 수 있다고 생각해, 2022년 투자와 소비는 계속 줄고 있습니다. 중국 경제의 붕괴는 결국 공산당 정권의 붕괴로 이어질 것이라는 전망도 있습니다.

중국은 해외에서 상장을 해도 대상기업에 외국인이 경영에 참여할 수 없도록 막아놓았습니다. 단일 대상기업에 대해 외국인 자본의 지분은 10% 이내 소유, 전체 외국자본의 지분도 30%를 넘을 수 없습니다. 사용자 100만 명 이상인 인터넷기업이 해외 상장을 하려면 사전에 국가 안보심사를 받아야 합니다. 2022년 뉴욕에 상장한 50개가 넘는 기업이 홍콩 주식시장으로 옮겨 상장할 것이라는 전망도 있습니다.

중국은 미국과의 갈등으로 인해 발생한 리스크를 최소화하려는 의도가 있습니다. 앞으로도 중국의 인터넷기업들은 공동부유 정책으로 인해 찬밥 대우일 것입니다. 대신 반도체, 인공지능, 신재생 같은 핵심 과학기술과 기후변화에 대응하는 핵심산업에는 국가적 지원을 계속할 것입니다.

중국 최대의 인터넷 빅테크기업은 텐센트와 알리바바입니다. 이들 기업은 전자상거래를 기반으로 하기 때문에 중국의 내수경기를 보여줍니다. 하지만 미국 시장에서 상장폐지 위험이 있습니다. 미국은 미국 증시 상장기업이라면 세계 어느 나라 기업이든 직접 회계 투명성을 확인하려 합니다. 하지만 중국은 국가안보 등의 정보가 있으므로 전면감사는 안 된다고 맞서고 있습니다. 중국은 해외 상장 전면금지까지 고려했으나 주가가 하락하고, 경제도 흔들리면서 조금씩 입장을 바꾸고 있습니다.

미국은 미국 증권시장에 상장한 회사는 감사 관련 서류를 모두 제출해야 한다고 주장합니다. 중국이나 홍콩에 가서 직접 실사도 해야 한다고 강조합니다. 미 증권감독위원회는 미국에 상장한 중국 회사들의 회계 투명성 검증은 국가안보와 상관없다는 견해입니다.

미국에 상장한 중국기업의 주식 총액은 40조 달러로 엄청난 규모입니다. 2023년 초까지 상장요건을 맞추지 못한다면 충격이 매우 클 것입니다. 미국 투자자들도 손실을 입을 수 있으므로 미국정부도 부담입니다. 만약 미국에 상장한 중국기업이 상장폐지될 경우, 비상장 시장이나 홍콩시장으로 옮겨 거래가 가능할 것입니다. 미국 주식시장에 상장한 중국기업들은 대부분 홍콩시장에도 2차 상장되어 있습니다.

100문 100답으로 쉽게 이해하는

2022년 중국 공산당과 정부는 경기를 부양하겠다는 신호를 계속 내놓고 있지만 봉쇄와 경기침체는 지속되고 있습니다. 중국 증권관리감독위원회는 주식 부양을 위해 상장사들과 기관투자자들에게 주식을 사도록 하고 있습니다. 상장사들에게는 자사주 매입을 지시했습니다. 자사주를 사서 직원들에게 나누어 주면 직원들이 주가를 올리려고 열심히 일한다는 논리입니다. 상장회사들이 자사 주식을 매입하면 은행을 통해 지원까지 해주겠다고 밝혔습니다. 그만큼 중국 증시의 부진이 심각합니다. 그리고 향후 주가는 더 떨어질 것으로 예상됩니다.

중국 증권관리감독위원회는 기업들에게 현금 배당을 늘리고 기업들에게 IR 활동을 열심히 하라고 독려했습니다. 상장사 대주주들은 되도록 주식을 장기 보유하고 주식을 팔 경우는 공시해야 하며, 연기금, 보험, 신탁, 자산운용사들은 더 많은 자금을 상장사 주식에 배분하고 국유기업은 앞장서 자사주 매입과 배당 확대를 진행하라고 지시했습니다.

하지만 코로나로 피해를 입은 민간기업은 자사주 매입에 나설 여력이 없는 실정입니다. 다만 텐센트, 알리바바처럼 이익을 남기는 빅테크기업들에게는 의미 있어 보입니다. 2022년 들어 외국인들이 중국주식을 꾸준히 매도했습니다. 2022년 위안화 환율도 외국인 투자에 불리한 상황으로 전개되고 있습니다. 중국 수출이 줄면서 달러 유입은 줄고 미중 금리 차가 줄어들면서 달러 유출은 늘어나고 있습니다. 2022년 환율은 달러 강세, 위안화 약세로 이어지고 있습니다. 그러면 외국인 투자자는 주가가 변동이 없어도 달러 기준으로 손실이 발생하게 됩니다. 위안화 약세가 유지되면, 일례로 1만 달러를 투자한 해외투자자가 2022년 6월말 1달러당 6.6위안에서 2022년 12월 1달러당 7.1위안으로 오른다고 가정할 때 그대로 있어도 750달러가 줄어들어 큰 손해가 발생합니다.

이런 상황에서 중국주식에 투자한 외국인들이 투자금 회수에 들어갔습니다. 중국 당국은 2022년에도 경제성장을 위해 인프라 투자를 독려했습니다. 지방정부 특수채권을 3조 5천억 위안 정도로 2021년과 동일한 규모로 편성했습니다. 2021년 중국정부는 지방정부에게 국채발행을 통해 마련한 돈으로 특고압 송전선이나 데이터센터, 신에너지 발전 같은 시설을 늘리라고 지시했습니다. 2022년에도 중국정부는 지방정부가 국채발행을 통해 마련한 돈을 산업단지 건설, 교통인프라 구축, 서민주택 건설에 사용하라고 지시했습니다.

2022년 위안화 환율은 가파르게 오르고 있습니다. 6월 말 1달러당 6.71위안까지 올랐고 9월에는 7위안을 넘어섰습니다. 2022년 6월 기준 2달 동안 6.5% 넘게 올랐는데 이렇게 오른 적은 처음입니다.

과거 2019년 8월 3.9%가 최고였는데 당시는 미중 무역분쟁이 다시 치열해지는 시기였습니다. 도널드 트럼프 당시 행정부가 3,000억 달러 중국 상품에 대한 10% 추가 관세를 부과했고 중국을 환율조작국으로 지정하기도 했습니다. 이렇게 미중 갈등이 심해지면서 위안화 약세가 이어졌습니다.

환율이 올라가는 원인은 여러 가지가 있지만 한 나라 경제가 흔들리면 그 나라 환율도 약세를 보이는 게 일반적입니다. 한국도

항목	2022년 6월	2022년 12월(예측)
환율	6.6위안(1달러당)	7.1위안(1달러당)⇒ 환율 7.5% 상승
주가	6.6위안	6.6위안
투자액	1만 달러	1만 달러
평가액(위안)	6만 6,000위안	6만 3,000위안
평가액(달러)	1만 달러	9,250달러(-750달러)

IMF 때나 글로벌 금융위기 시에 환율이 많이 상승했습니다. 2022년 원화가 약세이긴 하지만 이건 거의 모든 나라의 통화가 약세인데다 달러가 워낙 강세인 원인이 큽니다.

2022년 중국의 경우는 강달러에 중국 자체 경제 신뢰가 떨어진 원인이 환율에도 반영된 것입니다. 중국이 비록 제로코로나 봉쇄 조치로 어려움을 겪고 있으나 경제 규모가 세계 2위이고 외환보유고도 1위로 기초체력은 여전히 튼튼한 상황입니다. 환율이나 주가는 기초체력도 중요하지만 시장 참가자들의 심리를 더 많이 반영할 때도 있습니다.

중국의 환율정책은 달러당 8.2위안으로 고정하는 고정환율제를 쓰다가 2005년 개혁을 했습니다. 이후 위안화 강세 추세는 상당 기간 이어져 2013년부터는 6위안과 7위안 사이에서 움직이고 있습니다.

그렇게 보면 6.3위안에서 7위안으로 움직인 건 큰일이 아닐 수도 있습니다. 하지만 실제로는 폭보다는 속도가 더 문제입니다. 환율이 갑자기 빠르게 움직이면 변동성이 더욱 커질 수 있고 외국인 자본도 급속도로 이탈할 수 있습니다.

중국은 2020년 전체 GDP에서 무역이 차지하는 비중이 줄어 34% 정도입니다. 한국은 무역액이 차지하는 비중이 69%인 반면, 중국 자본시장에 대한 외국인 투자는 지속적으로 증가했습니다. 중국은 금리를 인하하거나 동결을 얘기하고 있습니다. 미국과 금리 차가 벌어지면 외국인 자금이 이탈할 확률이 높아집니다. 2022년 9월 현재 위안화 환율은 심리적 지지선인 7위안을 살짝 넘었습니다. 환율 상승은 중국 주식시장에 부정적입니다.

2022년 말에는 7위안을 확실히 넘어서고 글로벌 경기침체가 피크에 이르는 2023년 말에는 8위안, 그 이후 서서히 안정되면서 2024년 말에는 다시 7위안이 될 것으로 보입니다.

일본 엔화 환율은 앞으로 어떻게 진행될까요?

환율은 한 나라의 경제 펀더멘털인 기초체력을 나타냅니다. 저출산, 고령화가 급격히 진행되는 일본에서 2019년까지 이미 사라진 마을은 164개, 가까운 장래에 사라질 가능성이 있는 마을이 3,622개나 된다고 발표했습니다.

기존에 일본 지자체들은 지역의 인구 감소를 막기 위해 이주정착금, 출산장려금 등을 지원했으나 더 이상 인구 증가 없이 지자체들끼리 인구들을 서로 뺏고 뺏기는 형국으로 재정만 더욱 나빠지는 상황이 되었습니다. 현재 우리나라 지자체들에도 비슷한 현상이 나타나고 있습니다.

일본정부가 아베노믹스를 통해 지난 10년 동안 무제한의 재정확장, 금융완화 정책을 폈는데도 효과가 작았던 주요 원인은 인구감소였습니다. 물론 정부도 일본이 직면한 가장 큰 문제가 저출산, 고령화 등 인구감소임을 인식하고 대책을 마련하여 시행하고 있습니다.

일본정부에 따르면 일본의 잠재성장률이 4%가 넘었던 1980년대 인구증가가 잠재성장률을 끌어올리는 효과가 0.6% 기여를 했

▶ 일본 인구 감소 현황(2015~2019년)

내용	감소 규모
인구가 감소하여 사라진 마을	164개
가까운 장래에 사라질 가능성이 있는 마을	3,622개

출처 : 일본 총무성

는데, 2000년대 들어와서 상황이 반전되었습니다. 인구감소로 인해 잠재성장률을 0.3% 끌어내리면서 0%대에 머물게 되었습니다.

미쓰비시 종합연구소는 인구 감소로 인해 2040년대에는 일본의 잠재성장율이 마이너스(-)로 전환할 것이라고 전망했습니다. 2025년이 되면 65세 이상 고령자 비율이 30%를 초과하고 14세 이하 비율은 11%에 지나지 않아 노령층의 비율이 3배 가까이 증가할 것으로 보입니다. 고령자가 급격히 늘어나면 간병인력이 늘어나는데 후생노동성은 2025년에 간병인력만 32만 명을 늘려야 한다고 전망합니다.

간병인력 부족으로 일본에서는 노부모를 간병하기 위해 회사를 그만두는 간병이직이 경제 문제로 부각되고 있습니다. 연간 10만 명 정도가 노부모 간병을 위해 사표를 내고 있는 상황입니다. 이에 기업의 인재 유출문제가 심각해지고 경제활력이 떨어지고 있습니다. 일본 후생성은 간병이직으로 인한 손실이 연간 6조 3천억 원 이상으로 추산합니다. 일본경제에 활력을 불어넣을 가장 중요한 IT 인재가 2030년에 79만 명 부족할 것으로 전망됩니다.

가뜩이나 부족한 인력이 고부가가치 산업이 아닌 저효율의 간병 인력으로 전환된다는 것은 큰 문제입니다. 2050년이 되면 일본 인

100문 100답으로 쉽게 이해하는

구 1억 명이 붕괴되어 9천만 명대로 감소할 것으로 보입니다. 일본 사회의 소비 부족 등 대부분의 문제는 인구 감소가 원인입니다.

현재 일본은 아베노믹스의 휴유증으로 몸살을 앓고 있습니다. 아베노믹스는 적극적인 재정정책과 금융 완화, 과감한 성장전략으로 구성되어 있습니다. 잘 진행되면 설비투자와 임금 인상으로 이어져 소득과 분배가 늘어나고 소비도 증가합니다. 기업실적을 늘리기 위한 대표 수단으로 엔화 약세를 유도하는 정책을 폈고 법인세도 과감히 낮춰 기업 부담도 줄여줬습니다. 대신 소비세를 늘려 정부의 부족한 세수를 메웠습니다. 하지만 기업은 늘어난 순이익을 설비투자나 임금인상에 쓰지 않고 유보금으로 쌓아 놓았습니다. 고용도 정규직보다는 비정규직을 늘리고 소비지출도 그다지 늘지 않았습니다. 기업의 수익에서 인건비가 차지하는 비율은 오히려 줄어들었습니다. 그만큼 고용이 늘어나지 않았다는 증표입니

▶ 아베노믹스 성적표

항목	2012년 말	2014~2019년 말
엔화 환율	85.35엔	125.21엔(2015년 6월)
닛케이지수	10,395	23,656(2019년)
법인세율	34.62%(2014년)	29.74%(2018년)
실업률	4.3%	2.2%
기업유보금	304조 엔	463조 엔
임금상승률	-1.9%	-1.1%
노동분배율	72%	66%
소비지출		8년간 0.3% 증가
GDP	492조 엔	505조 엔

다. 실질임금 상승이나 GDP도 거의 늘지 않았습니다.

이에 일각에서는 아베정권이 개인의 품에서 돈을 빼앗아 기업 유보금을 쌓았다고 평가하기도 합니다.

2022년 일본은 아베노믹스의 후유증에 시달리고 있습니다. 금융완화 및 재정확대 등의 정책에 지나치게 의존하다 보니 규제개혁과 성장 분야에 대한 투자에 소홀했고 그 결과 경제 기초체력이 약화되었습니다. 일본의 잠재성장률은 20년 동안 0%에 머물러 있습니다.

생산성을 강화하는 노동시장 개혁의 본질인 해고에는 손을 대지 않아 기업들이 정규직원 채용과 임금 인상에 신중해졌습니다. 구조개혁을 외면하고 문제를 덮는 단기처방이 일본경제에 문제를 일으켰습니다. 시장에선 일본경제의 잃어버린 30년의 장기침체의 원인은 정책오류와 폐쇄성이 빚어낸 성장 상실의 30년이라 평가합니다.

1960년대 9.1%의 높은 고도성장기를 맞이한 일본은 이에 따라 1973년을 복지 원년으로 삼아 방대한 사회보장제도를 실시합니다. 공교롭게도 그해가 일본 고도성장기의 마지막 해였습니다. 이때 만들어진 사회보장제도가 정부 재정의 발목을 두고두고 잡게 됩니다. 아베의 경제정책은 잘못된 것이고 일본경제의 문제는 물가를 올리는 것이 아니라 성장잠재율이 떨어졌기 때문이라는 일각의 지적도 있습니다. 하지만 일본정부와 일본은행은 임금과 물가를 올리는 데 초점을 맞추었다고 정책 실기를 지적하기도 합니다. 소재, 부품, 장비 등 소부장 제조업 중심의 경제구조를 바꾸는 데도

100문 100답으로 쉽게 이해하는

소홀했다는 지적도 있습니다.

일본경제의 장점은 신뢰성 있는 제품 양산입니다. 하지만 구조가 단순한 디지털 시대로 넘어가면서 일본의 주특기인 정밀 가공 기술을 살릴 여지가 줄었다는 의견도 있습니다. 적당한 품질을 저렴한 가격에 내놓는 중국과 경쟁하기 위해 가격 인하에 목을 매면서 노동생산성이 주요국 하위권에 맴돌게 되었습니다.

미국경제가 애플과 같은 빅테크기업의 출현으로 도약하는 동안 일본 주식의 상위 종목은 도요타, 소니, NTT, 키엔스, 미쓰비시 금융 등 여전히 금융과 인프라 기업으로 채워져 있습니다. 1990년대에는 업무 효율화가 부가가치로 이어졌지만 지금은 비용을 절감하면 중국과 경쟁하기 위해 가격 인하의 재원으로 사용되고 있습니다.

일본은 코로나로 인한 사망자는 여타 선진국보다 적었지만 경제 체질 약화로 회복 속도는 매우 늦은 게 현실입니다.

일본정부는 코로나19가 확산한 2020년 이후 4차례에 걸쳐 총 사업규모 372조 엔의 긴급 경제대책을 마련했습니다. 2021년 일본 GDP의 69%에 해당합니다. GDP 대비 비중으로 선진국 중 가

▶ GDP 대비 코로나19 지출 비중

국가	GDP 대비 지출 비율	지출액
일본	69%	372조 엔
독일	40%	1.3조 유로
영국	32%	7000억 파운드
미국	31%	6.52조 달러

장 많았습니다. 이렇게 많은 돈을 코로나 대책에 투입했는데도 이후 경제회복은 가장 더디게 진행되고 있습니다.

미국의 GDP는 코로나 이전으로 회복했지만 일본은 그렇지 않습니다. 일본이 지금까지 코로나 대책에 쏟아부은 돈은 거의 3.4년치 일본 예산입니다. 3.4년치 예산을 쏟아부었는데도 효과는 경쟁국들보다 미진한 상황입니다. 일본경제 회복이 늦은 이유는 낮은 노동생산성에서 찾을 수 있습니다.

일본의 노동생산성은 38개국 중 28위를 차지했습니다. G7중에서 가장 마지막이었습니다. 노동생산성 순위가 20위권을 넘어선 것도 20년이 넘었습니다. 세계 1위였던 제조업 노동생산성도 18위까지 밀렸습니다. 일본기업 근로자의 기술력과 근면성은 세계 최고 수준인데 일본의 노동생산성이 G7 중 가장 낮은 이유는 중소기업의 영세성이 낳은 저생산성 때문입니다.

▶ 2020년 세계 노동생산성

국가	1인당 노동생산성(달러)	순위
아일랜드	207,353	1
룩셈부르크	158,681	2
미국	141,370	3
스위스	131,979	4
벨기에	126,641	5
영국	94,763	19
한국	83,373	24
일본	78,655	28

참조 : OECD

일본의 중소기업의 규모는 미국의 절반, 유럽의 3분의 2 수준입니다. 미국과 유럽보다 영세한 중소기업이 난립하다 보니 규모의 경제를 발휘하지 못합니다. 일본의 기업은 2016년 기준 386만 개인데 중소기업이 전체 기업의 99.7%를 차지합니다. 중소기업의 낮은 생산성이 일본의 저생산성으로 이어지는 것입니다.

노동집약적 산업을 중심으로 급성장한 1956년에서 1973년까지 고도성장기 일본의 중소기업은 고용의 기반이 되었습니다. 현재 일본 근로자의 70%가 중소기업에 고용되어 있습니다. 일본정부도 기업의 생산성 향상에 대해 잘 알고 대책을 수립했지만 모두 대기업의 생산성을 높이는 데만 집중했습니다. 중소기업은 일본의 보배라는 뿌리 깊은 의식 때문에 개혁의 칼날을 대는 데 주저한 탓입니다. 대기업보다 높은 생산성을 달성한 극히 일부 중소기업의 신화가 대다수 중소기업의 사례인 것처럼 과장되었습니다. 중소기업에 대한 두터운 우대정책을 누리기 위해서 일부러 규모를 키우지 않는 현상을 피터팬 증후군이라 하는데 일본에서도 경제의 활력을 떨어뜨리는 문제로 지적됩니다.

생산성을 높이기 위한 기업의 자체적인 노력에 대해서도 좋은 평가를 받지 못하는 사회구조입니다. 혁신을 통해 상품과 서비스의 경쟁력을 높여야 하는데 인력 감축에만 급급한 상황입니다. 희망퇴직을 시행하는 상장사들도 계속 늘고 있습니다. 중소기업 재편 및 통폐합을 위한 최고의 수단으로 최저임금을 대폭 인상하는 것이라는 의견도 있습니다. 하지만 우리나라의 경우도 과거 최저임금을 대폭 인상하자 고용이 줄었습니다. 일본도 최저임금을 높이면 실업이 늘어날 것이라는 우려도 있는데, 일본은 한국과 달리 인구가 줄어들고 있기 때문에 중소기업 통폐합으로 줄어드는 것은 사장의 숫자라는 의견도 있습니다.

세계 각국은 포스트 코로나 시대에 대비하여 리스쿨링(재교육)에 주력하고 있습니다. 한정된 인재를 디지털과 같은 성장 분야에 재배치하기 위한 전략입니다. 코로나 팬데믹의 충격으로 인해 고용을 유지하는 데만 집중했던 기업의 인사전략이 이제는 인재를 재배치하는 쪽으로 전환된 것입니다.

노동력을 성장산업에 재배치해서 산업구조가 개선되면 경제활성화 효과가 세계적으로 700조 엔에 달할 것으로 전망되기도 합니다. 재교육을 통한 생산성 향상이 국가경쟁력을 좌우하는 시대지만 일본은 이마저도 뒤처져 있습니다. 일본정부가 2017년 기준 직업훈련에 지출한 금액은 GDP의 0.01%로 주요국 최저 수준입니다. 미국의 3분의 1, 독일의 18분의 1 정도에 불과합니다. 코로나 대책에도 일본정부는 근로자를 해고하지 않고 휴직시키는 기업에 4조 엔 이상을 쏟아붓는 등 실업률을 줄이는 데 집중했습니다.

OECD에 의하면 일본 성인의 학습기회는 0.1로 회원국 평균 (0.45)을 크게 밑돌고 있습니다. 일본 노동인력의 저생산성과 재교육 부족이 일본경제 경쟁력 저하의 또 다른 원인입니다.

이런 영향으로 최근 달러 대비 엔화가 20년 만에 최저로 떨어지고 있습니다. 최근 일본은 물가 상승과 저성장, 엔저로 더욱 어려워진 상황입니다. 일본경제를 뒷받침하던 무역흑자, 막대한 해외자산도 최근 흔들리고 있습니다. 일본경제를 단단하게 지지했던 경상

수지가 흔들리고 있기 때문입니다. 경상수지란 무역수지(수출-수입)에 서비스 수지(여행, 특허사용료 등의 수입)를 합치고 1차 소득수지(해외자산에서 벌어들이는 이자와 배당 수입)와 2차 소득수지(정부개발원조금 유출입)를 더한 것입니다.

막대한 해외자산에서 이자와 배당수입(1차 소득수지)을 올리기 때문에 일본경제는 큰 걱정이 없다는 말이 있었습니다. 2006년 20조 엔, 2007년 25조 엔으로 연간 경상수지 흑자가 우리 돈으로 250조 원에 달했습니다.

하지만 2010년 이후 구도가 완전히 바뀝니다. 무역수지 규모가 급격히 줄어들어 적자를 내는 해도 늘어났습니다. 2011년 동일본 대지진으로 경기침체에 빠진 2012년에서 2014년은 무역, 서비스 수지가 엄청난 적자를 기록했습니다. 같은 기간 경상흑자 규모도 4조 엔 규모로 줄었습니다.

2016년 후반 경상수지 흑자가 20조 엔으로 회복한 이유는 1차 소득수지에서 매년 20조 정도 이상의 흑자를 낸 덕분입니다. 결론적으로 2020년대 들어 무역흑자는 무역흑자와 해외자산의 이자 및 배당이라는 2개의 기둥 중에 무역흑자는 무너지고 해외자산이라는 1개의 기둥이 버텨줬기 때문입니다. 하지만 최근에는 이마저

연도	경상수지(억 엔)	무역·서비스수지(억 엔)	1차 소득수지(억 엔)
2000	14조 0,616	7조 4,298	7조 6,914
2001	10조 4,524	3조 2,120	8조 2,009
2002	13조 6,837	6조 4,690	7조 8,105
2003	16조 1,254	8조 3,553	8조 6,398
2004	19조 6,941	10조 1,961	10조 3,488
2005	18조 7,277	7조 6,930	11조 8,503
2006	20조 3,307	7조 3,460	14조 2,277
2007	24조 9,490	9조 8,253	16조 4,818
2008	14조 8,786	1조 8,899	14조 3,402
2009	13조 5,925	2조 1,249	12조 6,312
2010	19조 3,828	6조 8,571	13조 6,173
2011	10조 4,013	−3조 1,101	14조 6,210
2012	4조 7,640	−8조 829	13조 9,914
2013	4조 4,566	−12조 2,521	17조 6,978
2014	3조 9,215	−13조 4,988	19조 4,148
2015	16조 5,194	−2조 8,169	21조 3,032
2016	21조 3,910	4조 3,888	19조 1,478
2017	22조 7,779	4조 2,206	20조 6,843
2018	19조 5,047	1,052	21조 4,026
2019	19조 2,513	−9,318	21조 5,531
2020	15조 6,739	−8,773	19조 1,209
2021	15조 4,877	−2조 5,615	20조 4,781

참조: 일본 재무성

도 바뀌고 있습니다.

2022년 들어 경상수지 적자가 급격히 늘어나고 있습니다. 20년 만에 최저인 엔저 때문입니다. 원자재를 수입할 때 달러로 결제하는데 엔저로 인해 엔화 가치가 급락하니 적자가 더욱 증가하는 것

➡ 20년~22년 월별 일본의 경상수지 현황

연도	경상수지(억 엔)	무역 · 서비스수지(억 엔)	1차 소득수지(억 엔)
2020	15조 7,790	−7,250	19조 1,532
2021년 11월	8,973	6,454	1조 7,907
2021년 12월	3,708	6,400	3,988
2022년 1월	−1조 1,887	−2조 3,422	1조 2,890

입니다. 2010년 이후 일본기업들이 생산 거점과 연구시설을 대거 해외로 이전했기 때문이기도 합니다.

1995년만 해도 일본이 자국 내에서 생산한 부가가치의 비중은 94%였습니다. 2018년에는 83%로 떨어졌습니다. 같은 기간 미국은 비슷한 수준을 유지했습니다. 미국은 소프트웨어와 클라우드로 고부가가치 상품을 자국에서 제조해서 해외에 판매한 반면, 일본은 자국 내 산업이 경쟁력을 발휘하지 못했습니다. 일본에는 글로벌 경쟁력이 없어서 해외에 나갈 수 없는 기업만 남았기에 제조업 생산성이 떨어졌다는 지적도 있습니다.

아베노믹스 이후 일본의 수출은 10%밖에 늘지 않았습니다. 예전 같으면 엔저 효과로 수출이 늘어났을 테지만, 이제는 거꾸로 원유나 원재료 가격의 급등을 고민해야 하는 처지입니다.

일본은 2022년 40년 만에 경상수지가 적자가 전망됩니다. 일부에선 10년 이내 일본이 만성적인 경상수지 적자국가가 될 것이라고 예상합니다. 이렇게 적자가 이어지면 수십 년간 쌓아온 대외자산도 줄어듭니다. 2020년 말 일본의 대외 순자산은 356조 9,700억 엔으로 30년 연속 1위입니다. 그런데 2019년부터 대외 순자산이 줄어들기 시작해서 2020년에는 2위 독일과 차이가 24조 엔으로 줄었습니다. 2021년에는 독일이 일본을 역전했을 것이라는 전망이 있습니다.

엔화가 안전자산으로 취급받는 이유는 대외 순자산 때문이었습니다. 러시아-우크라이나 전쟁으로 안전자산인 엔화 가치가 치솟을 것이라는 예상을 깨고 엔저가 경상수지 적자를 증폭하고 대외 순자산을 감소시키고 있습니다.

엔화 가치의 하락을 막으려면 일본 중앙은행의 나홀로 금융 완화를 멈춰야 합니다. 2022년 미국, 한국, 영국 등 주요국 중앙은행이 잇따라 금리를 올리는데 일본은행만 마이너스 금리를 유지하고 있습니다. 이자율이 낮은 일본보다 이자율이 높은 미국에 투자하는 게 상식입니다. 하지만 구로다 하루히코 일본은행 총재는 대규모 금융 완화를 지속할 것이라고 말합니다.

시장에선 일본은행이 나홀로 금융 완화를 할 수밖에 없는 상황이라고 설명합니다. 구로다 일본은행 총재는 2013년 취임 때부터 대규모 금융 완화 정책을 통해 아베노믹스를 측면 지원했습니다. 물가상승률이 안정적으로 2%선을 유지할 때까지라는 게 정책목표였는데 이를 달성하지 못하고 이제 와서 긴축으로 돌아서면 지난 10년간의 금융 완화 정책을 스스로 부정하게 된다는 것입니다.

환율을 방어하려다가 자칫 재정이 파탄날 수 있다는 지적도 일본 중앙은행이 섣불리 움직이지 못하는 이유입니다. 2021년 말 일본의 국채 잔고는 처음으로 1,000조 엔을 넘어섰습니다. 국내총생산 대비 국가부채 규모가 256%로 133%의 미국, 108%의 영국에

100문 100답으로 쉽게 이해하는

비해 2배가 넘습니다. 한국은 50% 정도 수준입니다.

2022년에도 일본정부는 예산부족분 37조 엔을 적자 국채를 발행해서 메우고 있습니다. 일본이 G7 중 최악의 재정건전성을 감당할 수 있는 이유는 일본은행이 국채의 상당 부분을 사들여 금리 상승을 막고 있기 때문입니다. 2021년 말 기준으로 일본은행은 일본 국채의 44%를 가지고 있습니다. 일본 재무성은 일본은행이 금리를 1% 올려도 2025년도에 연간 국채 원리금 부담이 3조 7,000억 엔 늘어날 것이라고 전망합니다. 금리가 2% 오르면 매년 갚아야 할 원리금이 7조 7,000억 엔 더 늘어납니다. 일본의 연간 예산이 100조 엔인데 세수는 70조 엔 정도입니다. 부족분 30조 엔은 매년 국채발행으로 메우고 있습니다.

그렇게 마련한 100조 엔 예산의 3분의 1가량인 25조 엔을 국채이자와 원금 상환에 씁니다. 나머지 3분의 1은 사회보장입니다. 이렇게 매년 3분의 2를 국채원리금과 이자지급, 고정적인 사회복지비에 쓰다 보니 미래성장 전략에 예산을 집중할 여력이 없습니다.

이런 상황에서 금리가 1~2%만 올라도 부담이 4조 엔에서 8조 엔이 늘게 됩니다. 일본은행이 금리를 1% 더 올리면 일본의 연간 방위비 예산과 맞먹는 돈을 국채 원금과 이자 갚는 데 사용해야 합니다.

상황이 이런데도 통화긴축 정책으로 선회한다고 해서 엔저를 막을 수 있다는 보장도 없는 게 현실입니다. 미국의 금리가 너무 가파르게 오르기 때문입니다. 미국은 2022년 물가와의 전쟁을 시작했습니다. 이는 곧 금리를 높여 돈줄을 조이겠다는 의미입니다.

일본이 환율을 방어하려면 금리를 미국과 비슷한 수준으로 올려야 하는데, 일본이 그렇게 올리면 재정이 파탄나서 다시 엔화 가치가 폭락할 것이라는 얘기도 나옵니다.

구로다 일본은행 총재가 재임하는 23년 4월까지 엔화 약세는 지속될 것이라는 전망입니다.

일본이 금리 인상의 딜레마에
빠진 이유는 무엇인가요?

일본 재무성은 일본은행이 금리를 1%만 올려도 2025년도에 연간 국채 원리금 부담이 3조 7,000억 엔 늘어날 것이라고 전망하고 있습니다. 금리가 2% 오르면 매년 갚아야 할 원리금이 7조 7,000억 엔에 이릅니다. 일본은행이 국채의 상당 부분을 사들여 금리가 오르는 것을 막고 있기 때문입니다.

2021년 말 기준 일본은행은 일본 국채의 44%를 가지고 있습니다. 국채금리가 오르면 일본의 저금리 기조가 무너지고 엔화 가치가 올라갑니다. 2022년에도 전 세계적인 인플레이션 상황에서 일본은행은 아베노믹스 정책을 계승해서 경기를 부양하기 위해 금리 인상을 막겠다는 의지가 확고합니다.

따라서 2022년 10년물 국채금리를 0.25%로 유지하기 위해 노력하고 있습니다. 저금리 정책의 유지입니다. 전 세계가 모두 인플레이션을 잡기 위해 긴축을 추진하는데 일본만 통화 완화정책을 하겠다는 것입니다. 국제투자자들은 이 정책이 지속되기 어려울 것으로 보고 2022년 2분기 들어 일본 국채를 대상으로 공격을 시작했습니다. 일본 채권을 사서 공매도를 하고 있는 것입니다. 공매도를 통해 일본의 정책기조가 흔들린다면 투자자들은 높은 수익을 얻을 수 있습니다.

일본 소비자물가도 유가 수입 때문에 2%를 넘은 상황입니다. 2022년 2분기 들어 국제투자자들이 일본 엔화와 국채를 대상으로 공매도를 하는 목적은 시장에 채권 매도가 많아지면 채권금리가 올라가기 때문입니다. 하지만 일본은행은 이에 맞서 시장에 나온 국채를 모두 사들이고 있는데, 그 양이 일본정부가 발행한 국채의 절반 이상입니다.

일본에 대한 신뢰가 크게 흔들리고 있는 상황입니다. 만약 일본 은행이 국채 매입을 포기하면 일본의 금리는 급등하고 이는 미국 국채금리에도 영향을 줍니다. 미국 국채에 대한 인기도 함께 떨어지면서 일본과 같이 금리가 동반 상승하는 상황이 올 수도 있습니다.

2022년 6월 말 들어 미국채 10년물 금리가 낙찰 시 3.28%에 결정되어 발행금리 3.25%보다 높게 형성되었습니다. 미국채에 대한 인기가 떨어진 것입니다. 다만 얼마 후 미국 증시가 떨어지자 안전 자산 선호로 다시 미 국채금리는 내림세로 돌아섰습니다. 2022년 10월 들어 미국채 10년물 금리가 3.71%로 다시 올라갔습니다. 큰 폭으로 등락을 반복하고 있습니다.

2022년에는 안전자산인 10년물 미 국채마저도 변동성이 매우 커진 상황입니다. 앞으로도 이런 상황이 반복될 것입니다. 일본은 원유 및 수입품 가격 인상으로 인플레이션이 심화되고 있습니다. 그 결과 저금리 정책기조가 바뀔 확률이 높습니다.

이런 상황이 계속되면 일본에 있던 외화자본이 더 높은 수익을 좇아 외국으로 유출되는 문제도 나타날 수 있습니다. 따라서 국채를 강제로 매입해서 금리를 낮추는 정책도 한계가 존재합니다.

현재 일본정부 부채는 전 세계 최고 수준입니다. 그러므로 섣부른 금리 인상은 기존에 발행한 일본 국채의 이자지불 부담을 증가시킵니다. 현재 일본은 1년 예산의 30%를 기존에 발행인 국채의 원금과 이자지급에 쓰고 있습니다.

일본정부 입장에서는 그야말로 이러지도 저러지도 못하는 금리 인상 딜레마에 빠져 있습니다.

Q 090

유럽경제의 현황과 환율 전망은 어떻게 되나요?

2008년 금융위기 이후 전 세계적으로 마이너스 성장을 하다가 2010년 들어 세계경제가 서서히 반등했지만 그리스에서 시작된 유럽 재정위기로 유로존은 다시 마이너스 성장을 하게 됩니다. 당시 유럽중앙은행은 개입에 매우 소극적이었습니다. 유럽중앙은행은 거의 문제가 터질 시점에 개입하는 특징이 있습니다.

유럽의 재정위기는 2012년까지 계속되었습니다. 2014년부터는 상품과 서비스 가격이 지속적으로 하락하는 디플레이션이 발생했습니다. 2014년부터 시작된 저유가와 함께, 글로벌 금융위기로 소비가 줄고 유럽에 재정위기가 닥치면서 많은 국가들이 긴축을 단행했기 때문입니다. 독일이 유럽재정위기 해결 과정에서 원칙을 지키지 않은 방만한 재정운용을 했기 때문이라는 주장에 따라 상당수 국가들이 긴축을 시작합니다. 이런 상황에서 유로존은 경기를 살리기 위해 양적완화를 과감하게 단행, 국채 매입까지 진행했습니다. 금리를 제로금리로 낮추고 마이너스 금리를 유지했습니다.

이런 와중에 2020년 코로나가 터지면서 추가적인 양적완화를 시작하게 됩니다.

2020년 유럽경제는 코로나19 영향으로 큰 충격을 받았습니다. 유로존의 경제성장률은 대략 마이너스 6.4%까지 추락했습니다. 이 탈리아, 스페인 등은 마이너스 10%, 영국도 마이너스 9%였습니다. 2021년부터 유럽 경제상황이 개선되면서 서서히 위드코로나 정책을 추진했습니다. 2021년에는 경기가 급반등하면서 5%대의 경제성장률을 달성했지만 2021년 말부터 우크라이나를 둘러싼 지정학적 리스크와 에너지 문제가 대두되면서 유럽경제는 다시 어려움을 겪고 있습니다.

그리고 코로나 이후 양적완화로 풀린 돈을 거둬들여야 하는 상황에서 2022년 2월 러시아-우크라이나 전쟁이 시작되었습니다.

2022년 유럽은 여전히 성장하고 있지만 성장률은 둔화되었습니다. 2022년 5월 유럽의 물가는 8.1%로 유로존 출범 이후 최대 오름세입니다. 특히 러시아-우크라이나 전쟁과 인접해 있는 발트 3국은 15%를 넘을 정도로 심각합니다. 프랑스는 5% 정도로 낮은데 높은 원자력 의존도로 인해 다소나마 이익을 봤기 때문입니다. 9월 유럽의 물가상승률은 10%까지 올라갔습니다. 물가 상승은 에너지 가격 상승이 주요 요인입니다. 2022년 인플레이션은 수요가 늘었기 때문이 아니라 공급에 문제가 생겼기 때문입니다. 따라서 인플레이션을 잡기 위해 금리를 올려도 그 효과가 반감됩니다.

2022년 들어 유럽의 스태그플레이션 우려가 심화되고 있습니다. 스태그플레이션은 1970년대 말 제2차 석유파동에서 나온 개념으로, 물가는 오르지만 경기는 지속해서 좋지 않은 상황을 의미합니다.

스태그플레이션에서는 물가와 실업률이 같이 올라야 하는데 2022년 유로존의 실업률(6.8%)은 괜찮은 편으로 팬데믹 이전을 회복하여 경기가 가장 좋았던 2000년대 중반 수준입니다. 경기가 좋아져 노동시간이 팬데믹 이전 수준으로 회복됐기 때문이 아닙니다. 일자리 나누기 등의 효과 때문인데 2022년 취업자 중 상당부분은 보건부문에서 늘어났습니다.

역대로 유럽중앙은행은 물가상승률 억제에만 초점을 맞출 뿐 성장을 위해 통화정책을 사용하지는 않았습니다. 하지만 팬데믹 기간 유럽 여러 나라들은 재정정책을 통해 상당히 많은 돈을 풀었고 이로 인해 국가부채가 역대 최고치로 늘어난 상황입니다. 2010년 유럽재정위기 이후 겨우 안정시킨 국가 재정상태가 코로나로 인해 다시 악화된 것입니다. 국가채무가 최고조로 늘어나다 보니 추가적인 경기부양과 성장 추진이 어려운 입장입니다.

하지만 그 와중에도 유럽은 코로나19 팬데믹 이후 2021년에만 7,500억 유로 규모의 기금을 만들어 지출을 시작했습니다. 이를 통해 또 다른 수요를 기대하고 있습니다.

러시아에 대한 유럽의 에너지 의존은 1970년대부터 시작됐고 파이프라인 건설은 1960년대부터 시작했습니다. 유럽은 냉전 시기에도 러시아로부터 에너지를 수입했습니다. 2014년 러시아가 크림반도를 병합했을 당시 유럽연합과 미국이 러시아에 대해 경제제재를 추진했습니다. 하지만 당시의 제재에도 에너지 분야는 제외됐었습니다. 독일은 제재 기간에도 '노드스트림2'라는 해저 파이프라인을 추가 건설했습니다. 그러다 보니 러시아에 대한 에너지 의존

100문 100답으로 쉽게 이해하는

도가 높아 매우 난감한 상황입니다.

EU 집행부는 가스를 공급받는 파이프라인을 제외하고 석유와 석탄 등은 2022년 말까지 줄이기로 합의했습니다. 유럽은 천연가스 수입물량의 45%, 석유 25% 석탄 40% 이상을 러시아에 의존하고 있습니다. 2022년 유럽이 러시아 제제 관련해서 발표한 에너지정책은 대부분 10년 전부터 친환경 에너지정책 일환으로 이미 진행되던 것입니다. 2022년부터 시행하기로 한 에너지 다변화정책 중 비러시아 천연가스 다변화정책으로 기존 LPG에서 LNG로 카타르, 알제리 등에서 바꾸어 수입하겠다는 것은 많은 비용을 수반하기 때문에 쉽지는 않습니다.

국가별로 러시아 수입금지 관련 입장이 다릅니다. 러시아와 국경이 인접하여 위기감이 높은 폴란드, 슬로바키아 같은 국가는 강력한 입장을 보이는 반면, 모호한 입장의 헝가리는 이를 적극적으로 반대하고 있습니다. 영국, 스페인, 프랑스 등 러시아에서 에너지 수입이 적은 국가들은 문제가 적지만 가장 취약한 국가들인 헝가리, 오스트리아, 이탈리아 등은 러시아 수입 물량이 많아 문제가 될 수 있습니다. 독일도 많은 부분을 러시아에 의존하고 있어 러시아 에너지가 중단된다면 경제성장률이 마이너스 2%로 전환된다는 전망도 있습니다. 발트 3국은 문제될 것 같지 않지만 그리스, 이탈리아 등은 문제가 될 가능성이 큰 상황입니다.

이번 위기로 2012년 그리스에서 시작된 유럽 재정위기가 재발하지는 않을 것으로 보입니다. 당시 PIGS(포르투갈, 이탈리아, 그리스, 스페인) 국가들이 공통적으로 재정적자, 경상수지 적자가 대규모로 발생했는데, 외채가 쌓여 국가채무와 민간채무가 높은 게 문제였습니다. 수출보다 수입이 훨씬 많아서 당시 경상수지 적자가 누적된 데다 재정도 매우 취약했습니다.

2022년 이들 국가는 경상수지 적자는 매우 개선된 상황입니다. 위기를 겪으면서 EU 집행부의 감시 기능이 강화되어 상호 간에 감독시스템이 많이 정비되었습니다. 2010년에는 유럽중앙은행의 개입이 매우 느렸지만, 이후 드라기 유럽중앙은행 총재가 유로화를 지키기 위해 뭐든지 하겠다고 선언한 이후 행동도 빨라졌습니다. 다만 이들 국가들의 채무 문제는 항상 존재하고 추가적인 충격이 올 경우, 별다른 대책이 없다는 것도 문제입니다. 2022년 공급부문의 인플레이션 충격은 사실 대응하기 어렵습니다.

다만 산업계의 지각 변동이 일어날 수 있습니다. 이번에는 에너지 저감기술을 갖춘 기업이 성장할 것으로 보입니다. 유럽이 에너지를 다른 지역으로 전환하면 수입선이 겹쳐지기 때문에 유럽의 수많은 에너지기업들이 자금력을 바탕으로 에너지시장에 들어올 확률이 크고, 이는 한국에도 영향을 미칠 것입니다. 유럽은 친환경 에너지 구축, 신재생 에너지 구축, 공급망 재편 등에 대한 투자가 자국 중심으로 이루어지도록 노력할 것입니다. 반도체, 배터리 등의 산업은 유럽이 가지고 싶어 하는 분야입니다.

유럽중앙은행은 2022년 말까지 금리 인상을 예고하지만 유럽국가들의 경제체질이 그리 좋지 않아 많이 올리기는 어려운 실정입니다. 2022년 미 연준(Fed)이 금리를 과감히 올릴 수 있는 이유는 실업률이 역대로 낮고 소비도 살아 있으며 기업 실적이 좋아 경제

체질도 좋기 때문입니다.

2022년 유럽은 러시아-우크라이나 전쟁 여파로 소비가 줄었고 미국, 캐나다, 호주가 그 수혜를 받고 있습니다. 러시아로부터 받던 석유 등을 미국이 대신 공급하고 있습니다. 2022년 유럽은 전쟁의 영향을 직접적으로 받고 있어 유럽중앙은행이 인플레이션을 잡기 위해 미국처럼 과감히 금리를 올릴 수 없는 것입니다.

2022년 우리나라 경제는 유럽에 비해 크게 나쁘지는 않습니다. 우리는 주로 미국에 수출하기 때문에 미국의 견고한 소비는 우리 경제에 아직은 긍정적 요인입니다. 하지만 미국도 2022년 하반기부터 서서히 소비가 둔화되면서 경기침체 우려가 커지고 있습니다. 우리 경제도 영향을 받을 수밖에 없습니다. 2022년 유럽이 금리를 올리지 못하면 달러화 강세로 인해 달러인덱스가 상승하고 우리나라 환율이 상승합니다. 이 때문에 우리 주식시장도 하락하게 됩니다.

2022년 유럽은 경기침체와 물가 급등이 동시에 일어나고 있습니다. 우크라이나 사태에 따른 러시아 제재를 둘러싸고 유럽 내 균열이 표면화되고 있습니다. 2022년 하반기 잠복해 있던 남유럽의 재정 리스크가 재현될 조짐도 보입니다.

2021년까지만 해도 유럽 경제는 저성장, 저인플레이션이었습니다. 하지만 2022년부터는 극심한 인플레이션을 겪고 있습니다. 물가 폭등의 시작은 러시아-우크라이나 전쟁으로 인해 발생한 에너지와 식료품 가격 상승이지만 그 영향은 폭넓은 영역으로 계속 확산되고 있습니다. 원자재 가격의 폭등으로 기업들도 상품에 가격 상승분을 전가하고 있습니다. 유로화 약세에 의한 수입물가 상승, 세계적인 공급망 마비, 경제활동 재개에 따른 노동인력 부족도 인플레이션 요인으로 작용합니다.

그래도 유로존 경기는 경제활동 재개, 재정 및 금융 지원, 고용 개선에 힘입어 러시아-우크라이나 전쟁 이후에도 예상보다 나빠지는 않았습니다. 하지만 2022년 5월부터는 유럽경제에 이상 징후가 확산되고 있습니다. 유로존의 2022년 5월 구매자관리지수(PMI)는 코로나19 확산 시기인 2020년 봄 수준으로 불황의 신호인 50 아래로 떨어졌습니다. 여기에 에너지 및 식료품 등 생필품 가격 급등이 가계에 부담을 주면서 가계심리가 얼어붙어 버렸습니다. 원자재 급등과 물류비용 증가, 가계 구매력 감소는 기업들의 매출 부진으로 이어졌습니다. 만약 이러한 흐름이 계속된다면 2022년 유럽은 마이너스 성장을 피할 수 없을 것입니다.

물가 상승으로 인한 가격 전가와 임금인상 움직임이 확산되면서 유럽중앙은행은 금리 인상을 서두르는 모습입니다. 하지만 자원가격 급등으로 인한 물가 상승을 억제하는 데는 한계가 있습니다. 금리 인상이 시작된 뒤에도 물가가 계속 급등해 큰 효과가 없다고 판단되면 경제침체를 우려해서 인플레이션 억제를 위한 정책들을 중단하거나 약화시킬 수밖에 없습니다.

이럴 경우 스태그플레이션 우려가 현실로 닥칠 수 있습니다. 2022년 유럽에서는 러시아 제재를 둘러싸고도 서서히 균열이 일어나고 있습니다. 유럽은 러시아 자금줄인 러시아산 석유, 천연가스 의존도를 줄이는 것이 목표입니다. 러시아산 석탄 금수조치에 이어 석유와 석유제품도 금수조치에 추가하는 방안을 검토했습니다. 유럽이 러시아를 제재하려면 유럽연합 27개국의 만장일치가 필요합니다. 헝가리의 반대로 합의가 위태로웠던 2022년 5월 말 6차 제재협상은 러시아산 석유 수입의 90%를 연내에 중단하는 것과 러시아 최대 은행 즈베르방크를 스위프트망에서 배제하는 데에 합의했습니다.

헝가리는 그동안 러시아에 상당 부분의 에너지를 의존했고 해상 수송을 통한 대체 조달도 어렵기 때문에 에너지 전환에 거액의 재정지원과 준비 기간이 필요하다고 주장했습니다. 이에 EU는 파이프라인을 통한 석유 수입을 금수조치 대상에서 제외했고 헝가리가 앞으로도 러시아로부터 석유 수입을 계속하도록 인정했습니다.

반면 유럽연합이 러시아로부터 수입하는 석유의 3분의 2는 해상수송에 의한 것이어서 제재 대상에 해당되고 나머지 3분의 1에 해당하는 파이프라인을 통한 수입은 제재 대상에서 제외됐습니다.

독일과 폴란드는 자발적으로 금수조치를 시행해서 2022년 내 90%의 러시아산 석유 수입을 중단합니다. 파이프라인을 통해 석유를 계속 수입하는 헝가리, 슬로바키아, 체코는 에너지 비용을 줄일 수 있습니다. 헝가리 총리는 최근 유럽연합과 대립하는 동시에 러시아 푸틴과 친밀한 관계를 유지해 왔습니다. 2021년 헝가리는 러시아와 새로운 가스 공급계약을 체결했으며 다른 유럽 국가들과 비교해 낮은 가격으로 가스를 조달하고 있습니다.

헝가리는 러시아 침공이 시작된 이후에도 대러시아 비판을 피하고 전쟁에서 거리를 두는 것이 국민의 이익으로 이어진다며 우크라이나에 대한 무기 공여를 거부했습니다. 헝가리는 유럽연합 보조금을 수령하는 주요 국가이지만 유럽연합으로부터 유리한 양보를 이끌어내는 것이 목표입니다. 러시아에 대한 유럽연합의 추가 제재는 헝가리의 저항으로 어려운 상황입니다. 대체조달이 어려운 러시아산 천연가스로 인해 회원국 간 추가 제재에 대한 합의가 쉽지는 않습니다.

2022년 하반기 들어 유럽중앙은행의 양적긴축과 금리 인상이 진행되는 가운데 유럽연합의 국채금리는 큰 폭으로 상승했습니다. 특히 재정기반이 취약한 남유럽 국가들의 국채금리 상승이 뚜렷하고 유로존에서 안전자산으로 지목되고 있는 독일 국채금리와도 격차가 벌어지고 있습니다. 남유럽국가들의 국채금리 상승은 이들 국가의 경제위기 가능성과 연계되어 있으므로 항상 주시해야 합니다. 2023년 이탈리아, 그리스, 스페인에서 예정된 총선거도 남유럽의 국채금리를 올리는 요인으로 작용합니다.

지금까지 남유럽 국가의 국채금리는 유럽중앙은행의 양적완화와 저금리, 유럽부흥기금의 부분적인 채무 공유로 낮게 형성되어 있었습니다. 2022년 하반기부터 유럽중앙은행은 향후 양적긴축에 따른 자산매입 축소 과정에서 남유럽국가들의 국채를 더는 매입하지 않을 것입니다. 금리 인상은 채무 수준이 큰 남유럽의 이자지불 부담을 초래해 남유럽 국채의 매도 압력이 강해질 것입니다.

코로나19 이후 경제부흥에 필요한 재정자금을 유럽연합 회원국에 제공하는 부흥기금은 이탈리아, 스페인 등 남유럽 국가에 집중 배분되었습니다. 부흥기금의 추가 지원을 받으려면 각국이 책정한 부흥 계획에 근거해 기후변화 대책에 적극 대처하거나 구조개혁 이행이 필요합니다. 유럽연합에 회의적인 정권이 탄생하면 필요한 개혁은 정체될 테고 부흥기금의 추가 지원은 보류될 가능성이 높아집니다. 이럴 경우 유럽의 경기는 마이너스 성장을 기록할 수 있습니다. 그간 유럽은 채무위기, 난민위기, 감염증위기 등 여러 위기에 직면해 왔지만 민생악화가 정치환경을 불안정하게 만들고 그것이 유럽연합 회원국 간 의견수렴을 어렵게 하면서 위기가 증폭되었습니다.

코로나로 인한 경기침체에서 서서히 벗어나던 유럽경제가 러시아의 우크라이나 침공과 제재라는 암초를 만나면서 저성장의 늪에 빠지고 있습니다. 이탈리아, 프랑스, 독일, 스페인 등 유럽 주요국가들은 2022년 들어 성장률이 낮아지거나 마이너스를 기록했습니다. 여기에 고물가까지 문제가 되고 있습니다. 스태그플레이션 우려가 커지고 있는 유럽경제는 우크라이나 전쟁 장기 여파로 위축될 가능성이 커지고 있습니다.

그간 미국과 유럽연합에 의해 실시된 러시아 제재는 러시아가 자신의 외화자산을 사용하지 못하도록 하는 데 초점이 맞춰져 있었습니다. 2022년 러시아 외화자산 6,400억 달러 중 4000억 달러가 동결됐습니다. 또한 러시아 중앙은행과 금융회사 간 거래를 금지했고, 스위프트망에서 러시아를 퇴출시켰습니다. 최악의 경우 러시아에서 디폴트가 일어나더라도 국제금융시장에서 차지하는 규모가 작아 그다지 큰 영향은 없다는 전망입니다. 한편 러시아는 브릭스 국가들과 교역을 확장시켜 나가면서 서방의 제재에도 불구하고 잘 버티고 있습니다.

2022년 9월 기준 유로존 기준금리는 1.25%를 유지하고 있습니다. 7월에 0.5%, 8월에 0.75%를 올리면서 2016년 0%로 낮춘 이후 6년 동안 유지해 왔던 제로금리 정책을 포기했습니다. 이후에도 물가상승률이 지속된다면 추가 인상도 계획하고 있습니다. 8%가 넘는 물가상승률을 중기적으로 2%까지 낮추겠다는 목표입니다.

그간 유럽중앙은행이 기준금리를 올리지 못한 것은 러시아-우크라이나 전쟁으로 인해 금리까지 인상하면 경제에 주는 영향이 너무 크기 때문이었습니다. 하지만 물가상승률이 워낙 높아 인플레이션을 잡기 위해 금리 인상을 할 수밖에 없었습니다. 유로존의 경제는 미국보다 좋지 않기 때문에 미국만큼 금리를 많이 올리기는 쉽지 않습니다. 따라서 미국과의 금리 차는 확대될 가능성이 큽니다. 전쟁이 계속되고 인플레이션이 잡히지 않는다면 당분간 유로화 가치는 계속 떨어질 수밖에 없는 상황입니다.

Q 091

영국의 경제현황과 환율 전망은 어떻게 되나요?

2022년 들어 영국 가스 및 에너지 가격은 실물경제에 타격을 줄 정도로 큰 폭으로 올랐습니다. 2022년 9월 현재 영란은행은 기준금리를 1.75%까지 올렸습니다. 영란은행은 미 연준(Fed)과 보조를 맞추어 지속적으로 금리를 올릴 예정입니다.

2022년 들어 치솟는 인플레이션에 소비자들이 지출을 줄이면서 영국의 국내총생산(GDP)이 감소했습니다. 영국은 국내총생산(GDP)이 2022년 4월 0.3% 감소했다고 발표했습니다. 2022년 4월 소비자 물가상승률은 9%로 40년 만에 최고를 기록했습니다. 이어 7월에는 10.1%로 또다시 최고를 기록했습니다.

영국경제가 앞으로도 더 나빠질 거라는 비관론이 많습니다. 국제통화기금(IMF)은 영국이 2023년에 주요 선진국 가운데 가장 낮은 성장률과 가장 높은 인플레이션을 보일 것이라고 예측했습니다.

2022년 인플레이션으로 인해 영국의 경제활력이 예상보다 빨리 떨어지고 있습니다. 2022년 저성장이 지속되자 영국 고소득자들은 이직을 주저하는 경향이 커졌고 전문성이 없는 저소득자들만 이직하려는 동기가 커졌다고 합니다. 경기가 안 좋아지자 직무능력이 뛰어나고 연봉이 높은 사람들도 이직보다는 한 회사에 오래 근무하는 것을 선호합니다. 지금처럼 연봉을 높게 쳐주는 회사를 찾기 어려울 것이라는 두려움이 커진 탓입니다. 연봉에 비해 빈약한 실업수당과 복지체계도 이직률을 낮추는 요인이 되었습니다. 저성장과 빈약한 복지시스템이 이직 동기를 낮춘 셈입니다.

반대로 저소득층은 돈을 많이 주고 근무 여건이 좋다면 이직할 의향이 있습니다. 다른 노동자로 대체하기 쉬운 업무일수록 이직 동기가 상대적으로 커졌다는 의미인데, 애초에 누구나 할 수 있는 일이라서 본인도 쉽게 재취업할 거란 믿음이 강합니다.

대학 학위, 자격증 등 더 나은 직업을 얻으려는 동기도 줄어들었습니다. 학비를 감당할 여력이 없는 데다 국가의 재정적 지원을 기대하기도 힘들기 때문입니다. 교육과 빈약한 복지를 강화하고 노동시장을 유연하게 바꿔야 영국의 경제성장이 회복될 수 있을 것입니다.

치솟는 생활비에 대한 우려도 증가하고 있습니다. 저소득층은 특히 물가 상승에 민감하게 반응합니다. 영국의 성장률은 더욱 낮아지고 불평등은 심화되고 있습니다.

영국의 경제체질은 많이 약화되었습니다. 앞으로도 세계적인 인플레이션이 지속되면 당분간 파운드화 가치는 계속 떨어질 전망입니다.

100문 100답으로 쉽게 이해하는

Q 092

튀르키예 경제현황과 환율 전망은
어떻게 되나요?

튀르키예는 2021년에만 리라화 환율이 50% 이상 폭락하면서 물가가 급등했습니다. 2022년 6월 소비자물가가 79% 이상 상승했습니다. 9월 들어서는 소비자물가지수가 83%로 더욱 상승했습니다. 에르도안 대통령은 19년째 장기집권을 하면서 강력한 권력을 행사하고 있는데 이런 와중에 튀르키예 경제는 지속적으로 악화되고 있습니다.

에르도안 대통령은 경제가 나빠지는 상황에서도 자신의 지지율을 높이기 위해 금리 인하를 진행하고 있습니다. 원칙대로라면 고물가 상황에서 금리를 올리고 돈을 흡수해야 물가가 잡히고 리라화 가치가 상승할 텐데 오히려 반대의 정책을 펴고 있는 것입니다. 지금 모든 나라가 인플레이션을 잡기 위해 금리를 올리고 있는데 에르도안의 선택은 반대로 가고 있습니다. 그 이유는 종교적인 측면이 있습니다. 이슬람 율법에서는 이자를 금지한다고 합니다. 금리를 올리면 이자는 많아지고 금리를 낮추면 이자가 줄어들죠. 이런 이유로 보수주의자들의 지지를 받기 위해 종교적 율법을 정책에 반영하고 있습니다. 이렇게 경제가 안 좋은 상황에서도 에르도안의 지지율은 30% 정도라고 합니다.

시장원리를 벗어난 정책으로 리라화 가치는 계속 떨어지고 있습니다. 2021년 1월 1일 리라화는 1달러당 0.13달러였지만 2022년 6월 기준 1리라는 0.06달러로 1년 만에 절반 수준으로 폭락했습니다. 하지만 에르도안 대통령은 리라화 가치가 떨어지면 수출이 잘된다며 리라화 가치 하락을 용인 중입니다.

결국 튀르키예 물가상승률은 2022년 9월 83%로 OECD 국가 중 1위를 기록합니다. 생필품 가격이 불과 몇 달 사이에 급속히 치솟자 국민들의 불만도 서서히 쌓여갑니다. 튀르키예인들의 주식이자 빵 원료인 밀은 2022년 기준으로 84%나 상승했습니다.

이에 생각한 해결책이 최저임금 인상이었습니다. 이때 올린 최저시급이 무려 50%입니다. 최저임금을 50%를 올리자 리라화 가치가 다시 폭락합니다. 그 결과 아파트 가격이 많이 내려가 튀르키예 수도 앙카라 강변 주위의 30평대 아파트를 우리 돈 5천만 원이면 구입할 수 있다고 합니다. 주변국인 불가리아에서도 쇼핑을 위해 튀르키예를 찾는 실정입니다.

2021년에만 주변국가 사람들이 튀르키예 아파트를 5만 채나 구입했다고 합니다. 결국 나라 전체 자산가치가 폭락하는 할인매장이 되어버렸습니다. 하지만 튀르키예 국민 입장에서는 물가는 계속 오르고 리라화 가치는 떨어져 수입물가를 또다시 끌어올리는 악순환이 반복되고 있습니다. 수입 원재료가 올라 환자들이 약을 제대로 구매하기 어렵고, 수입 에너지 가격이 올라 냉난방도 제대로 할 수 없습니다.

에르도안 대통령 말대로 리라화 가치 하락이 수출을 늘리기는 했지만 튀르키예 경제는 만성 적자에 시달리고 있는 상황입니다. 수출은 2021년 기준 33% 증가한 것은 맞지만 튀르키예는 전문기술, 에너지, 원자재 등의 수입이 많은 신흥국 경제구조라서 무역적자가 쉽게 줄어들지 않습니다. 이런 상황이 계속된다면 보유 외화는 고갈되고 재정건전성이 더욱 악화되어 위기에 빠질 수 있습니다.

2022년 9월 튀르키예의 기준금리는 12%입니다. 인플레이션이 83%인 상황에서 실제 금리는 -71%인 형국입니다. 사람들은 은행에 절대 돈을 맡기지 않습니다. 은행에 돈을 맡기기보다는 생필품, 설탕, 올리브유, 밀가루 등을 구입합니다. 상황이 이렇다 보니 불과 며칠 전에 구입한 물품 가격이 하루가 다르게 오르고 있습니다. 은행에 저축을 하지 않으니 국가 재원이 없어서 투자나 인프라건설에 필요한 돈을 다시 외국에서 빌려야 하고 외화부채가 계속 쌓입니다. 특히 석유 및 천연가스가 전혀 생산되지 않고 수입이 많아 무역적자 확대로 경제위기 등의 이야기가 나오는 상황입니다. 따라서 튀르키예 경제는 중산층 이하 사람들에게는 큰 고통을 주고 있습니다. 최저임금이 4,250리라인데 한화로 환산하면 약 40만 원 정도입니다.

최저임금이 인상되었다고는 하지만 한국 돈 40만 원에 불과한 적은 돈으로 생활하기에는 충분하지 않습니다. 양극화가 더욱 심해져서 부유한 튀르키예 사람들은 고급 벤츠나 BMW를 타고 다닙니다. 튀르키예는 고급차에 세금을 많이 부과하기 때문에 세계에서 가장 비싼 가격으로 차를 구입해야 합니다.

가스 및 전기가격도 급격히 오르고 있습니다. 튀르키예는 천연가스와 전기를 이웃 국가에서 수입합니다. 에너지는 경제에 많은 문제를 일으키고 있지만 긍정적인 점은 2024년부터 천연가스 공급의 상당 부분을 흑해 지역의 튀르키예 북부해안에서 두 개의 대형가스 유전을 통해 조달할 수 있게 되었습니다. 이 유전을 통해 부탄가스와 프로판가스를 생산할 수 있습니다. 2022년 에너지는 알제리, 미국, 그리스에서 주로 수입하고 있습니다.

튀르키예 경제는 코로나로 인해 관광객들이 줄어들어 큰 피해를 입었습니다. 항공사들은 튀르키예행 항공편을 팬데믹 이전 수준으로 증편하겠다고 합니다. 지난 몇 년 동안 새로운 학교, 병원, 고속도로, 도로를 건설했습니다. 지금 건설 중인 고속철도가 완공되면 튀르키예 대부분의 도시를 연결하는 고속철도 네트워크가 구축됩니다. 이스탄불과 앙카라 구간은 몇 년 전 이미 완공되었습니다. 철도가격도 유럽 다른 나라에 비해 월등히 저렴합니다. 튀르키예의 주요 도시를 연결하는 항공노선은 튀르키예 전역의 공항에서 합리적인 가격으로 제공됩니다. 새로운 튀르키예의 이스탄불 공항은 세계에서 가장 큰 공항이 될 것입니다.

튀르키예는 철강, 구리, 크롬, 직물, 견과류, 토마토, 과일, 야채를 포함한 모든 유형의 농산물을 수출하고 있습니다. 현대, 도요타, 피아트, 르노, 포드와 같은 회사의 투자와 함께 자동차 부품을 포함한 거대한 자동차 산업을 가지고 있습니다. 세계 최대의 버스, 트럭 및 밴 생산업체도 갖고 있어 약 85%가 유럽과 영국으로 수출되고 있습니다.

2018년 TOGG라는 전기자동차 회사가 설립되어 2022년 말부터 전기자동차를 생산합니다. 이는 튀르키예 정부 친환경 정책의 일환입니다. 튀르키예는 친환경 산업인 태양열, 수력, 풍력 부문에 막대한 투자를 하고 있습니다. 그런 이유로 튀르키예는 인플레이션에 대응하기 위해 비전통적인 전략을 시도하고 있습니다. 나름 일정 부분에 자신 있는 것입니다. 미래에 대한 생산잠재력은 상당히 좋아 보입니다. 많은 외국투자자가 튀르키예에 투자를 지속했습니다.

2022년 튀르키예는 어느 때보다 저렴한 국가가 되었습니다. 25만 달러를 넘는 부동산을 구입하면 튀르키예 국적의 시민권을 주기도 합니다. 하지만 이런 노력도 사실은 투자자들의 관심을 받기에는 부족한 부분이 많습니다. 외국인 투자를 유치하려면 기업하기 좋은 환경이 구축되어야 합니다. 튀르키예의 높은 인플레이션은 투자의 불확실성을 높이기 때문에 외국인 직접투자에는 부정적입니다. 아울러 비전통적인 통화정책이나 독재 등의 정치적 불확실성도 튀르키예 경제의 미래를 암울하게 만듭니다.

튀르키예의 통화정책은 기본적으로 수출지향 정책으로 인해 환율 약세를 선호합니다. 앞으로도 계속 리라화 약세는 지속될 것입니다. 따라서 부동산, 채권, 주식 등의 투자는 향후에도 좋지 않은 결과가 나올 가능성이 높습니다. 30년 전부터 수십 년간 튀르키예의 리라화 가치는 지속적으로 하락했습니다.

튀르키예 같은 대부분의 신흥국 환율은 한 번 상승하고 나면 다시 하락하거나 되돌아오지 않습니다. 신흥국들은 식료품과 에너지가 차지하는 비중이 매우 높습니다. 튀르키예는 에너지 수입이 무역적자의 대부분을 차지하고 있습니다. 튀르키예 경제는 중간재를 수입하여 가공해서 파는 것이 주를 이루며 경제를 주도할 뚜렷한 산업이 존재하지 않습니다. 단순한 가공, 조립 위주로 이익이 그리 크지 않은 산업이 대부분입니다.

튀르키예는 과거 케말 파샤 중심의 세속주의 권위주의 엘리트들이 거의 80년을 집권하면서 부정부패와 무능한 정부, 하이퍼인플레이션 등이 반복되고 있습니다. 90년대 여기에 반기를 든 온건 이슬람주의자 에르도안이 등장했습니다. 그는 이스탄불 시장으로 국민의 신뢰를 받아 정권을 잡게 되었습니다. 에르도안은 집권 후 초기 10년간 국민들에게 엄청난 지지를 받았습니다. 튀르키예는 신흥국 중 유일하게 유로 지역과 관세협정을 맺고 있어 정치만 안정되면 유럽에 투자와 수출이 가능한 지역입니다. 초기 에르도안은 외국인 투자유치 걸림돌을 모두 제거했습니다. 기업친화적 환경을

�‣ 과거 튀르키예 리라화 가치 하락 현황

연도	변동폭(%)	연도	변동폭(%)
1990	-26.1	2008	-21.7
1991	-75.9	2011	-22.5
1992	-66.7	2013	-20.4
1993	-71.8	2014	-8.7
1994	-163	2015	-24.9
1995	-56.8	2016	-20.8
1996	-79.2	2017	-7.8
1997	-90.9	2018	-39.3
1998	-53.2	2019	-12.5
1999	-72.5	2020	-25.0
2000	-22.8	2021	-78.8
2001	-116.9	2022	-1.7

100문 100답으로 쉽게 이해하는

만들어 상당히 많은 투자금이 튀르키예에 들어왔습니다. 튀르키예 중앙은행은 IMF 구제금융을 받은 2001년 이후부터, 물가상승률보다 기준금리를 자동으로 더 높게 유지하여 투자자들에게 최소한 실질금리를 플러스(+)가 되게 유지하는 인플레이션 타게팅 정책을 실시했습니다. 물가가 내려가기 전까지 자동으로 기준금리를 물가보다 높게 올리는 것입니다.

그동안 높은 인플레이션의 원인은 돈을 무리하게 풀었기 때문이었습니다. 인플레이션 상황에서도 오히려 금리를 인하하면서 경제가 악화되고 인플레이션은 더욱 심화되었습니다. 결국 IMF 구제금융을 받게 되었고 극심한 인플레이션을 잡기 위한 인플레이션 타게팅 정책이 큰 효과를 거둡니다.

인플레이션 타게팅 전략은 신흥국들이 1980년대와 1990년대 극심한 인플레이션을 통제하는 데 큰 역할을 했습니다. 그러면서 튀르키예의 경제성장도 5% 이상 넘어섰고 에르도안의 지지율도 상당히 높아졌습니다.

또한 IMF 구조조정의 일환으로 재정책임법을 도입하여 방만하게 쓰던 재정을 통제하기 시작했습니다. 인플레이션 타게팅과 재정책임법이 당시 구제금융을 받은 신흥국에 공통적으로 처방됩니다. 이것이 튀르키예의 10년 호황을 만드는 데 중요하게 작용했습니다. 젊은 층과 생산가능 인구가 많은 튀르키예 입장에서 잠재성장률이 폭발한 계기가 된 것입니다.

그래서 자동차 조립 등 단순가공 산업 중심으로 성장을 이룹니다. 하지만 2013년부터 튀르키예 경제가 다시 안 좋아지면서 인플레이션이 심화됩니다. 에르도안은 2013년 총리 임기가 끝났는데 집권을 연장하기 위해 대통령제로 헌법을 바꾸어 집권을 계속합니다. 수정된 법에 의해 그는 2036년까지 집권 가능합니다.

80년 동안 집권한 세속주의의 폐단을 없애기 위해 이슬람주의의 에르도안은 집권을 연장하면서 위대한 오스만제국의 영광을 되찾겠다고 합니다. 오스만은 수니파의 리더입니다. 2023년은 오스만제국을 끝내고 케말 파샤가 튀르키예 제국을 만든 지 100년이 되는 해입니다. 에르도안은 위대한 국가를 만들고 세계경제 10대 강국을 만들겠다고 공언했습니다. 그래서 경제성장을 지속하고 수출을 늘리기 위해서 금리를 인상하면 안 된다는 생각입니다.

튀르키예 산업의 특징은 단순 가공, 조립입니다. 이 때문에 중국, 인도가 어려운 상황에서 튀르키예가 환율을 낮추어 저임금의 노동력으로 세계의 공장 역할을 담당하자는 전략도 숨어 있습니다. 튀르키예는 수출을 위해 역사적으로 환율 약세를 선호합니다. 이런 상황에서 부동산, 채권 등의 투자는 회수할 때 좋은 수익률을 내기 어려운 상황입니다. 수출을 많이 하려는 나라들은 이런 착각에 빠지기 쉽습니다. 중국, 일본도 환율 약세를 원하고 신흥국들도 그런 상황을 일정 부분 반기기도 합니다. 그렇게 되면 수출업자들에게는 유리하나 수입업자에게는 부담을 주는 문제가 생깁니다.

외국인 투자자들은 2013년 이전에는 튀르키예에 대한 투자가 많았으나 그 이후에는 투자에서 철수했습니다. 2020년, 2021년 연이어 튀르키예 경제성장률은 높았습니다. 하지만 튀르키예 은행의 대출 증가가 성장률을 뛰어넘어 엄청나게 증가하고 있습니다.

2002년부터 2013년까지는 포트폴리오 투자라는 해외투자가 튀르키예에 많이 들어갔지만 2013년 이후에는 모두 빠져나갔습니다.

일반적으로 경제성장률이 7~8% 나오면 바람직한 통화량 증가 수준은 신용창출(대출)이 경제성장률의 약 2배 정도인 10~15%가 적정합니다. 하지만 튀르키예 정부는 경기를 살리기 위해 엄청난 신용창출(대출)을 일으켰습니다. 민간은행은 그나마 대출이 적게 나갔으나 공공은행은 대규모 대출을 통해 경제성장을 견인하고자 했습니다. 그에 따라 기업대출이 거의 대부분을 차지했습니다.

2022년 하반기부터는 환율 약세로 관광객 증가를 기대하고 있습니다. 2022년 국제수지는 흑자를 유지하여 외화 유동성에 당장 문제가 생길 상황은 아닙니다. 튀르키예는 카타르나 한국 등과 통화스와프를 통해 환율 안정화와 외환보유고 증액을 추진 중입니다. 반면 2019년부터 2~3년간 외화부채는 계속 늘고 있습니다.

튀르키예는 정치 제도적 문제와 권위주의적 문제로 인해 투자의 위험성이 매우 높은 편입니다. 정부의 문제해결 능력도 없어 환율이 지속적으로 약화될 가능성이 높습니다. 환율은 한 나라의 경제 체질과 구조를 총체적으로 보여주는 지표입니다. 에르도안은 2023년 선거를 앞두고 위대한 오스만제국 건설을 공헌한 지 100년을 앞둔 상황에서 정책을 변경하기는 어려워 보입니다.

튀르키예는 이슬람에서 경제가 성공하기 어렵다는 선례 때문이라도 향후에도 개선되기는 어려워 보입니다. 따라서 앞으로도 튀르키예 환율은 지속 상승하여 여행하기 좋은 지역으로 남아 있을 확률이 높습니다.

Q 093

조지 소로스 등의 국제 환투기 세력, 헤지펀드의 공격과 대응 방법은 어떤 게 있나요?

1990년대 이후 금융 세계화가 진전되면서 영국, 멕시코, 동아시아, 한국, 러시아, 브라질 등은 대규모 헤지펀드의 환공격을 받아 외환위기가 발생했습니다. 당시 헤지펀드들은 월가 자본을 등에 업고 이익을 좇아 부채가 많거나 허점이 보이는 국가들의 외환시장에 몰려다니면서 환공격을 감행했습니다.

1990년 영국은 유럽 내 단일통화권 구축을 위해 만들어진 과도 기적 고정환율체제인 유럽환율조정장치(ERM)에 가입합니다. 영국은 당시 유럽중앙은행(ECB)이 만들어지기 이전이라 독일 중앙은행의 통화정책을 따라야 했습니다. 이에 영국의 파운드화도 유럽환율조정장치에 가입하고 독일 마르크 대비 상하 6% 범위에서만 움직이도록 적용받게 되었습니다.

같은 해 독일은 통일 이후 동독 재건을 위해 막대한 재정지출을 추진합니다. 이에 급증한 통화량 증가로 인플레이션을 방어하기 위해 독일은 중앙은행의 기준금리를 10차례나 올렸습니다. 당연히 독일 마르크화는 강세가 되었고 파운드화가 약세가 되자 영국의 영란은행도 파운드의 가치를 올리기 위해 6% 범위 내에서 금리를

100문 100답으로 쉽게 이해하는

인상했습니다.

그러나 영국은 독일만큼 경제가 튼튼하지 못했기 때문에 실업률이 치솟고 경기가 악화되는 부작용이 발생했습니다. 금리가 오르면 대출이 많은 기업이나 개인들에게 직접적인 타격을 입혀 소비와 기업생산이 줄어듭니다.

이에 헤지펀드인 조지 소로스의 퀀텀펀드는 기회를 잡기 위해 영국 금융시장에서 달러를 사고(롱 포지션) 파운드를 파는(숏 포지션) 공격을 지속합니다. 헤지펀드들의 전형적인 환공격 방법입니다. 우리나라도 IMF 외환위기 시절 똑같은 방법으로 환공격을 받았습니다. 조지 소로스 같은 환투기 세력은 우리나라 외환시장에서 달러를 사고 원화를 계속 팔아서 원화 가치를 떨어뜨리는 공격을 했습니다.

조지 소로스가 영란은행을 공격하기 위해 직접 동원한 현찰만 100억 달러에 달했습니다. 그리고 파운드화를 파는(숏 포지션) 행동을 언론에 공개해 각종 투기세력들과 시장 참여자들로 하여금 파운드화 매도에 동참하도록 유도했습니다. 한마디로 투기세력을 모아 같이 공격해서 이익을 함께 나눠 먹자는 전략입니다. 역사적으로 유태인들이 욕을 먹을 수밖에 없는 전형적인 사채업자의 모습입니다.

그리하여 다른 헤지펀드들도 소로스 뒤를 좇아 1,100억 달러를 동원해 파운드화를 공격합니다. 영란은행이 열심히 파운드화를 매수하며 파운드화 하락을 방어하자 소로스는 다른 헤지펀드들과 가능한 모든 자금을 동원해 파운드 공매도에 나섰습니다. 급기야 영국은 단기금리를 10% 인상하는 방어전략을 취했으나 결국 헤지펀드의 공격을 막아내지 못하고 1992년 9월 마침내 고정환율제인 유럽환율조정장치에서 탈퇴합니다. 이후 파운드화는 급락하고 결국 헤지펀드와의 싸움에서 패배한 영국정부는 유로화로의 전환을 포기하고 현재까지도 파운드화를 사용합니다.

이런 와중에 소로스는 파운드화 공매도를 통해 하루 만에 10억 달러 수익을 올렸습니다. 시장에 조지 소로스가 파운드화를 내놓는 순간 영란은행은 방어를 위해 바로 매수하니 차익거래가 얼마든지 가능한 상황이었습니다. 이후 조지 소로스는 태국을 시작으로 경제체질이 약한 동남아 국가를 같은 방법으로 공격했습니다. 월가의 헤지펀드들과 JP모건, 골드만삭스, 시티은행 등의 외환딜러 조직들과 합세하여 동남아 국가를 대상으로 환투기 공격을 시작했습니다. 이 공격은 홍콩을 거쳐 마침내 한국에도 상륙했습니다. IMF 외환위기 당시 국제자본의 환투기 공격으로 800원대였던 달러환율이 2,000원을 돌파했고 이런 와중에 소로스를 포함한 월가 헤지펀드들은 막대한 이익을 남겼습니다.

이를 근본적으로 해결하기 위한 방법으로 무역거래 결제나 장기 자본투자 등의 외환거래 시에 일부를 과세하자는 의견을 미국 경제학자 토빈(Tobin, 1974)이 제안했지만 월가 금융자본을 등에 업은 미·영은 외환거래 과세를 반대합니다. 또한 기술적 문제와 세계적인 지지 실패 등의 다양한 요인이 얽혀 있어 실질적으로 진전되지 않고 있습니다. 국제금융 주도권을 장악한 미국과 영국은 매우 부정적 태도를 고수하고 있으며 유럽국가나 일본 등도 실질적 합의에 반대하는 상황입니다.

외국의 투기세력에 대응하기 위해 칠레, 태국 등은 외환거래 시 일정 금액을 예치해야 하는 외환의무예치금제도를 운영한 적이 있고 말레이시아는 외환위기 이후 외환거래에 대해 고율의 세금을 부과한 적이 있습니다.

하지만 신흥국 외환시장에 대한 투기적 공격은 언제든지 가능하며, 환공격 이외에도 월가의 행동주의 펀드 등의 헤지펀드 공격도 언제든지 가능합니다. 우리나라는 IMF 외환위기 시 헤지펀드인 론스타가 외환은행 인수로 4조 5천억 이상의 차익을 챙기면서 세금을 내지 않고 먹튀 논란에 휩싸인 경험도 있습니다. 론스타와는 소송전이 아직도 진행 중입니다.

외국의 환투기세력과 헤지펀드들은 경제체질이 약하거나 외환시장에 위기가 오면 언제든지 이익을 찾아 몰려올 수 있습니다. 다만 우리나라 외환시장은 과거보다 상당히 성장하여 헤지펀드 등 환투기 세력의 공격에 쉽게 노출되는 위험은 많이 줄었습니다.

헤지펀드의 환투기 공격을 차단하는 방법으로 헤지펀드의 실소유자 확인, 고객신원확인을 지속적으로 강화하는 것도 있습니다. 헤지펀드에 대한 지배구조, 실소유자 확인은 국제자금세탁방지기구(FATF)에서도 요구하는 사항입니다. 현재는 국내 외환시장에 들어오는 헤지펀드에 대한 강화된 고객확인, 실소유 확인 등이 진행되고 있어 일정 부분 불법 환투기 공격을 방어하는 수단으로 작동하고 있습니다.

외환보유고를 안정적으로 늘리고 통화스와프 등을 통해 동원 가능한 외화 한도를 늘리는 것도 중요합니다. 외화 부족에 대비하여 원화 국제화, 통화스와프 확대, 중앙은행 간 통화환매거래(미 연준 레포창구를 통한 미 국채담보 달러 확보)를 통한 외화유동성 확보, IMF 특별인출권(SDR) 국가 편입, 원화 기축통화화 등도 필요합니다.

최근 러시아 경제제재의 구원자 역할을 하는 브릭스은행은 달러패권의 몰락 신호인가요?

우크라이나를 침공한 러시아를 겨냥해 미국과 유럽 선진국이 경제 제재로 포위망을 쳤지만 브릭스를 중심으로 한 개발도상국은 이에 동참하지 않고 구멍 역할을 하고 있습니다. 특히 서방의 대러시아 제재에 미온적인 대표적인 진영은 브릭스(BRICS)입니다. 이 경제블 록엔 러시아를 비롯해 브라질, 러시아, 인도, 중국, 남아프리카공화 국 등 신흥 5개국이 속해 있습니다.

브라질 철광석과 아르헨티나 대두를 수입하는 중국은 대부분의 남미 국가에서 미국을 제치고 1위 교역국이 됐습니다. 중국과 아프 리카 간 무역도 2021년에만 35%가 증가한 2천 540억 달러(약 312 조 원)를 기록했는데 이는 미국보다 높은 수준입니다.

중국과 국경에서 분쟁을 벌이는 인도는 러시아가 국제사회에서 고립되어 중국과 밀접해지는 것을 경계합니다. 인도는 무기의 절 반 이상을 러시아에 의존합니다. 인도는 2021년 말 러시아제 방공 미사일 S-400 구매계약을 맺었고 러시아제 돌격 소총 AK-203 60 만 정 이상을 인도에서 생산하는 합작회사를 설립하기도 했습니다. 2022년 들어 인도는 러시아산 석유 구매 대금을 달러가 아닌 루블화로 지급하고 있습니다. 인도는 최근 대폭 할인된 가격에 수백만 배럴의 러시아산 원유를 샀습니다. 일부 개도국에서는 서방의 대러시아 제재에 따른 에너지 가격 폭등과 식량난 등의 부정적 영향을 우려하고 있습니다.

2022년 유엔 회원국 가운데 24개국이 유엔총회에서 러시아를 인권이사회에서 퇴출하는 데 반대하면서 기권한 나라가 58개국이나 되는 것도 이런 이유로 분석됩니다. 남아공, 앙골라, 모잠비크 등 아프리카 국가들이 소수 백인 지배구조를 바꾸거나 독립하는 과정에서 러시아의 지원을 받은 것도 국제사회의 러시아 제재에 동참하지 않는 이유입니다. 이 때문에 대러시아 경제제재에 따른 부담은 북대서양조약기구(NATO) 국가와 한국, 일본, 호주와 같은 미국 동맹국이 지고 있다는 얘기도 있습니다.

반면 러시아는 우크라이나를 침공한 뒤 서방의 경제제재를 받으면서도 매우 큰 무역흑자를 기록하고 있습니다. 우리나라는 2022년 우크라이나 침공 이후 러시아의 수출액이 지난해 같은 기간에 비해 8% 증가한 반면 수입액은 44% 감소한 것으로 알려졌습니다. 중국은 2022년 러시아로의 수출액이 전년 동기 대비 4분의 1가량 감소한 반면 러시아로부터의 수입액은 56% 증가했습니다. 독일은 러시아로의 수출이 62% 늘어난 반면 러시아로부터의 수입액은 고작 3% 줄었습니다.

러시아는 수입이 줄어든 반면 수출은 증가하면서 기록적인 무역흑자를 달성했습니다. 에너지 수출로 하루에 10억 달러(약 1조 3천억 원)를 벌어들이는 것으로 알려졌습니다. 러시아의 우크라이나 침공

100문 100답으로 쉽게 이해하는

후 러시아와 브라질의 무역량도 증가하고 있습니다. 러시아는 침공을 시작한 2022년 2월에 국제결제시스템(SWIFT)에서 배제되면서 대금 지불에 어려움을 겪고 있습니다. 여기에 대형 화물 운송회사가 러시아 항구 배송 중단을 선언함에 따라, 러시아는 물리적 수송에 어려움을 겪고 있습니다.

주요 선진국들이 일제히 경제제재를 추진하면 통상 무역에 어려움을 겪게 됩니다. 하지만 놀랍게도 러시아는 무역량을 늘려가고 있습니다. 러시아의 이런 움직임은 브릭스 회원국이 있기 때문에 가능합니다. 2022년 1분기 러시아와 브라질의 무역은 급증했고 브라질의 러시아산 원유 수입은 2021년보다 89% 증가, 대 러시아 수출은 81%나 늘었습니다. 2022년 브라질의 러시아산 수입은 24억 달러였고 주로 비료 수입이 증가했습니다. 비료 수입은 총액의 68%를 차지했습니다. 2022년 주요 선진국들의 제재로 컨테이너 수송은 쉽지 않았지만 곡물이나 석탄처럼 포장하지 않고 그대로 벌크 화물선에 운송할 경우 제재에서 벗어나 큰 문제가 되지 않았습니다.

이렇게 대러 제재 속에서도 무역을 늘려가고 있는 나라들이 브릭스입니다. 브릭스 국가의 인구는 전 세계 42%, 영토는 30%를 차지합니다. 세계 GDP에서 차지하는 비중은 31%로 무시할 수 없는 규모입니다.

이들의 영향력은 2014년 브릭스개발은행(NDB)이 출범하면서 본격화했습니다. 브릭스개발은행은 브릭스 국가들이 공동 운영하는 국제개발금융기구입니다. 2014년 브릭스 국가들은 1천억 달러의 자본금을 가진 은행을 설립하고 1천억 달러의 긴급 외화준비기금 설립을 담은 문서에 서명했습니다. 이 은행은 서방 주도의 달러 체제에 대항하기 위해 설립되었습니다. 5개국 간의 수출신용기관의 협력에도 서명했습니다. 상하이에 본부를 둔 이 은행은 이번 전쟁에서 큰 영향력을 발휘하고 있습니다.

브릭스개발은행은 제2차 세계대전의 전승국인 5개국이 안전보장이사회의 상임이사국이 된 것을 모방한 것으로 자본금을 브릭스 5개국이 평등하게 분담한 것이 특징입니다. 분담액을 평등하게 분담함으로써 5개국의 발언권은 대등해졌습니다.

2014년 브릭스개발은행 설립 후 러시아의 우크라이나 크림반도 병합이 시작되었습니다. 이어 2022년 2월 러시아의 우크라이나 침공이 재개되었습니다.

1944년 설립된 선진국 주도의 브레튼우즈 체제는 IMF와 세계은행을 중심으로 서방의 이익만 대변한다는 비난을 받았습니다. 이러한 선진국 주도의 금융체제에 강한 불만을 품었던 브릭스 5개국은 새로운 은행 설립을 통해 독자적인 개도국 개발지원 틀 마련을 목적으로 하고 있습니다.

따라서 브릭스개발은행 대출에서 가장 중요시하는 것이 인프라 계획 대출입니다. 브릭스개발은행은 2022년 들어 위안화 채권시장에서 누적 300억 위안(5조 6천억 원)의 채권을 발행하고 있습니다. 채권매각 대금은 브릭스 회원국의 인프라 및 지속가능한 개발 분야에 사용하겠다고 합니다.

브릭스 국가들은 국제통화기금(IMF)과 세계은행이 채무위기에

처한 나라들에게 횡포를 부리고 강제력을 부과했다고 비난했습니다. 이들 국제기구는 중립성을 내세우면서 채무위기에 빠진 신흥국에 대출을 해주는 대신 강도 높은 경제개혁을 요구하며 서방국들의 이익을 챙기는 일에 도움을 준다는 견해입니다.

아울러 기존 국제금융질서의 중심은 이른바 달러패권이기 때문에 그 이외의 통화로도 무역을 진행할 수 있도록 하겠다는 의도도 있습니다. 브릭스 국가들은 자국통화를 통한 무역거래가 브릭스 국가들의 특징이자 요구이며 달러 의존도를 낮추고 미국 통화의 영향력을 떨어뜨리는 것이 목적이라고 공공연히 주장합니다.

이런 맥락에서 러시아와 중국 간의 무역에서 루블과 위안화의 사용은 이미 몇 년 동안 진행되어 왔습니다. 브릭스개발은행의 프로젝트 중 중국의 남아프리카를 향한 대출로 현지 통화를 결제 수단으로 사용하는 것도 시도하고 있습니다.

브릭스개발은행과 동시에 만들어진 긴급 외화준비금의 목적은 국제금융시장의 유동성 경색 등에 대비하는 것입니다. 이 기금은 참가국이 자국통화가 국제적으로 악영향을 받고 있을 경우 통화 불안을 뒷받침하는 역할을 합니다. 따라서 브릭스은행을 미니 IMF 라고도 합니다.

브릭스개발은행은 미국이 대규모 금융 완화를 멈춘 결과로 인해 긴축발작 등 경제불안을 겪는 국가들에게 도움을 주는 역할을 하고 있습니다. 미국의 추가 금리 인상 가능성이 커지는 지금 브릭스개발은행이 나설 차례인 분위기입니다.

브릭스개발은행은 2021년 하반기부터 신규 회원국 가입을 받기 시작했습니다. 방글라데시, 아랍에미리트가 이미 가입했고, 이집트와 우루과이도 가입을 기다리고 있습니다. 인도네시아, 이란, 튀르키예, 아르헨티나, 멕시코, 사우디아라비아, 카자흐스탄, 나이지리아, 세네갈, 태국 등도 이미 초청국으로 회의에 참석하고 있습니다. 러시아-우크라이나 전쟁이 진행되는 상황에서도 러시아가 회원국으로 있는 브릭스에 가입을 추진하는 나라들이 나오는 실정입니다.

브릭스는 세계 다극화 현상 중 하나로 G7을 대체하고 미국 주도 패권의 재편성을 공공연하게 이야기합니다. 이 그룹의 과제로는 중국과 인도의 군사적 대립, 브라질의 대중외교 정책들이 있습니다. 새로운 브라질정권과 중국의 관계가 나빠지면서 브릭스의 중요성이 떨어졌습니다. 브라질은 경제적으로 서서히 아시아 태평양을 중시하는 정책으로 전환되고 있습니다. 세계 GDP의 31%를 차지하는 브릭스는 미국의 달러패권을 위협하는 수준까지 올라왔습니다. 점점 더 블록화되고 있는 세계경제에서 국가 간 무역과 지정학적 교류를 어떻게 슬기롭게 대처할지 매우 중요한 상황입니다.

특히 러시아 시장에서 독보적 1위를 차지하고 있는 삼성과 엘지의 가전시장과 현대의 자동차시장을 우리가 포기할 수는 없습니다. 러시아 석유와 천연가스 확보도 우리에게 꼭 필요한 자원입니다. 우리는 1997년 외환위기 시절 IMF 구조조정을 경험하면서 IMF가 투자한 헤지펀드에 우리 기업들이 헐값에 팔려나가는 것을 지켜봤습니다. 반면 2008년 미국은 글로벌 금융위기 시 위기의 당사자이면서도 구조조정 없이 방만한 기업에 유동성을 공급해서 위기를 극복하는 과정을 지켜봤습니다.

브릭스은행은 우리 경제가 혹시 모를 위기 시 월가 자본에만 의지하지 않고 선택지를 넓힐 수 있는 기회로도 활용할 수 있다는 면에서 의미가 있습니다.

Q 095

미국의 달러패권을 유지하기 위한
편가르기 정책은 어떤 의미가 있나요?

바이든 대통령은 2022년 3월 유럽 방문, 5월에는 한국, 일본, 아시아 방문에 이어 6월에는 중남미 국가들을 미국으로 불러 모았습니다. 2022년 6월 유럽 나토회의에는 한국, 일본, 호주, 뉴질랜드를 초청했습니다. 이렇게 전 세계를 돌며 우방국의 세 불리기에 집중하는 이유는 미국 중심으로 세계정세를 다시금 재구성하겠다는 의도입니다.

얼마 전까지 비교우위론에 따라 전 세계 각국이 경쟁력 있는 제품생산에 주력해서 교역을 한다면 두 나라의 이익의 합이 더 커진다는 논리가 세계를 지배했습니다. 비교우위론에 따라 각 나라가 잘할 수 있는 것에 집중하여 교역을 통해 서로에게 이익이 된다는 것입니다. 비교우위론에 입각한 글로벌 분업화는 과거에는 엄청난 성공을 거두었지만 지금은 아닙니다. 이제는 점점 비교우위론이 안 맞고 있습니다.

파레토의 최적효용이론도 폐기해야 할 상황입니다. 즉 파레토 이론에 따라 국제분업에 참여한 국가들에게 가장 효율적으로 이익이 돌아가는 상황이 사라진 것입니다. 과거에는 글로벌 분업화로 효용

100문 100답으로 쉽게 이해하는

을 극대화한 상황을 보여줬지만 이제는 더는 들어맞지 않습니다.

　그동안은 중국, 한국, 일본, 미국 모두 각 나라들이 가장 잘할 수 있는 것을 생산해서 서로 간 교역을 통해 효용을 극대화했습니다. 하지만 지금은 미중 분쟁과 러시아-우크라이나 전쟁으로 인해 진영이 갈리면서 세상의 기준이 효율성에서 안전성으로 바뀌었습니다. '어떤 상황에서도 나는 살아야 한다'는 안전성이 더욱 중요해졌습니다. 주식, 펀드보다는 채권이나 보험 중심의 안전성 즉 생존이 가장 중요해졌습니다.

　미국의 외교도 바뀌었습니다. 과거에는 러시아와 중국 시장에 진출해서 국제분업에 참여해 왔지만 더는 그렇게 편하게 할 수 있는 상황이 아닙니다. 이제는 민주주의라는 가치를 공유하는 나라를 중심으로 새로운 세계질서와 협력라인을 만들고 있습니다. 미국은 중국과 러시아를 중심으로 연결된 협조라인을 끊으려고 합니다. 그래서 아시아-태평양은 오커스(AUKUS, 2021년 미국, 영국, 호주 3개국이 출범시킨 외교안보 3자 협의체)나 쿼드(QUAD, 2020년 미국, 인도, 일본, 호주가 참여하고 있는 안보협의체)로 좀더 결속력 있는 동맹을 만들고 유럽은 나토로 묶었습니다.

　그동안 나토의 동진정책이 러시아에게 위협을 가져와 전쟁이 일어났다고 얘기하지만 그렇지 않아도 동유럽 국가들도 나토에 줄을 서고 있습니다. 중립을 지키던 스웨덴과 핀란드도 나토에 들어오겠다고 합니다.

　아시아에서는 이번에 아시아태평양경제프레임워크(IPEF)를 만들어서 반중국 경제동맹을 묶었습니다. 미국과 한국, 일본, 호주,

뉴질랜드, 인도, 피지, 베트남 등 14개국이 참여해서 강력한 지지를 이끌어냈습니다. 아세안 국가들 중 군정인 미얀마, 라오스, 캄보디아만 제외하고 모두 참여했습니다.

중남미 미주 정상회의를 열어서 아시아태평양경제프레임워크의 미주판인 미주경제번영파트너십(APEF)이라는 협의체를 발족하려 했으나 아직 출범하지는 못했습니다. 미국이 쿠바, 니카라과, 베네수엘라 참여를 배제하고 멕시코가 참여하지 않겠다고 선언하면서 몇 나라가 이에 동조해 반쪽짜리 회의가 되었습니다. 그래도 미국 입장에서는 중남미 국가에 대한 중국의 진출을 억제했다는 의미가 있습니다.

미국이 이런 지역 경제회의를 중심으로 협력을 진행하는 이유는 미국 중심의 공급망 강화를 위해서입니다. 앞으로 전쟁 같은 위기상황이 와도 무너지지 않는 안정적인 공급망을 구축하겠다는 것입니다. 근거리는 리쇼어링(Reshoring, 해외로 진출한 기업의 국내 복귀)과 니어쇼어링(Nearshoring, 인접국가로 생산시설을 이동)으로 묶고 있습니다. 반도체나 배터리 같은 필수 산업재 공장은 모두 미국에 짓겠다는 것입니다. 그리고 거리가 먼 곳은 동맹국 중심의 프랜드쇼어링(Friendshoring, 우호국이나 동맹국들과 공급망 구축)을 만들고 있습니다. IPEF 및 APEF도 모두 그런 일환입니다. 미국과 중국의 양다리는 인정하지 않고 분명하게 선을 그으라는 압박입니다.

이러한 미국의 정책에 반기를 든 나라가 있습니다. 유럽에서는 튀르키예, 아시아에서는 인도, 중남미에서는 멕시코입니다. 이들 국가들은 땅도 넓어 자급자족이 가능하다는 공통점을 가지고 있습니다. 또 하나의 공통점은 중국, 러시아와 교류가 많아서 완전히 선을 그을 수 없다는 것입니다. 튀르키예는 러시아와 교류하면서 석유와 곡물 중계무역을 시도하고 있고, 인도는 러시아산 석유를 저가 매수해서 원산지를 바꾸어 수출까지 하고 있습니다. 멕시코는 미국 수출의 중국 생산 전진기지 역할을 하고 있습니다. 미국의 이민자 문제를 약점으로 이용하여 미국의 말을 듣지 않으며 중국의 투자도 계속 유치하고 있습니다. 중남미 국가와 중국의 수출입 규모는 2021년 2,470억 달러로 미국과의 1,470억 달러를 크게 앞서고 있습니다.

중동은 사우디, 카타르 심지어 우방인 이스라엘까지도 미국과 거리를 두고 있습니다. 미국은 러시아산 석유를 너무 많이 사지 말라며 인도를 압박합니다. 미국은 이렇게 반기를 드는 나라들에게 중국이나 러시아처럼 제재를 가할 수도 있습니다. 우리는 두 진영에 대해 적절한 행동을 통해 경제적 실리를 지키고 환율을 방어해야 합니다.

2022년 하이퍼인플레이션 상황에서 미국은 다른 나라를 생각할 여유가 없습니다. 미 연준의 큰 폭 금리 인상으로 초달러 강세에서 환율은 오르고 수출 전망도 밝지 않습니다. 미국의 편 가르기 정책에서 실리를 챙기고 환율을 방어하기 위해 더욱 많은 고민이 필요합니다.

Q.096

경기침체 위기 속에서 미국의 한계기업은
어떤 상황에 놓여 있나요?

2022년 미국은 신용등급이 낮은 기업이 발행하는 '정크본드' 금리가 많이 상승했습니다. 정크본드는 성장성은 있으나 신용등급이 낮은 중소기업이 발행한 채권이나 인수합병에 필요한 자금을 조달하기 위해 발행한 채권입니다. 2022년 6월 미국의 정크본드는 신용 스프레드가 500bp 정도로 벌어졌는데 과거 경제위기일 때는 1000bp가 넘게 벌어지기도 했습니다. 2022년 7월 3년물 국채금리가 2.8%인데 거기에 정크본드 신용 스프레드 500bp를 더하면 금리 7.8%로 정크본드가 거래되고 있습니다. 정크본드 등급에 있는 기업들은 이런 높은 금리로 돈을 빌려서는 이익을 낼 수 없습니다.

따라서 정크본드 등급의 기업들은 부도 확률이 매우 높습니다. 아직은 매출도 있고 영업도 진행하고 있어 즉시 부도가 나지는 않을 것입니다. 미국의 이런 한계기업들은 금융여건이 좋았던 2020년, 2021년 시기에 고정금리로 자금을 많이 확보해 놓은 상황이라 당분간은 버틸 힘이 있습니다.

하지만 경기침체가 지속되면서 시간이 흐르면 당연히 부도 확률이 높아질 수밖에 없습니다. 따라서 2022년 하반기부터 JP모건, 씨

티은행 등 미국 상업은행들도 경기침체를 대비하여 배당을 줄이고 현금을 확보하겠다는 전략입니다. 2022년 6월 미국 은행들은 향후 경기침체를 대비하여 대손충당금 확보에 노력하고 있습니다.

우리나라도 마찬가지입니다. 경기침체가 지속되면 한계기업들의 경영이 어려워지고 부도 확률이 높아집니다. 기준금리가 올라가면서 신용 스프레드가 더욱 확대되고 직접금융과 대출이 어려워질 수밖에 없습니다. 따라서 경기침체가 예견되는 상황에서는 높은 수익률만 보고 한계기업이나 정크본드, 정상채권과 부실채권의 중간에 있는 하이일드 채권에 대한 투자는 되도록 자제해야 합니다.

Q 097

원화의 기축통화 추진은 가능한가요?

2022년 들어 러시아-우크라이나 전쟁으로 석유 및 원자재 급등, 중국 제로코로나 정책으로 인한 공급망 마비, 이상기후로 인한 식량위기 등으로 각국은 인플레이션에 시달리고 있습니다. 미국은 그간의 양적완화 정책과 제로금리 정책을 중단하고 긴축과 금리 인상에 돌입했습니다. 미국의 금리 인상으로 우리나라에 공급됐던 유동성이 빠지면서 환율이 급등하는 등 원-달러 환율의 불안정성이 커지고 있습니다. 이렇게 환율 변동이 커지는 상황에서 원화의 기축통화화는 매우 중요한 현안입니다.

우리나라는 무역 비중이 국내총생산의 70%를 상회하여 환율에 매우 민감한 무역국가입니다. 금융시장의 개방도가 높고 원유 등 에너지의 해외의존도가 높아서 해외 경제충격에 그대로 노출되어 있습니다. 원화의 국제화와 기축통화화는 원화의 사용영역을 해외로 확대하여 달러 의존도를 줄임으로써 해외에서 발생하는 경제충격을 줄일 수 있습니다.

우리나라 무역수지에 직접적인 영향을 미치는 환율, 유가, 원자재 가격, 해외금융시장 동향 등이 전적으로 외부에 노출되어 있어 원화의 국제화와 기축통화화 추진이 더욱 필요한 상황입니다.

변동환율제 하에서 미국달러에 민감한 움직임을 보이는 원화의 특성상 달러 표시 자산을 적절하게 손해보지 않고 관리하는 것은 중요한 일입니다. 원화가 국제화될 경우, 우리나라 정책당국자나 시장참여자의 환율 통제가 용이해집니다. 정부, 시장, 기업의 위험 통제 범위를 전 세계로 확대하여 해외부문에서 발생하는 경제충격 이 국내 경제로 전이되는 영향을 줄일 수 있습니다.

이를 위해 우선, 원화에 대해 IMF의 특별인출권(SDR, Special Dra-wing Rights) 통화바스켓 편입을 추진해야 합니다. 현재 특별인출권 바스켓을 구성하는 통화는 달러와 유로, 엔, 파운드, 위안 등 5개국 통화입니다. 이들은 국가 간 무역과 자본거래에서 통용돼 준기축 통화로 불립니다.

특별인출권은 국제통화기금(IMF)에서 발급하는 유가증권으로 페이퍼 골드(Paper Gold)라는 별명을 갖고 있습니다. 국제통화기금 회원국의 국제수지가 악화되었을 때 담보 없이 필요한 만큼의 외 화를 인출해 갈 수 있는 권리를 화폐처럼 발행해주는 것을 말합니 다. 회원국의 출자분에 따라 인출할 수 있는 일반인출권과는 다른 개념으로 특별인출권은 편입국이 인출할 수 있는 돈만큼 그 국가 의 외환보유고에 포함됩니다. 그런 이유에서 특별인출권은 특별히 인출되는 유가증권입니다.

특별인출권은 거시경제학을 창시한 케인즈의 아이디어에서 시 작됐습니다. 케인즈는 향후에도 3차 세계대전이 벌어지지 않으려 면 전 세계가 단일한 화폐(Bancor)를 사용해야 한다고 주장했습니다. 케인즈의 아이디어는 금본위제를 폐기하고 대신에 금과 동등한 가치를 지니는 화폐를 만들어 인플레이션이나 디플레이션이 발생하지 않도록 억제하는 것입니다. 금과 동등한 화폐를 만드는 방법은 세계 모든 통화의 상관관계를 계산해서 비율을 정한 포트폴리오로 통합하는 것입니다. 케인즈는 2차 세계대전 이후 국제금융 시스템을 규정한 브레튼우즈 협정을 체결하면서 세계 각국에 이 아이디어를 제안했으나 당시에는 빛을 보지 못했습니다.

이후 미국 주도의 국제통화기금에서 특별인출권을 만들면서 케인즈의 아이디어를 구현했습니다. 2차 세계 대전 이후 모든 외화자산 결제는 미 달러로 진행되었습니다. 1944년 브레튼우즈 협정에 따라 금으로 고정된 달러를 대외거래에서 통화로 활용하는 것입니다. 그러나 1971년 금본위제 폐지에 따른 닉슨쇼크로 미국달러는 실질적으로 가치가 절하되었고, 달러에만 모든 결제를 맡기는 것이 옳은가에 대한 의문이 제기되어 국제통화기금에서 새로운 준비자산을 만든 것이 특별인출권입니다. 1976년 자메이카 킹스턴에서 열렸던 IMF 회의 때 도입하기로 결정되어 최초로 등장했습니다.

이를 대량으로 인출해 제공하는 것을 흔히 말해 외화위기에 대비하는 구제금융이라 부릅니다. 보통 언론에서 외환보유고와 비교하기 쉽도록 미국 달러로 환산해서 규모를 알려주지만 사실은 특별인출권 단위로 하는 것이 정확한 표현입니다.

특별인출권은 몇 종류의 다양한 통화가 묶인 종합상품, 즉 합성통화입니다. 달러와는 다른 환율을 가지고 있어 매일 변동됩니다. 특별인출권 단위는 가치가 서로 다른 화폐 간의 전환을 위해 사용됩니다. 특히 만국우편연합에서는 회원국 우정청 간 지불해야 할 대금의 단위로 사용합니다. 이를 위해 우리나라 우정사업본부는 원화 대비 SDR(특별인출권) 환율을 고시하고 있으며, 2012년부터 2020년까지 1,749KRW/SDR을 적용했습니다.

2011년에서 2015년까지는 미 달러, 유로, 파운드 스털링, 일본 엔화를 섞어서 만들었습니다. 당시 비율은 달러 41.9%, 유로 37.4%, 파운드 11.3%, 엔 9.4%였습니다. 2015년 12월 중국 위안화가 10.92%의 3위 비율로 특별인출권에 편입되었습니다. 2015년 12월 이후 미국달러 41.73%, 유로 30.93%, 위안화 10.92%, 일본엔 8.33%, 파운드 스털링 8.09%가 되었습니다.

2020년 12월 31일 기준 1,567원/SDR(하나은행 비고시 환율 기준)으로 동시기에 달러 1,208원, 유로 1,355원, 엔 1,131원, 파운드 1,497원에 비해 다소 높은 단위 가치를 가지고 있습니다.

IMF 집행이사회는 약 5년마다 특별인출권 바스켓을 검토합니다. 2015년 11월 위안화 편입 결정 이후 2021년 회의를 개최해야 했지만 코로나19 확산으로 연기된 상태입니다. 새로운 특별인출권 바스켓 구성은 2022년 중 발효될 예정입니다. 원화의 특별인출권 편입은 곧 브레튼우즈 체제 이후 국제금융시스템을 움직이는 외환자산 결제에 사용되는 주요 통화로 포함된다는 의미입니다.

현재 우리나라는 국제통화기금 특별인출권 편입 자격이 충분한 것으로 보입니다. 기본적으로 통화바스켓 편입 시 요구되는 자격은 경제규모, 수출액 규모, 국가안정성, 국제거래 비중, 금융시장 개방 정도, 자본시장 규모, 국가의 신뢰성 등입니다. 우리나라는 무역선진국으로서 2020년 기준 GDP는 1조 6천억 달러로 세계 10위, 교역액 9,803억 달러로 세계 9위에 이르고 국가신용등급(S&P)은 'AA'로 유럽연합(EU), 영국과 같고 일본, 중국(A+)보다 높은 위치입니다.

세계 9위 수준의 주식시장 시가총액 등 금융시장도 선진화된 편이며, 실물경제와 금융시장에서 원화의 안정성과 활용성이 뛰어납니다. IMF는 지속가능한 경제성장, 빈곤 감소, 국제무역 활성화를 설립목적으로 하고 있습니다. IMF의 특별인출권 바스켓의 주요 기능 중 하나가 개도국 원조로, 개발도상국에서 선진국으로 편입된 우리나라의 원화 특별인출권을 상징적 의미를 부여할 수도 있습니다.

우리나라 수출액은 최근 5년간(2016~2020년) 평균 5,438억 달러로 통화발행 주체별로 보면 유로존, 중국, 미국, 일본에 이어 세계 5위입니다. 이는 IMF가 제시한 특별인출권 편입 요건을 충족합니다.

원화의 국제거래 비중(수출입 원화결제)은 1992년 0.1%에서 2020년 4.9%로 늘어나며 자유로운 통화 사용 조건을 충족합니다. 외환시장에서 거래 역시 과거보다 선진국 수준으로 활성화되어 있습니다. 2019년 기준 세계 외환상품 시장에서 원화거래 비중은 2.0%로, 2015년 중국 위안화가 특별인출권에 편입될 당시의 수준(2013년 거래 비중 2.2%)과 유사합니다.

2022년 2월 전경련은 원화가 특별인출권 통화바스켓에 편입되면 경제효과는 총 112조 8,000억 원에 이르고, 이를 통해 89만 2,000여 명의 고용창출이 가능하다고 분석했습니다. 국가가 화폐

100문 100답으로 쉽게 이해하는

의 액면가치와 제조비용의 차이로 얻을 수 있는 시뇨리지 효과로 87조 8,000억 원, 원화의 환율 불안정성 38.5% 감소에 따른 수출 증대 15조 6,000억 원으로 보았습니다. 국공채 금리도 0.63% 하락하여 경감되는 이자부담도 9조 4,000억 원으로 보았습니다.

하지만 국제통화기금 특별인출권에 포함된다고 하여 원화의 국제화와 기축통화로의 위치가 마무리되는 것은 아닙니다. 원화가 국제화되려면 실제 무역거래에서 활용되고 금융시장과 자본시장에서 원화결제가 많이 사용되도록 지속적인 정책지원이 이루어져야 합니다.

우선 수입품에 대한 결제 시 원화결제를 추진할 필요가 있습니다. 이를 위해 해당국과 원화결제에 대해 기술적 연계 방법을 포함하여 협의를 진행해야 할 것입니다. 관계가 친밀한 국가를 중심으로 국제간 원화결제 비중을 단계별로 서서히 높이는 전략도 마련해야 합니다. 예를 들어 고정적으로 석유를 수입하는 중동국가들과 원화결제를 시도할 필요가 있습니다. 해당국은 보유한 원화를 이용해 우리나라에서 공산품과 무기 수입 결제에 사용하면 됩니다. 수입품에 대한 원화결제 관련 수출입은행, 수출보험공사, 무역협회 등을 통해 기업에 대한 지원책도 마련되어야 합니다.

또한 원화 국제화를 추진하는 데 가장 먼저 강조해야 할 점은 국제거래에서 원화의 활용도 높이기입니다. 해외에서 유통되는 원화는 글로벌 투자은행이 국내 은행을 통해 구매하여 제3국 은행으로 팔려나간 후 현지 환전상에 판매되는 복잡한 유통경로를 거치고 있습니다. 이러한 복잡한 유통구조는 해외에서 원화를 구입하는 소비자들에게 높은 환전수수료를 지불하게 합니다.

국내 은행들이 현지 직거래 방식을 통해 원화를 판매하면 낮은 수수료로도 가능합니다. 이를 위해 국내 은행들이 해외영업망을 충분히 갖추어야 합니다. 원화 국제화 추진, 금융국제화를 위해 국내 은행의 해외 진출도 적극 유도할 필요가 있습니다. 원화 유통비용을 줄이기 위해 국내에 나와 있는 외국계 은행들과도 수수료를 낮추고 원화 공급구조를 단순화하는 방안도 협의해야 합니다. 아울러 삼성페이, 카카오페이 등 민간 지급결제회사들이 세계적인 회사로 성장하도록 해외 진출을 독려하고 현지에서 원화결제가 가능하도록 정부 지원도 필요합니다.

원화표시 채권거래 활성화, 국내 비거주자 보유 국내 계좌 간 원화자금 이체 확대, 무역거래에서 원화결제 비중을 높이도록 지원, 비거주자 국내 원화채권 보유 비중 확대, 국제 외환시장에서 원화거래 비중 확대 지원 등 다양한 원화 국제화정책도 함께 이루어져야 합니다.

금융시장 및 외환시장의 국제화를 위해, MSCI(모건스탠리캐피털인터내셔널지수) 선진국지수 편입을 추진해서 국제 금융인프라도 강화해야 합니다. MSCI 지수는 미국 투자은행인 모건스탠리캐피털인터내셔널사가 작성해 발표하는 지수입니다. 세계 각국 금융시장을 선진국, 신흥국, 프런티어 시장으로 분류합니다. 우리나라는 중국, 인도 등 25개국과 함께 MSCI 신흥국 지수에 포함되어 있습니다. 반면 일본, 홍콩, 싱가포르 등 23개국은 선진국 지수로 분류되어 있습니다.

100문 100답으로 쉽게 이해하는

선진국	신흥국	프런티어국
일본, 홍콩, 싱가포르, 호주, 뉴질랜드 등 23개국	한국, 중국, 인도, 인도네시아, 말레이시아, 필리핀, 대만, 태국 등 25개국	방글라데시, 파키스탄, 스리랑카, 베트남 등 21개국

자료 : MSCI

선진국 지수에 편입되면 외국인이 해당국의 주식시장을 안전한 선진시장으로 판단하여 자금유입이 확대됩니다. 일부 연구기관은 한국증시가 선진국지수에 편입되면 외국인 자금이 18조~61조 추가로 유입될 것으로 전망하기도 했습니다. 이 경우 코스피가 4000선까지 올라갈 수 있는 유동성이 확보된다는 것입니다.

물론 2022년에는 미국의 긴축과 금리 인상으로 국내 증시에서 외국인 자금이 빠져나가면서 증시가 하락하고 성장성도 약화된 것은 사실입니다. 그래도 MSCI 선진국지수 편입과 IMF 특별인출권 편입은 우리나라 금융시장과 주식시장을 긍정적으로 보는 유인으로 작용할 것입니다.

MSCI 선진국지수를 추종하는 펀드 규모는 신흥국지수를 추종하는 펀드의 2배 규모입니다. 우리나라가 MSCI에 편입되면 증권시장이 활성화되고 원화의 국제화에도 크게 기여할 것입니다.

현재까지 MSCI 선진국지수 편입의 가장 큰 걸림돌은 외환시장 개방 문제입니다. 현재 우리나라 원화는 서울 외환시장이 열리는 오전 9시부터 오후 3시 30분까지만 거래할 수 있습니다. 해외에서는 선물거래만 가능할 뿐 현물거래는 불가능합니다. MSCI 선진국

지수에 가입하려면 24시간 거래 가능한 역외 원화거래시장 허용이 요구됩니다. 하지만 우리나라는 1997년 외환위기의 트라우마로 급격한 환율 변동성을 우려해서 완전 개방을 반대해 왔습니다. 일본, 호주, 뉴질랜드 등 MSCI 선진국지수에 선진국으로 분류된 나라들은 모두 역외 외환시장을 운영합니다.

하지만 우리나라도 전향적인 자세를 보이고 있습니다. 외국 투자자들의 불만 중 하나인 원화거래시장의 시간 연장을 인정하는 분위기입니다. 런던 증시가 한국 시간으로 새벽 1시에 마감하는데 그 시각에도 원화를 거래할 수 있도록 개선해야 합니다. 해외 금융회사의 외환시장 참여도 허용해야 합니다.

다만 원화의 역외거래를 허용하려면 국내외 참여자들의 실력이 비슷해야 하는데 국내 참여자들의 전문성이 떨어진다는 지적도 있습니다. 또한 국제적으로 허용하는 공매도를 우리나라에서는 코스닥 150 기업 대상으로만 허용하는 제한적 공매도를 개선해야 합니다. 지금까지 MSCI 선진국지수 편입에 걸림돌이 됐던 외환시장 개장시간 연장, 해외 금융회사의 외환시장 참여 허용, 공매도 허용 등을 추진해서 적극적으로 지수 편입에 대비해야 합니다. 이러한 역량이 모여서 우리나라 주식시장의 규모가 확대되고 IMF 특별인출권 편입과 함께 원화 국제화와 실질적인 기축통화화의 기반이 될 것입니다.

중국도 위안화의 국제화를 위해 지속적으로 노력했고 위안화의 국제결제시스템(CIPS, Cross-border Interbank Payment System) 가동이 2015년부터 시작되었습니다. 2016년에는 IMF의 특별인출권 편입

100문 100답으로 쉽게 이해하는

등의 가시적 성과를 얻기도 했습니다. 하지만 위안화의 IMF 특별
인출권 편입 비중은 10.9%에 불과하고 글로벌 결제 비중에서 위안
화가 차지하는 비중은 2020년 12월 기준 1.16%에 불과합니다. 미
국달러의 결제 비중이 42.63%인 점을 감안하면 위안화가 G2 위상
에 걸맞은 국제화에 성공했다고 말하기는 어렵습니다.

　중국은 중앙은행 디지털화폐(CDBC, Central Bank Digital Currency)
발행을 통해 위안화의 국제화를 재시도합니다. 우선 원자재시장에
서 중앙은행 디지털화폐를 활용할 수 있도록 하고 있습니다. 중국
은 미국을 모방해[뉴욕상업거래소에 서부텍사스산 원유(WTI) 선물을 상장]
2018년 상하이 국제에너지거래소(INE)에서 위안화표시 원유선물
을 상장하는 등 페트로위안화 체제를 안착시키려 노력해 왔습니
다. 일부 산유국들이 위안화 중앙은행 디지털화폐를 통한 국제 간
송금과 결제를 추진 중이고, 중국은 일대일로 전 지역에서 활용할
수 있도록 진행하고 있습니다.

　디지털화폐를 중국의 핀테크 기업들과 카드사를 통해 이용할 수
있고, 이들 기업 모두 일대일로 지역에 진출해 있습니다. 그리고 핀
테크 기업들은 이들 지역에서 시장점유율이 매우 높습니다. 일대
일로 무역 상대국과의 교역 그리고 현지인들이 자주 이용하는 중
국의 인터넷 플랫폼에서 디지털화폐를 활용해 위안화의 국제화 초
석을 다지기 위해 노력합니다. 결국 중국은 원자재 시장과 일대일
로 지역에서 디지털화폐를 통한 결제를 유도하면서 이용자 수 확
대를 통한 위안화의 국제화를 추진하고 있습니다. 하지만 디지털
화폐의 표준화와 중국의 신뢰 회복은 해결해야 할 과제입니다.

기존의 기축통화국인 미국은 일단은 디지털화폐가 아닌 스테이블코인으로 기존의 기축통화 지위를 유지해 나가기 위한 전략을 갖고 있습니다. 제롬 파월 연준(FED) 의장은 미국이 첫 번째 디지털화폐 발행국가가 될 필요는 없지만 기존의 기축통화 국가로서 디지털화폐를 연구하겠다고 밝혔고, 아직은 디지털화폐 발행을 서두르지 않고 있습니다.

대신 미국은 스테이블코인을 통한 준비에 한창입니다. 2021년 1월 미국통화감독청(OCC)는 미국달러와 연동된 스테이블코인을 국제결제에 허용했습니다. 이에 따라 미국 금융회사들은 스테이블코인 발행 및 결제 업무 처리가 가능해졌습니다. 미 달러와 연동된 스테이블코인 사용이 많아지면 달러는 계속 영향력을 유지할 수 있습니다. 미국 플랫폼 기업들은 전 세계에 많은 고객을 확보하고 있어 달러와 연동된 스테이블코인의 사용은 달러 영향력 확대를 의미합니다. 대응방식만 차이가 있지 중국은 디지털화폐, 미국은 스테이블코인을 통해 기축통화의 주도권을 잡으려고 추진 중입니다.

우리나라도 원화의 국제화를 위해 디지털화폐 도입과 함께 해외에서 디지털화폐를 이용한 원화결제를 지원하고 원화와 연동된 스테이블코인 결제가 가능하도록 다양한 방안이 검토되어야 합니다.

100문 100답으로 쉽게 이해하는

중앙은행 디지털화폐(CBDC)의
미래는 어떻게 될까요?

2020년 코로나19 팬데믹으로 인해 비대면 시대가 지속되면서 온라인시장 규모가 확대되었습니다. 이는 국내뿐만 아니라 전 세계적인 추세로 디지털 경제로의 전환이 빠르게 진행되었습니다. 이러한 디지털 경제 전환에 따라 중국, 영국, 캐나다 등 세계 주요 국가의 중앙은행은 중앙은행 디지털화폐(CBDC, Central Bank Digital Currency) 발행에 적극적인 자세를 취하고 있습니다.

중국의 중앙은행 디지털화폐는 단순히 법정화폐 성격을 갖는 종이화폐를 디지털화폐로 전환하는 것을 넘어 기존의 미 달러를 중심으로 하는 기축통화에 맞서 위안화를 국제화하는 데 디지털화폐를 적극 활용합니다.

디지털화폐는 국내 지급결제에도 활용되지만 해외송금 및 무역거래에서 활용되던 벨기에에 본부를 둔 스위프트(SWIFT) 송금코드 체계를 거치지 않고 직접 해당 국가의 은행이나 기업과 거래할 수도 있습니다.

물론 각 나라의 디지털화폐 간 연계표준 등은 아직도 만들어지지 않은 상황입니다. 여기에 가장 적극적인 나라가 중국입니다.

2014년부터 디지털화폐를 준비해 온 중국은 2019년 중앙은행 디지털화폐 발행을 공식화해서 2020년부터 시범운영하고 있습니다. 현금수요 감소에 대한 대응, 위안화에 대한 불법 모니터링 강화, 위안화의 국제화를 추진하기 위해 발행에 적극적입니다.

중국은 디지털화폐 발행을 통해 위안화를 국제화하는 데 초점을 맞추고 있습니다. 특히 중국의 수출상품 시장과 일대일로 지역에서 디지털화폐를 통한 결제를 확대하고 있습니다. 중국 인민은행이 발행한 디지털화폐는 유니온페이, 알리페이, 텐센트 등 중국이 자랑하는 핀테크 기업들과 카드사를 통해 현지에서 이용이 가능합니다. 이들 기업은 모두 일대일로 지역에 진출해 있습니다.

또한 일대일로 무역 상대국과의 교역에서 디지털화폐를 활용해 위안화의 국제화를 적극 추진합니다. 디지털화폐를 통해 여러 가지 금융서비스를 제공하면 해당 국가들 입장에서 항상 부족한 달러에 대해 고민할 필요도 없고 자국 경쟁력 약화로 달러 대비 자국 통화 가치 하락에 대한 우려도 줄어들 수 있습니다. 유니온페이는 전 세계 174개국 이상에서 사용이 가능한데, 위안화 중앙은행 디지털화폐가 사용 가능하도록 추진하고 있습니다.

기존의 기축통화국인 미국은 다급해졌습니다. 기존 지폐 기반 기축통화의 이점을 누리던 미국은 디지털화폐 도입에 미온적이었습니다. 디지털화폐에 대한 공식 언급이 없었던 미국은 중국이 시범운영을 하며 디지털위안화 발행에 속도를 높이자 디지털화폐 연구에 돌입했고, 스테이블코인에 대한 결제를 허용했습니다.

알려진 스테이블코인은 테더(USDT), USD코인(USDC), 메이커 다오의 다이코인(DAI)이 있습니다. 2021년 1월에 미국 재무부 산하 통화감독청(OCC)은 미국달러와 1:1로 연동된 스테이블코인을 국제결제에 허용했습니다. 정책적인 변화를 보이는 것입니다. 또한 시중은행들이 결제 시 스테이블코인을 사용할 수 있도록 허용했습니다. 은행들이 스테이블코인을 발행해 통화감독청이 만든 퍼블릭 블록체인인 독립 노드검증 네트워크(INVN)에 참여해 거래를 검증하고 결제할 수 있도록 한 것입니다.

은행들은 미 통화감독청의 독립 노드검증 네트워크에 노드 역할을 함으로써 결제거래를 검증, 저장, 기록할 수 있습니다. 이를 위해, 실제 달러와 스테이블코인 간 1대 1 비율을 유지하고 적절한 재원 확보 등 위험관리를 위한 시스템을 갖추어야 합니다. 미 통화감독청의 독립 노드검증 네트워크는 분산 특성 때문에 많은 노드가 장애를 일으켜 작동을 멈추어도 시스템을 계속 가동할 수 있습니다. 또한 유효한 정보인지는 노드 간 합의가 이루어진 후에만 데이터베이스에 입력돼 부정확한 정보가 유입되는 것을 방지하는 역할을 수행합니다.

독립 노드검증 네트워크는 블록체인 기반으로 동일한 정보의 복사본이 노드로 가입된 은행의 여러 컴퓨터에 분산 저장되는 공유 데이터베이스입니다. 각 노드들은 거래를 상호 검증하고 거래내역을 저장하며 다른 노드에게 데이터를 전송할 수 있습니다. 향후 독립 노드검증 네트워크의 블록체인은 국제금융 결제망으로 사용하는 스위프트(SWIFT)나 페드와이어(Fedwire)와 같은 제도권 결제망의 지위를 누릴 수 있습니다.

하지만 스테이블코인 결제 방식의 특성상 한꺼번에 지급결제가 몰리게 되면 은행은 상당한 유동성 위험을 수반할 수도 있습니다. 이에 따라 스테이블코인 운영 자금도 마련되어야 합니다.

지금까지 스테이블코인은 대부분 미국 회사들이 주도하는 탈중앙금융(디파이) 서비스나 페이스북(메타)의 리브라(디엠) 등과 같은 플랫폼기업이 발행한 코인으로 기존 가상자산이 갖고 있던 변동성 문제를 해결하기 위해 안전자산인 달러 등과 1:1로 연동되어 개발한 코인입니다. 미 통화감독청의 결정으로 미국 금융회사들도 스테이블코인의 발행과 결제업무 처리가 가능해졌습니다. 이들 기업의 서비스가 전 세계적으로 확대되면 자동으로 달러 활용과 가치가 유지되는 것입니다. 즉, 미 달러에 연동된 스테이블코인의 사용이 많아지면, 당연히 미 달러는 영향력을 계속 유지할 수 있습니다.

스테이블코인은 중앙은행이 아닌 민간기업들의 발행도 가능해지는 만큼 전 세계적으로 많은 고객을 확보하고 있는 미국 플랫폼기업과 미국 금융회사들의 발행이 가능해진 것입니다.

미국은 우선 연준이 발행하는 디지털 달러보다는 스테이블코인을 중심으로 민간 영역에서 활용 서비스와 활용 범위를 넓히는 데 집중하겠다는 전략입니다. 이에 따라 달러와 연동된 스테이블코인의 사용 확대는 미국의 기축통화 영향력이 지속적으로 유지된다는 의미입니다.

우리나라도 원화 국제화를 위해 디지털화폐 도입과 함께, 원화와 연동된 스테이블코인의 발행과 결제가 가능하도록 검토해야 합니다. 또한 원화와 연동된 스테이블코인을 국제결제에 사용하도록

100문 100답으로 쉽게 이해하는

허용도 같이 검토해야 합니다.

스테이블코인 발행도 플랫폼회사와 함께 금융회사들 모두 가능하도록 허용하는 방안도 고민해야 합니다. 이것은 원화의 국제화에도 크게 기여할 것입니다. 이를 허용하면 플랫폼회사와 금융회사들이 스테이블코인을 활용해서 다양한 금융서비스와 상품개발도 가능해집니다. 아울러 플랫폼회사들이 원화 스테이블코인을 무기로 전 세계 시장에 적극 진출해서 고객을 확보하고 원화의 활용 영역을 넓힐 수 있도록 지원해야 합니다.

하지만 2022년 루나 및 테라 스테이블코인 폭락 사태를 교훈삼아, 이를 발행하려는 회사나 금융회사들이 사전에 철저히 준비하게 하는 관련법과 검사, 감독 체계도 마련되어야 합니다. 실제 원화와 스테이블코인 간 1대 1 비율을 안정적으로 유지하고 적절한 재원 확보 등 위험관리를 위한 시스템을 갖추어야 합니다.

미 통화감독청의 독립 노드검증 네트워크와 같은 블록체인 기반으로 거래를 검증, 보관, 기록하는 시스템도 마련되어야 합니다. 향후 미국 통화감독청도 루나 및 테라 사태로 인해 스테이블코인 발행 요건을 강화하고 관리를 더욱 엄격히 할 것으로 예상됩니다.

최근 우리나라도 중앙은행 디지털화폐에 대한 준비를 시작했고 민간기업을 참여시켜 모의실험에 착수하고 있는 것은 매우 긍정적 신호입니다. 각 나라가 자체적으로 개발한 디지털화폐들 간의 상호연계를 위한 디지털화폐 국제표준 프로토콜에 대한 준비와 국제기준 제정에 적극 참여해야 합니다. 아울러 지급결제회사(PG)인 삼성페이, 카카오페이 등과 같이 국내 지급결제, 국제 지급결제에도 활용할 수 있는 방안도 마련해야 합니다. 금융회사, 플랫폼회사들과 함께 세계시장 진출 전략과 사용 확대 방안도 마련해야 할 것입니다.

디지털화폐를 도입한다고 해서 현 지급결제 시장의 현금이나 카드를 완전히 대체하는 것은 아닙니다. 우선 현금이나 카드를 중심으로 하는 결제시장의 보완재 역할을 수행할 것입니다. 이를 통해 서서히 기존 화폐를 디지털화폐로 전환하려는 단계별 전략도 필요합니다.

디지털화폐 도입 시 기술적인 적용방법 이외에 기존 은행들의 신용창출 기능을 어떤 형태로 유지할 것인지를 비롯해 공개시장조작, 통화조절, 자본시장에서 기존 금융상품 및 서비스에 적용하기 위한 준비와 검토가 필요합니다. 지금의 국제 금융시스템은 지난 수십 년 간 발전한 자본주의 경제시스템의 산물입니다. 중앙은행 디지털화폐의 기술적인 도입보다는 국제 금융시스템 전 영역에 걸쳐 적용하기 위해서는 면밀한 준비가 필요합니다.

국내 지급결제에만 디지털화폐를 우선 사용하고, 국제 간의 지급결제에 대해서는 원화의 국제화 전략과 연계시켜야 합니다.

수입품에 대한 결제 시 원화 디지털화폐 결제를 우선 추진할 필요도 있습니다. 이를 위해, 해당국과 디지털화폐 지급결제 방법에 대해 기술적 연계방법도 협의를 진행해야 합니다. 우선 국가 간 관계가 긴밀한 나라를 중심으로 국제간 원화 디지털화폐 결제 비중을 단계별로 높이는 전략이 좋습니다. 일례로 중국처럼 고정적으로 석유를 수입하는 중동국가들과 원화 디지털화폐 결제를 시도할

100문 100답으로 쉽게 이해하는

필요도 있습니다.

수입품에 대한 원화 디지털화폐 도입 관련 수출입은행, 수출보험공사, 무역협회 등을 통해 기업에 대한 지원책도 마련되어야 합니다. 아울러 국가 간 디지털화폐 상호운영성을 위한 국제표준화 논의에도 적극 참여해서 향후 우리나라 원화 국제화에 실익을 가져오도록 추진해야 합니다.

Q. 099

중국의 디지털위안화 전략은 무엇인가요?

중국이 중앙은행 디지털화폐(CDBC) 발행에 적극적인 이유는 위안화의 국제화와 관련 있습니다. 미국과 중국의 패권전쟁이 한창인 가운데 중국은 미국의 아성을 위협할 정도로 모든 분야에서 성장과 추격을 지속하고 있습니다. 하지만 위안화는 아직 달러의 지위에 미치지 못합니다. 미 달러는 기축통화로 그 위상을 떨치고 있지만 위안화는 달러보다 영향력이 약합니다. 이를 인지한 중국은 그동안 위안화의 국제화를 위해 부단히 노력해 왔습니다. 특히 중국은 2008년 글로벌 금융위기 이후 미국달러의 기축통화 체제를 흔들고 위안화의 국제화에 적극 나섰습니다. 2009년 대외교역 결제에서 위안화를 허용했고 2011년부터는 해외투자에 위안화 사용을 허용했습니다. 2015년에는 위안화 국제결제시스템(CIPS, Cross-border Interbank Payment System)을 가동했습니다.

이처럼 중국은 위안화 국제화를 위해 각고의 노력을 진행했으며, 마침내 2016년에는 IMF의 특별인출권(SDR) 편입에 성공했습니다. 하지만 위안화의 비중은 10.92%에 불과하고 미국달러(41.73%)는 물론 유로화(30.93%)에도 뒤지고 있는 상황입니다.

무역 시 국제결제 비율은 더 심한 차이가 있습니다. 국제은행 간 통신협회(SWIFT)에 따르면, 글로벌 결제 비중에서 위안화가 차지하는 비중은 2020년 12월 기준 1.16%에 불과합니다. 반면 미국달러는 42.63%로 격차가 매우 큽니다.

중국은 국제결제시스템에서 뒤떨어진 위안화를 국제화하기 위한 전략으로 중앙은행 디지털화폐 도입을 적극 추진 중입니다. G2의 위상에 맞는 위안화의 국제화를 위해 우선, 원자재를 취급하는 상품선물 시장에서 위안화의 사용 확대를 추진합니다. 중국은 원자재 시장인 국제상품 시장에서 가장 큰손이지만 원유를 비롯한 국제상품 시장은 달러로 결제가 이루어집니다. 과거 미국도 이런 과정을 거쳐 기축통화국의 지위에 오를 수 있었습니다. 중국도 충분히 생각할 만한 방법입니다.

1932년에 건국된 사우디는 이란, 요르단 등 역사가 긴 주변국에 둘러싸인 신생국가였습니다. 사우디는 왕정을 굳건히 하기 위해 안보가 중요했습니다. 이때 미국과의 이해관계가 맞아떨어졌습니다. 1971년 '닉슨쇼크'로 금본위제가 붕괴된 이후 미국은 달러패권을 반드시 지켜야 했습니다. 이에 미국은 사우디에 군사원조 제공을 약속했습니다. 대신 사우디는 합리적인 가격에 원유를 공급하기로 합의했고, 달러의 원유결제에도 합의했습니다.

이것이 석유를 기반으로 하는 페트로달러의 시작입니다(1975년). 안보와 경제의 교환이었죠. 서부텍사스산원유(WTI) 선물거래의 시작은 이를 더욱 공고히 하는 계기가 되었습니다. 당시 4차 중동전쟁과 석유수출국기구(OPEC)의 수출제한 등으로 원유가격이 급등했습니다. 이에 따라 뉴욕상업거래소(NYMEX)가 서부텍사스산원유 선물(Petro Dollar)에 석유를 상품으로 상장시켜 정유사 등이 가격 급등락을 헤지(Hedge)할 수 있도록 했습니다. 이후 미국의 막대한 원유 수입과 월가 상품투자 규모 등이 맞물려 서부텍사스산원유 선물가격은 세계 원유시장의 기준이 되었고, 46년이 지난 지금도 유지되고 있습니다.

여러 나라들이 페트로달러 체계를 전복시키기 위해 여러 번 시도했습니다. 러시아나 베네수엘라 등이 달러가 아닌 다른 돈으로 원유대금을 받겠다고 선언했습니다. 달러로 정해진 원유가격을 루블화 등으로 환전하는 방식으로 거래가 이루어졌습니다. 지금도 러시아는 우크라이나와의 전쟁 중에 서방이 경제를 봉쇄하자 석유 수출 대금을 루불화로 받겠다고 선언했습니다. 원유가 필요한 일부 유럽국가들은 루블화 결제에 참여하고 있습니다.

중국도 달러체제 전복의 도전자 중 하나였습니다. 게다가 중국은 세계 최대의 원유 수입국이라는 장점이 있습니다. 마침내 중국은 지난 2018년 상하이 국제에너지거래소(INE)에서 위안화표시 원유선물, 즉 페트로위안을 상장했습니다. 세계 최대 원유 수입국으로 등극한 중국이 수요자 중심의 시장을 연 것입니다. 상품선물로는 최초로 외국인 투자자의 거래를 허용하는 등 국제화의 초석을 마련했습니다. 물론 아직 페트로위안 체제가 자리 잡히지 않았고, 달러 결제 비중은 여전히 압도적입니다. 하지만 중국이 디지털화폐를 통해 국제결제시스템을 더 효율적으로 구축할 수 있다면 위안화는 지금보다 더 국제화될 것입니다.

일부 산유국 중에도 디지털화폐 연구를 활발히 진행하는 나라들이 있습니다. 사우디와 UAE는 2019년부터 공동으로 송금과 결제를 중심으로 하는 디지털화폐 공동연구를 진행, 이를 통해 국내외 결제 개선이 가능하다는 결론을 내렸습니다. 이외 산유국 중 튀르키예나 베네수엘라 등이 디지털화폐 발행을 준비 중입니다.

원자재 결제를 현재의 달러에서 위안화로 바꾸는 작업은 분명 파급력이 클 것입니다. 미국의 제재를 피하기 어려워 리스크도 높습니다. 원자재를 위안화 결제로 전면 바꾸는 작업은 현실화 가능성이 적습니다. 다만 일부 산유국들이 디지털화폐를 이용해서 국제 간 송금과 결제에 대한 연구를 추진하고 중국도 페트로위안화를 안착시키려는 노력은 주목할 필요가 있습니다.

중국이 야심차게 추진하는 일대일로 계획에도 디지털화폐가 활용되고 있습니다. 중국 인민은행이 발행할 디지털화폐는 유니온페이, 알리페이, 텐센트 등으로 변환한 후에 현지에서 사용할 수 있습니다. 이는 중국이 자랑하는 핀테크 기업들과 카드사를 통해 이용 가능한데 이들 기업이 모두 일대일로 지역에 진출해 있어서 가능한 일입니다. 일대일로 무역 상대국과의 교역에서 디지털화폐를 활용해 위안화의 국제화 초석을 다질 가능성이 큽니다. 여기에 디지털화폐를 통해 여러 가지 금융서비스를 제공하면 해당 국가들 입장에서 달러 대비 자국 통화 가치 하락에 대한 우려가 줄어들 수 있습니다.

유니온페이는 전 세계 170개 이상의 국가에서 사용이 가능합니다. 일대일로 지역 진출 또한 활발합니다. 카자흐스탄, 파키스탄, 라오스, 탄자니아, 타지키스탄 등에서 유니온페이는 높은 시장점유율을 차지하고 있습니다. 이들 일대일로 지역에 이미 유니온페이가 성공적으로 진출한 만큼, 이 지역 무역 상대국과의 교역에서 디지털화폐를 도입해 위안화 국제화의 초석을 다질 가능성이 큽니다. 이미 중국과 친밀한 아프리카를 비롯한 일대일로 참여국들에서 중국과의 교역에서 중국의 디지털화폐를 사용하면 위안화는 지금보다 국제화될 가능성이 훨씬 커질 수 있습니다.

모바일페이의 파급력은 이보다 더 큽니다. 아르헨티나와 케냐가 대표적인 사례입니다. 아르헨티나에서는 스타벅스가 은행업에 진출했습니다. 스타벅스는 1971년 미국 시애틀의 작은 커피숍으로 시작해 현재 70개국 이상에 진출해 전 세계 총 23,000개 이상의 매장을 운영하고 있습니다. 당연히 세계에서 가장 큰 다국적 커피전문점입니다. 이제는 단순히 커피 회사가 아니라 모바일결제 시스템을 도입해 모바일결제 시장에서 급부상하고 있습니다.

스타벅스 모바일결제 애플리케이션은 2018년까지 미국에서 자주 이용되었습니다. 스타벅스 고객들이 커피를 사기 위해 모바일결제 애플리케이션에 자금을 예치하면서 미국 스타벅스 애플리케이션의 현금 보유량은 웬만한 시중은행보다 많아졌습니다. 전 세계 70개국 이상에 진출한 만큼 막대한 금액의 선수금을 보유하고 있습니다. 이를 바탕으로 스타벅스는 지난 2018년 10월 아르헨티나의 반코 가리샤(Banco Galicia)와 손을 잡고 스타벅스 은행 지점을 열었습니다. 경제위기와 자국 화폐 가치 절하에 시달리는 아르헨티나 국민 입장에서 스타벅스는 새로운 대안으로 부상했습니다.

케냐에도 비슷한 사례가 있습니다. 케냐의 이동통신사 사파리콤

(Safaricom)이 제공하는 엠페사(M-Pesa)라는 서비스가 있습니다. 케냐는 대도시를 제외하면 은행 이용이 쉽지 않습니다. 은행계좌를 가진 사람이 적고 신용카드 사용자는 더 적습니다. 은행 이용이 어렵던 케냐 국민들은 이제 가까운 휴대폰 대리점에서 현금으로 엠페사를 충전하면 모바일을 통해 편리하게 결제 및 송금이 가능합니다. 은행계좌는 없지만 케냐 국민들 대부분이 스마트폰을 갖고 있어 엠페사가 제공한 금융서비스를 받을 수 있게 되었습니다. 대리점에 휴대전화 번호만 등록하면 엠페사 이용이 가능하고 가입자가 현금을 건네면 그 금액만큼 대리점은 가입자의 엠페사 계정으로 송금합니다. 고객은 엠파사 가입자의 휴대폰번호와 금액만 입력하고 송금을 누르면 송금도 가능합니다. 결제 역시 마찬가지 방식으로 가능합니다. 엠페사는 케냐 인구의 75% 이상이 가입했고, 결제 및 송금 시장점유율이 80%를 넘는 것으로 알려져 있습니다.

스타벅스와 엠페사의 사례를 들지 않더라도 스마트폰이나 태블릿을 통한 금융서비스는 점차 확대되고 있습니다. 구글페이, 애플페이, 삼성페이, 알리페이 등 주요 IT기업들은 경쟁적으로 결제 사업에 진출하고 있습니다. 그중에서 중국은 모바일페이 부문에서 가장 경쟁력이 강한 나라입니다. 중국과 중국의 결제애플리케이션은 디지털화폐가 유통되기에 최상의 환경입니다. 중국은 IT를 기반으로 새로운 금융시스템을 제공하는 테크핀 도입률이 69%로 세계 1위입니다. 중국의 모바일페이는 일대일로 지역에서 이미 영향력을 확대하고 있습니다. 중국의 결제애플리케이션 사용자가 늘면 늘수록 스타벅스나 엠페사처럼 해당 지역에 더 보급하고 나아가

은행 역할까지 기대해볼 수 있습니다. 중국은 디지털화폐를 통해 속도를 더욱 높일 수 있습니다. 중국의 알리바바 금융자회사인 앤트파이낸셜이 주요 국가의 결제서비스를 제공하는 회사에 투자한 것도 이런 맥락입니다. 중국은 나름의 큰 그림을 그린 것입니다.

중국 인민은행의 디지털화폐 발행은 현금 수요 감소에 대응하고 급격한 자금유출 우려를 해소하기 위해 추진되었습니다. 하지만 위안화의 국제화를 위한 중국의 야심찬 계획이 숨어 있습니다.

위안화의 국제화를 위해 디지털화폐는 분명 매력적인 카드입니다. 하지만 선결조건은 디지털화폐에 대한 표준화입니다. 디지털화폐 발행에 있어 어떤 프로토콜과 방식을 사용할지 표준화가 되어 있지 않습니다. 각국의 디지털화폐 간 상호 연계표준도 마련되어 있지 않습니다. 이에 중국은 자신이 만든 디지털화폐를 표준화하여 디지털화폐를 선도하고자 하는 욕심도 드러내고 있습니다.

이런 이유에서 글로벌은행 간 디지털화폐 발행 규정을 제안하기도 했습니다. 인민은행 산하 디지털화폐 연구소는 분산원장기술(DLT)를 활용한 외환거래 방식을 제안하는 등 표준화 선도 방안을 내놓았습니다. 미국달러 중심의 금융시스템에서 벗어나 위안화의 영향력을 확대하기 위해 디지털화폐 국제표준을 제안한 것입니다.

하지만 중국은 아직도 신뢰의 문제를 해결하지 못했습니다. 특히 코로나19의 여파로 중국의 신뢰는 더욱 많이 낮아졌습니다. 신뢰 문제를 해결하지 않고는 중국이 발행한 디지털화폐를 원자재 결제나 일대일로 추진 국가들이 모두 사용한다고 확신할 수 없습니다. 신뢰 없이 위안화의 국제화는 요원할 뿐입니다.

Q 100

미국의 디지털달러 전략은 무엇인가요?

미국은 중앙은행 디지털화폐(CDBC) 연구를 진행중에 있지만 아직 구체적인 발행 계획은 없습니다. 현재 스위프트(SWIFT)망을 이용한 국제결제에서 달러가 기축통화 역할을 수행하고 있는 만큼 적극적일 필요가 없습니다. 그러나 최근 입장 변화의 움직임이 있습니다. 중국이 속도를 내고 있기 때문입니다. 파월 연준(FED) 의장도 디지털달러에 대한 연구를 진행 중이라고 밝히고 디지털화폐 연구와는 별도로 스테이블코인을 통해 대응할 것임을 시사했습니다. 미국 통화감독청(OCC)은 2021년 1월 미국달러와 연동된 스테이블코인을 국제결제에 허용한다고 밝혔습니다.

스테이블코인은 미국 달러에 1:1로 연동된 디지털화폐를 의미합니다. 원래는 비트코인을 비롯한 가상자산의 변동성이 커서 화폐의 기능을 못할 것이라는 지적이 많아 이에 대한 대응으로 나타났습니다. 테더(Tether)에서 발행한 USDT, 골드만삭스 자회사인 서클(Circle)에서 발행한 USDC가 대표적입니다.

스테이블코인은 3가지 형태로 구분됩니다. ① 특정 기관이 법정화폐를 쌓아두고 그만큼의 코인을 발행하는 법정화폐 담보 스테이블코인 ② 스마트계약을 통해 가상자산을 쌓아두고 쌓아둔 만큼의 스테이블코인을 발행하는 가상자산 담보 스테이블코인 ③ 담보 없이 알고리즘을 통해 자동으로 화폐 공급량을 조절하는 무담보 스테이블코인입니다.

법정화폐 담보 스테이블코인은 기존의 명목화폐를 디지털 형태로 전환해서 사용자가 손쉽게 사용할 수 있다는 장점이 있습니다. 블록체인 기술이 사용됨에 따라 보안성에도 장점이 있고 변동성도 작아 결제에도 널리 쓰일 수 있습니다. 이런 장점 때문에 세계적인 카드회사인 VISA는 서클이 발행한 스테이블코인인 USDC를 신용카드 결제에 활용하도록 지원하고 있습니다. 2022년 전 세계적으로 문제가 된 루나 및 테라 스테이블코인은 담보 없이 알고리즘을 통해 자동으로 화폐 공급량을 조절하는 유형입니다.

스테이블코인 발행에 소극적이던 미국이 스테이블코인을 통한 결제를 허용하는 역사적인 사건이 발생했습니다. 2021년 1월 미국 은행을 감독하는 기구인 통화감독청은 은행을 비롯한 금융회사들에게 스테이블코인을 통한 지불과 결제를 허용한다고 밝혔습니다. 이로써 스테이블코인을 통한 결제업무 처리가 가능해졌습니다.

그리고 미국 은행들도 스테이블코인을 발행할 수 있는 제도적인 장치가 마련되었습니다. 지난 2019년 미국의 대형 투자은행인 JP모건이 미국달러에 1:1로 연동된 JPM코인 발행을 공시했는데, 이제 미국 은행들도 직접 스테이블코인을 발행하고 이를 통해 결제할 수 있는 길이 마련된 셈입니다.

미국 통화감독청에서 승인한 스테이블코인은 미국의 본원통화인 현금과 같은 M1(시중에 유통되는 현금에 은행의 결제성 예금을 더한 것)입니다. 은행 보유금에 준하는 스테이블코인에 대해서만 발행을 승인했기 때문입니다. 즉, 연준이 직접 발행하는 디지털화폐는 아니지만 스테이블코인을 통해 민간은행이 결제할 수 있는 것입니다.

당연히 기존 미국 달러의 사용은 지금보다 늘어날 가능성이 큽니다. 기존의 국제은행 간 결제는 변경 없이 스위프트(SWIFT)망을 통해서 사용하기 때문입니다. 스위프트망에서는 미국달러가 가장 높은 비율로 사용되는 기축통화 지위에 있습니다.

개인 대 개인 파일공유(P2P) 형태의 블록체인 거래에는 비트코인이나 이더리움 등 민간 가상자산이 중심입니다. 스테이블코인은 기존 민간 가상자산이 가진 변동성을 축소해서 새롭게 결제 분야에 영역을 확대하고 있습니다. 미 달러에 연동된 스테이블코인의 사용이 많아지면 미국달러는 다시금 영향력을 확대할 수 있습니다. VISA카드를 통해 스테이블코인을 결제하면 1달러에 연동된 스테이블코인으로 결제가 이뤄지고 이는 미국달러 결제 증가로 이어집니다. 오히려 중앙은행이 직접 발행하지 않아 비용이 적게 들고 민간의 스테이블코인 결제 활성화를 통해 중국의 디지털화폐 발행에 맞서 일종의 디지털달러 결제를 확장할 수 있습니다. 정부와 중앙은행이 직접 발행하는 중국에 맞서, 민간은행에 대한 스테이블코인 발행과 결제 허용을 통해 디지털화폐로 넘어가는 과도기를 산업경쟁력을 유지하면서 준비하는 것입니다.

민간은행들에 스테이블코인의 결제와 발행을 허용한 미국은 향후 기업들 입장에서 스테이블코인 발행 허용도 고려할 것입니다.

대표적인 기업이 페이스북(메타)입니다. 당초 리브라(Libra)라는 디지털화폐 발행을 검토했던 페이스북은 리브라 이름을 디엠(Diem)으로 변경했습니다. 리브라와 마찬가지로 스테이블코인 형태로 전해지고 있고 미국의 실버게이트 은행이 발행할 계획입니다. 디엠은 개별 법정통화에 연동된 복수의 스테이블코인을 만들 것으로 알려져 있습니다.

전 세계 20억 명 이상의 사용자를 확보 중인 페이스북이 디엠 발행에 성공하면 미국 달러에 연동된 디엠의 발행이 증가할 것으로 예상되며, 이 과정에서 미국 달러의 온라인 및 오프라인 매장에서의 사용 확대도 기대됩니다. 미 연준이 아직 공식적인 디지털화폐를 발행하진 않지만 미국 금융당국에서의 스테이블코인 결제 허용으로 스테이블코인의 발행과 결제를 허용하는 민간은행 및 기업은 늘어날 것으로 보이며, 이 과정에서 미국 달러에 연동된 스테이블코인의 사용은 증가할 것입니다. 이는 민간기업에게 문호를 개방해 디지털화폐 시대에서 달러의 영향력을 여전히 강하게 할 수 있는 매력적인 카드입니다.

사실 미국이 중국 디지털화폐에 맞서 민간 중심의 스테이블코인으로 대응하는 전략은 여러 함축적 의미를 갖습니다. 미국 금융회사들의 경쟁력은 매우 높습니다. 스테이블코인 발행 허용은 이들이 가진 인프라를 최대한 활용해 달러 영향력을 유지하겠다는 뜻입니다. 페이스북, 애플, 구글, 아마존, 넷플릭스 등 세계적인 플랫폼회사들도 대부분 미국 회사들로, 이들에게 스테이블코인 발행을 허용하면 역시 미국달러의 영향력을 확대할 수 있습니다. 실제 스

100문 100답으로 쉽게 이해하는

테이블코인 발행과 이용을 주도하는 탈 중앙금융서비스(디파이) 회사들도 대부분 미국계로 달러와 연동된 스테이블코인 발행은 미국 달러 영향력을 높이는 역할을 기대할 수 있습니다.

우리나라의 경우도 원화의 위상을 높이고 디지털경제를 주도하려면 디지털화폐 발행과 이를 이용한 지급결제서비스 구축, 국가 간 디지털화폐 결제시스템 구축을 위한 실행 방안을 마련해야 합니다. 금융회사들에게도 원화와 연동된 스테이블코인 발행 허용을 검토해야 합니다.

장기적으로는 민간회사들에게도 스테이블코인 발행과 결제 허용을 검토하고 해외에도 진출할 수 있도록 지원이 필요합니다. 아울러 디지털화폐 발행, 스테이블코인 발행 및 결제 허용에 따른 관련 금융, 비즈니스, 지급결제 등의 활성화를 위해 민간회사를 중심으로 서비스를 개발하고 세계시장 진출도 지원해야 합니다. 이를 통해 금융회사, 지급결제회사, 플랫폼회사 등 다양한 사업 영역에서 새로운 비즈니스 모델이 창출될 것입니다.

하지만 루나 및 테라 스테이블코인 폭락 사태를 교훈삼아, 이를 발행하려는 회사나 금융회사들이 사전에 철저히 준비하도록 하는 업권법과 검사, 감독 체계도 마련되어야 합니다. 실제 달러와 스테이블코인 간 1대 1 비율을 유지하고 적절한 재원 확보 등 위험관리를 위한 시스템이 필수입니다. 향후 미국 통화감독청도 루나 및 테라 사태로 인해 스테이블코인 발행 요건을 강화하고 엄격히 관리할 것으로 보입니다.

100문 100답으로 쉽게 이해하는
대한민국 금리와 환율의 미래

1판 1쇄 인쇄 2022년 11월 25일
1판 1쇄 발행 2022년 12월 05일

지은이 김효신
펴낸이 박현

펴낸곳 트러스트북스
등록번호 제2014-000225호
등록일자 2013년 12월 3일
주소 서울시 마포구 성미산로1길 5 백옥빌딩 202호
전화 (02) 322-3409
팩스 (02) 6933-6505
이메일 trustbooks@naver.com

값 22,000원
ISBN 979-11-92218-61-8(03320)